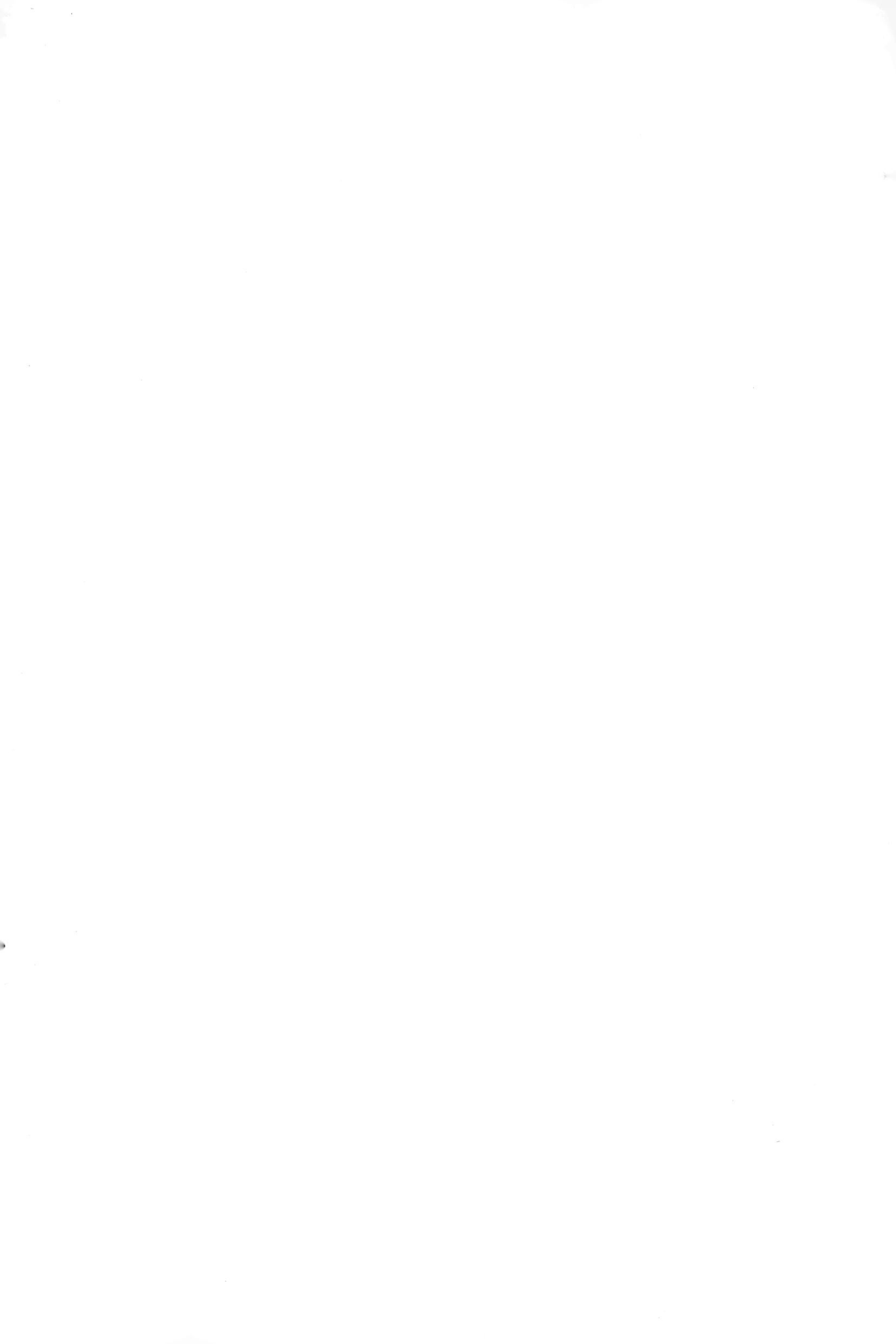

「布倫丹號」的格子狀骨架是以精緻的愛爾蘭原木梣樹編構。桅桿和槳特選面北生長的堅硬梣木為材料。而舷緣則是以橡樹的心木建造。

約翰·歐康尼爾（John O'Connel）看著我將兩張牛皮縫繫在一起。用來包覆「布倫丹號」船身的牛皮共有四十九張，若有一針一線縫錯了，歐康尼爾必然毫不客氣的說：「割掉，割掉！」這等於白費了一整天的工作成果。右邊是大副喬治·莫洛尼（George Molony）。

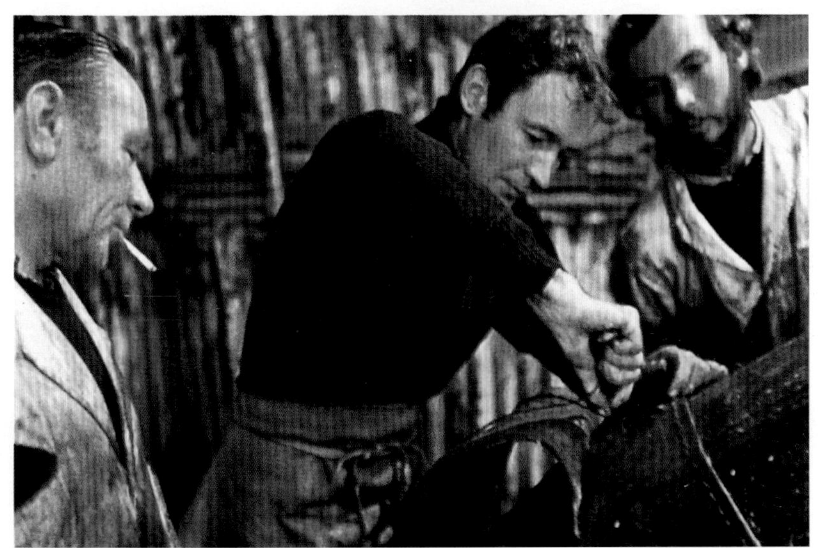

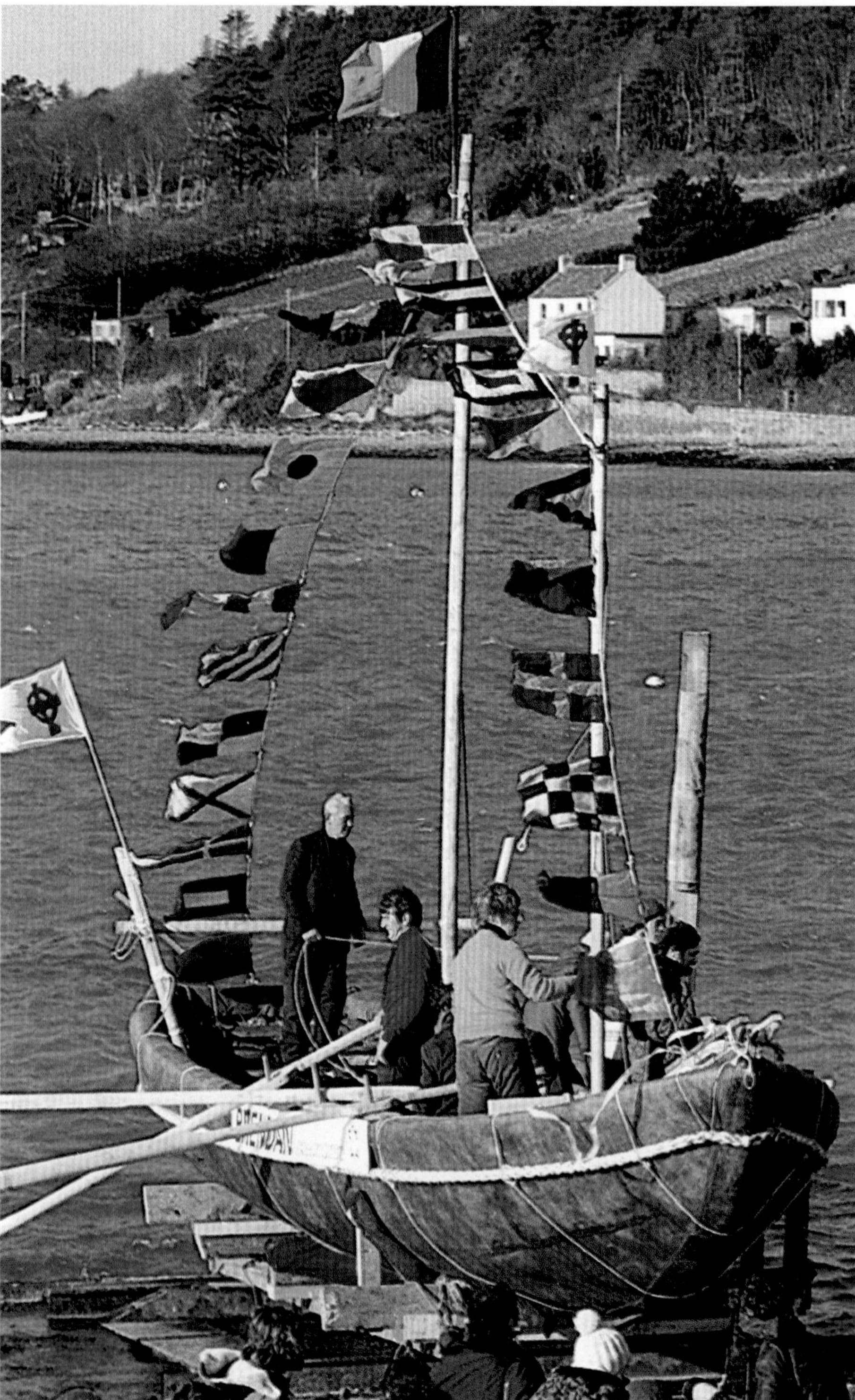

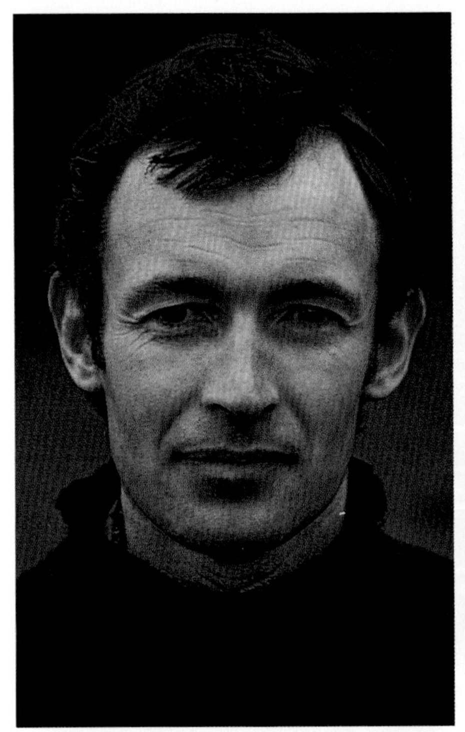

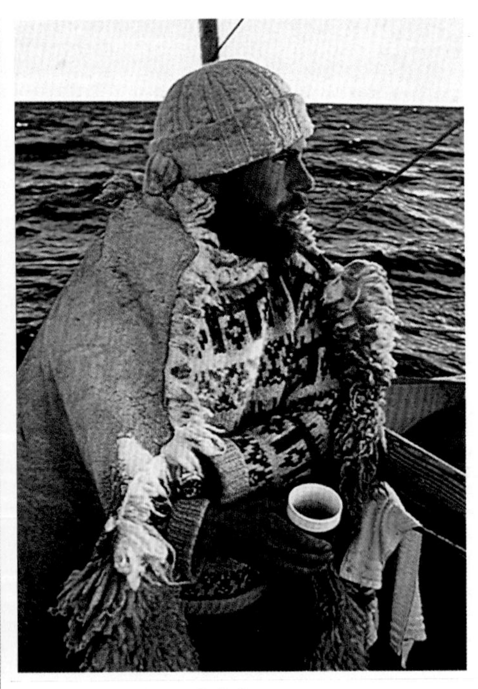

左上：船長提姆・謝韋倫

上：大副喬治・莫洛尼

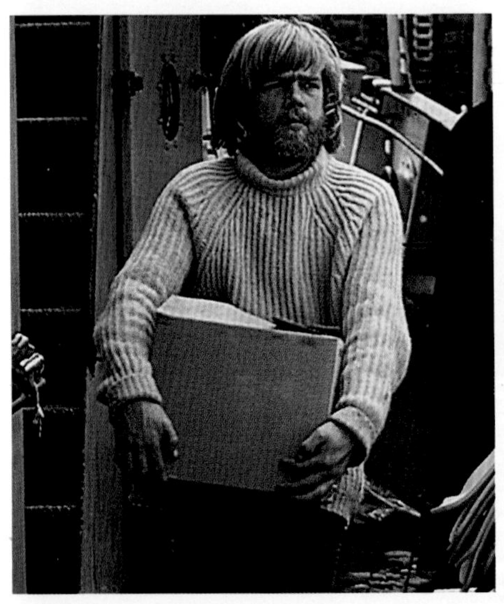

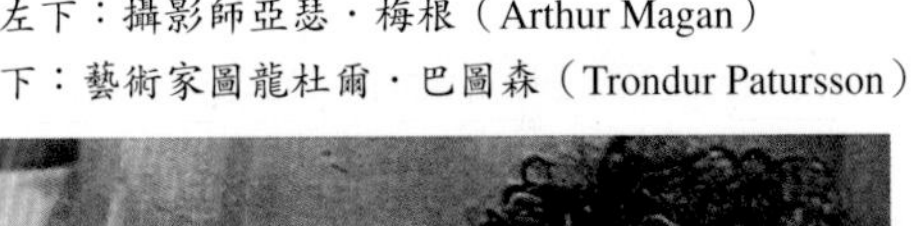

左下：攝影師亞瑟・梅根（Arthur Magan）

下：藝術家圖龍杜爾・巴圖森（Trondur Patursson）

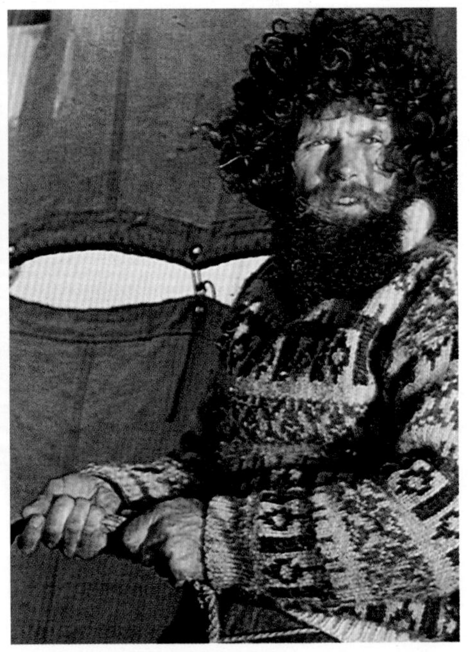

右全頁：「布倫丹號」在克洛斯哈文造船廠靜待下水那天，狂暴的一月風吹掃著她的旗子和三角旗。

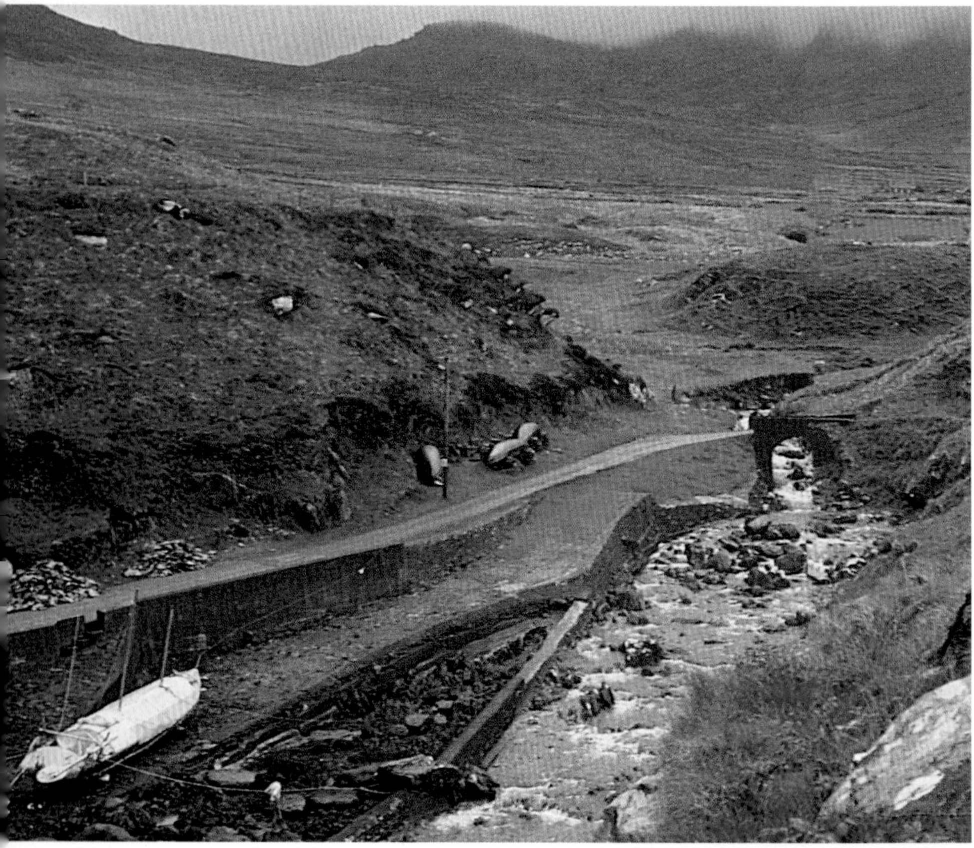

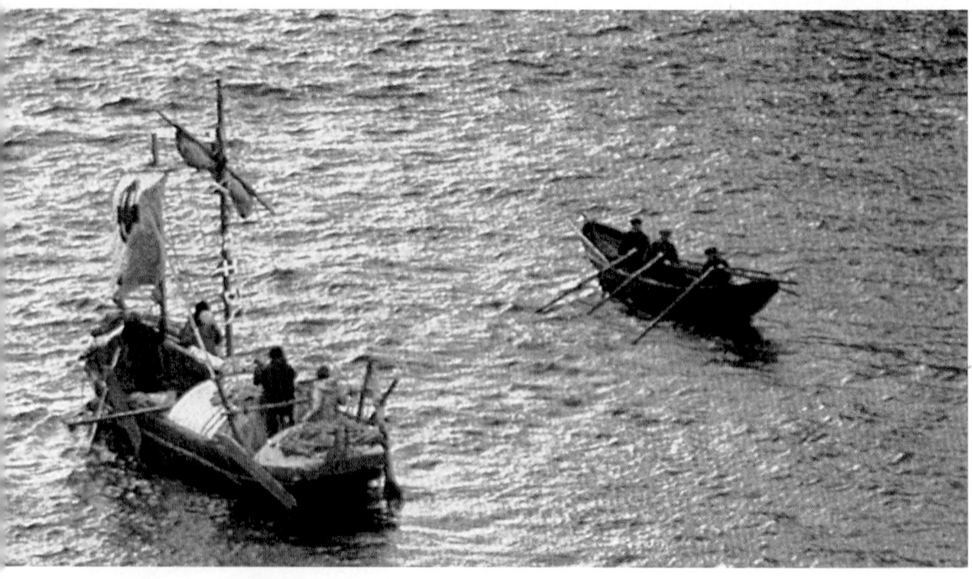

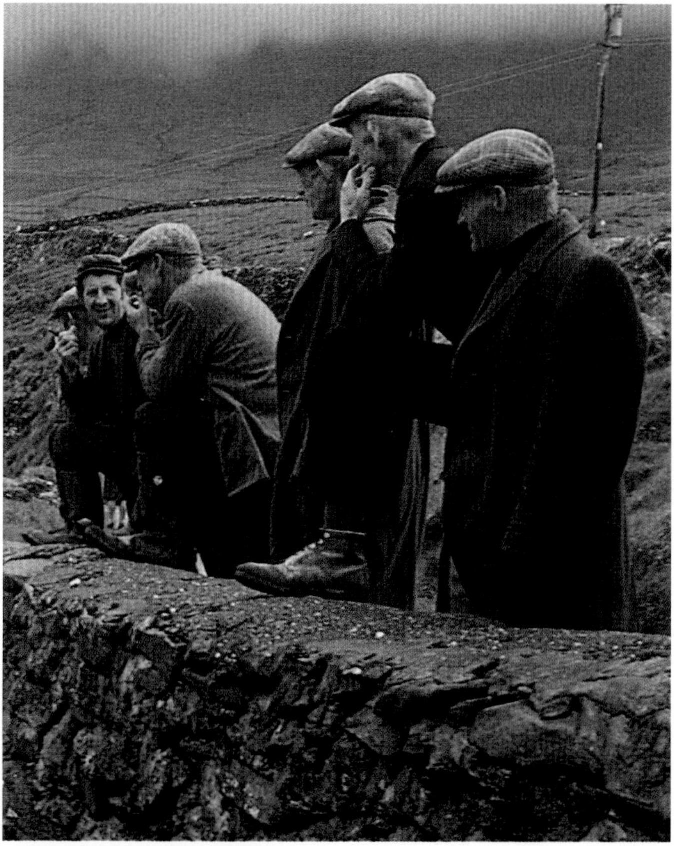

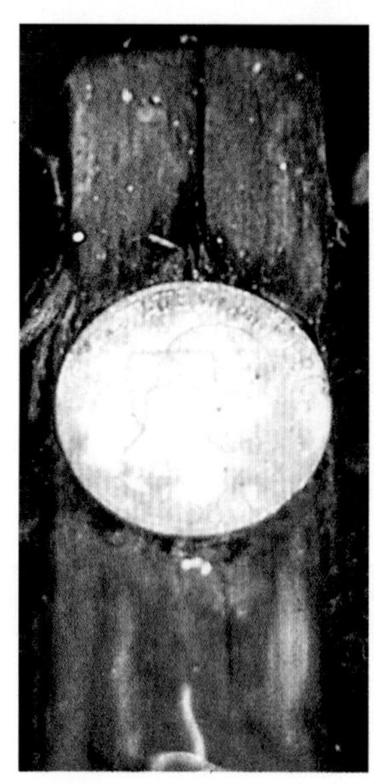

右上：「布倫丹號」停在滑動式船架上，等待翌日自布蘭頓溪口出發啟航。此處為傳說中聖布倫丹啟航的地點。

右下：「大家幫忙推！」我大叫，「布倫丹號」開始滑出布蘭頓溪。右舷掠過一艘小圓舟，我瞧見小圓舟的船頭掛著愛爾蘭三色旗。

上：克里郡人的個性樂觀而謹慎，他們大多認為我們瘋了。一名旁觀者說：「他們當然辦得到，只不過需要一點奇蹟。」

左：「布倫丹號」主桅下方放了一枚銀幣做為幸運符，而且和幽谷半島的小圓舟一樣，在雙層船緣中也夾放了一小瓶聖水。

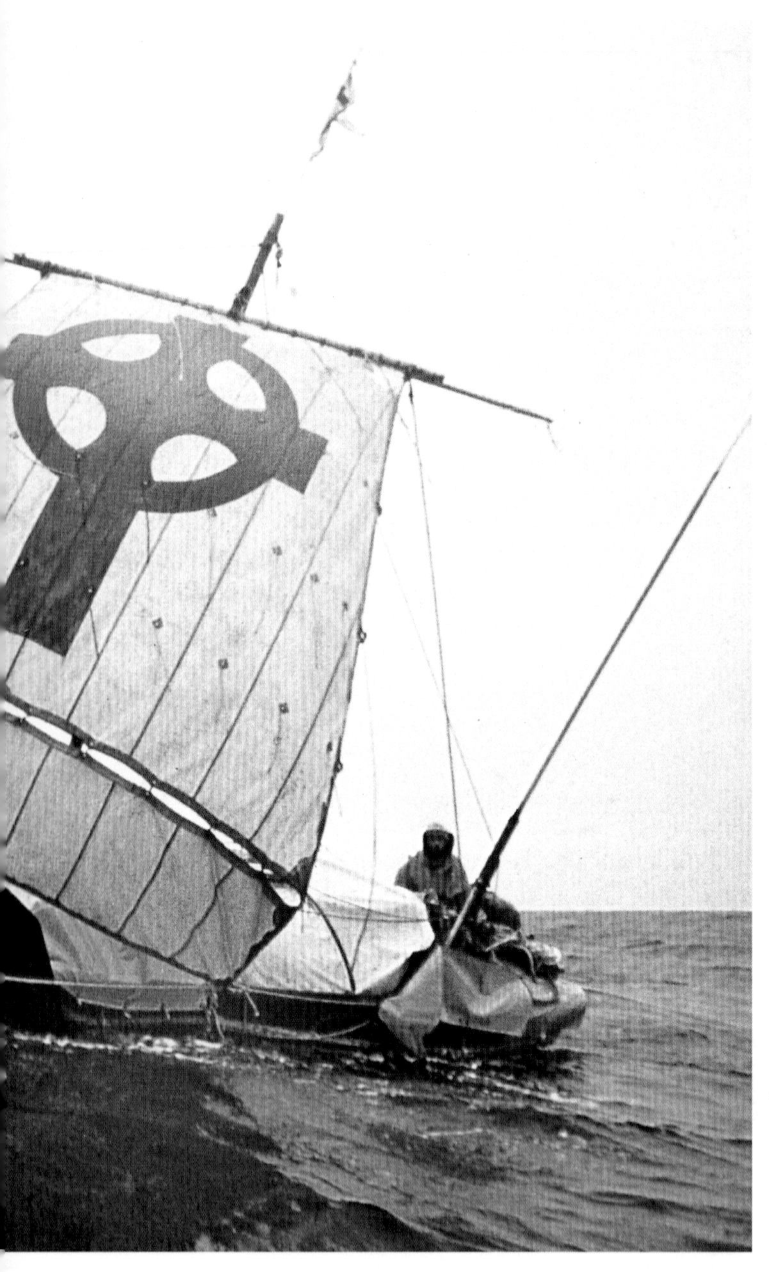

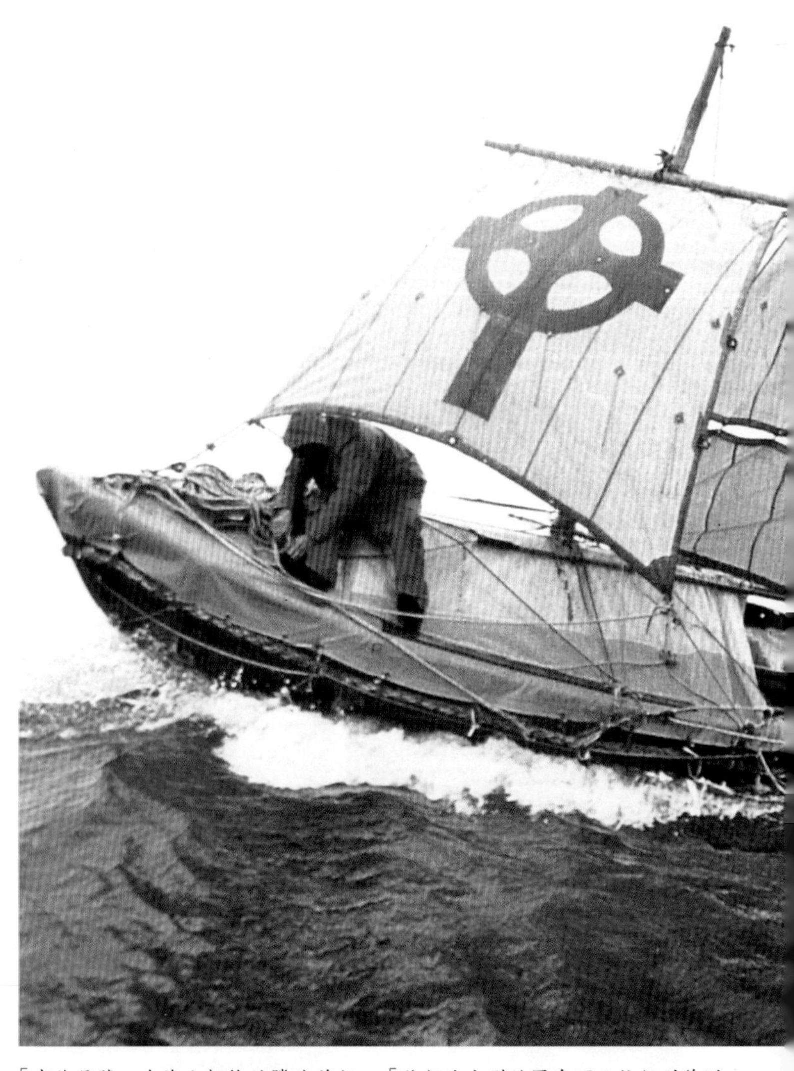

「布倫丹號」在海上輕快的騰波前行。「你認為大型的圓舟可以航行到美洲嗎？」我如此問過約翰·固溫（John Goodwin）。他回道：「只要船員夠好，船絕對沒問題。」

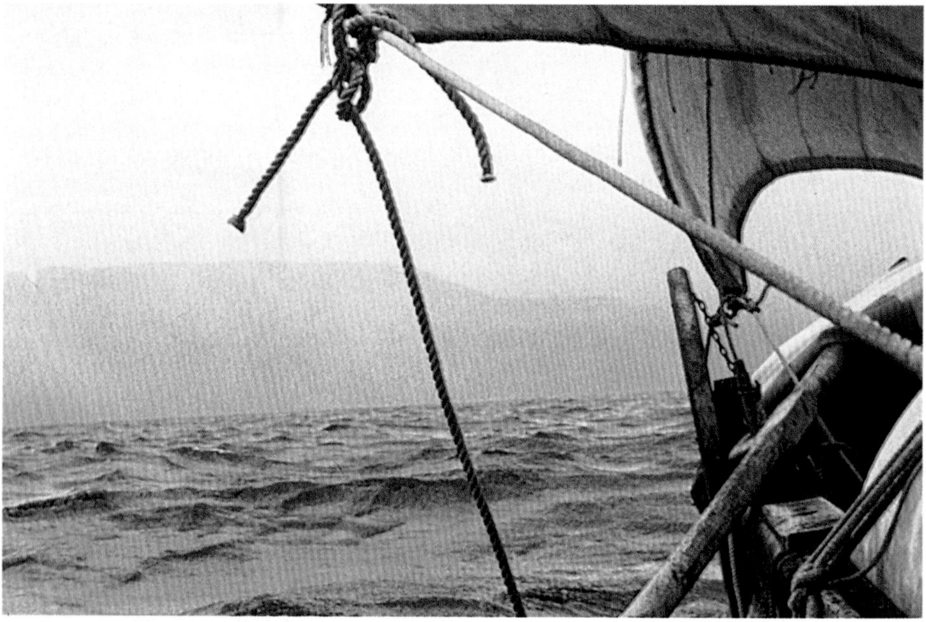

接近丹麥屬地法羅群島時，天空烏雲密布，幾乎籠罩了前方的懸崖。突然，在半哩外，我們見到驚濤拍擊崖壁。大風不斷迫使我們偏航，朝向懸崖衝去。一會兒後，烏雲上升，我們瞧見了難以數計的海鳥。這裡可能是傳說中的「鳥類天堂」嗎？

「布倫丹號」停泊在圖龍杜爾．巴圖森的家鄉。巴圖森家族世代居住於此已有十八代之久。這個仍然稱為布倫丹溪的神聖地方建有三座教堂。據說這些偏遠島嶼的最早居民是愛爾蘭隱士。

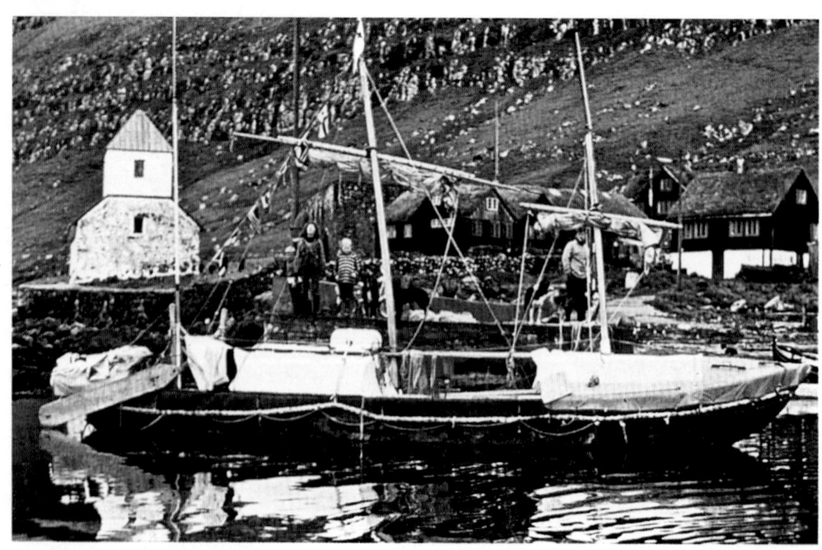

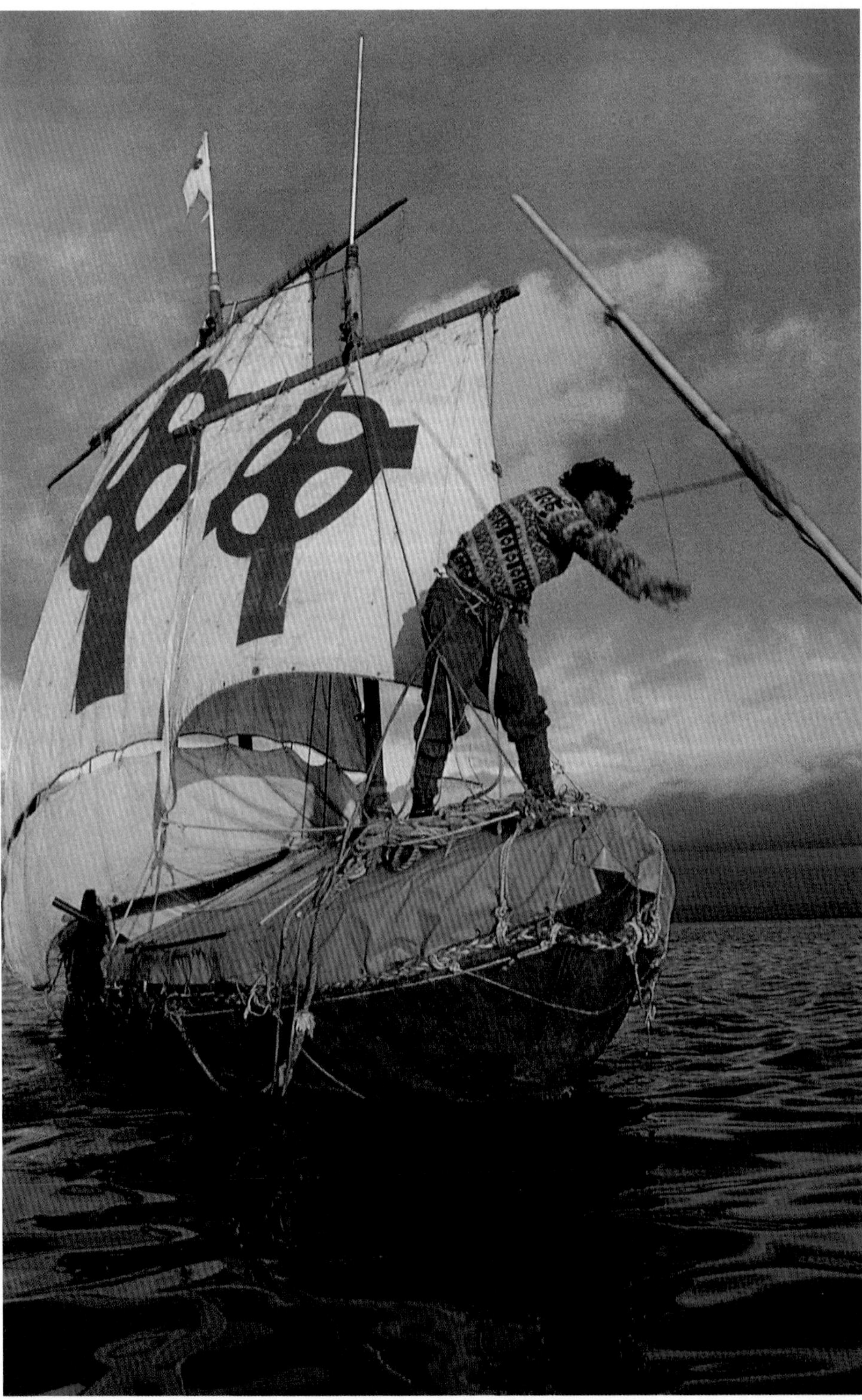

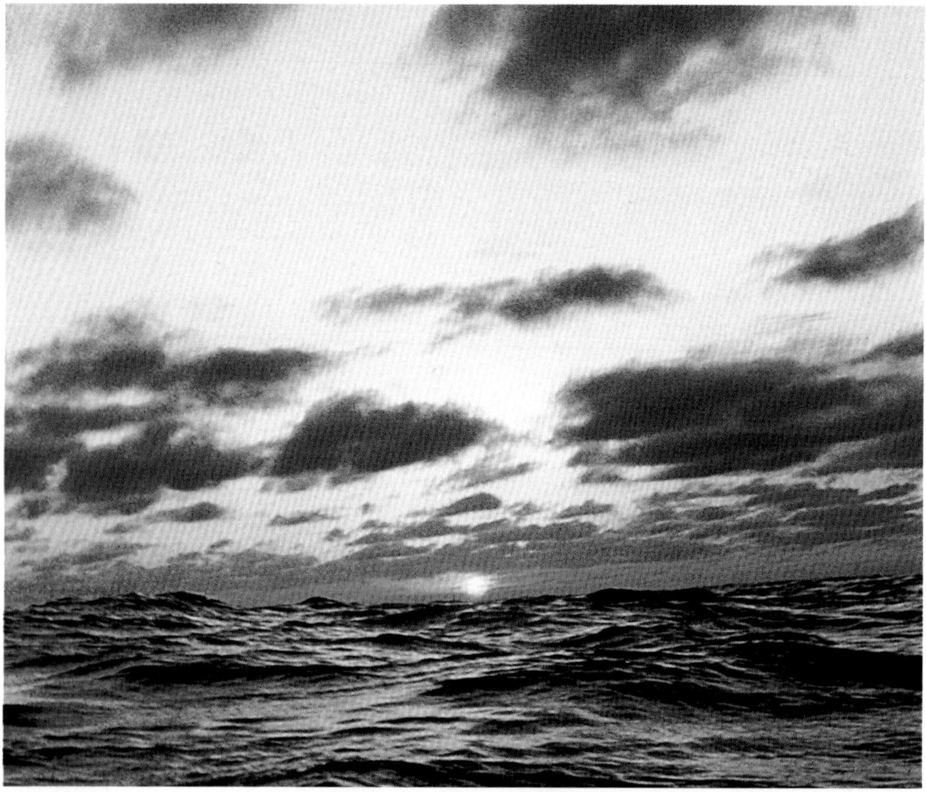

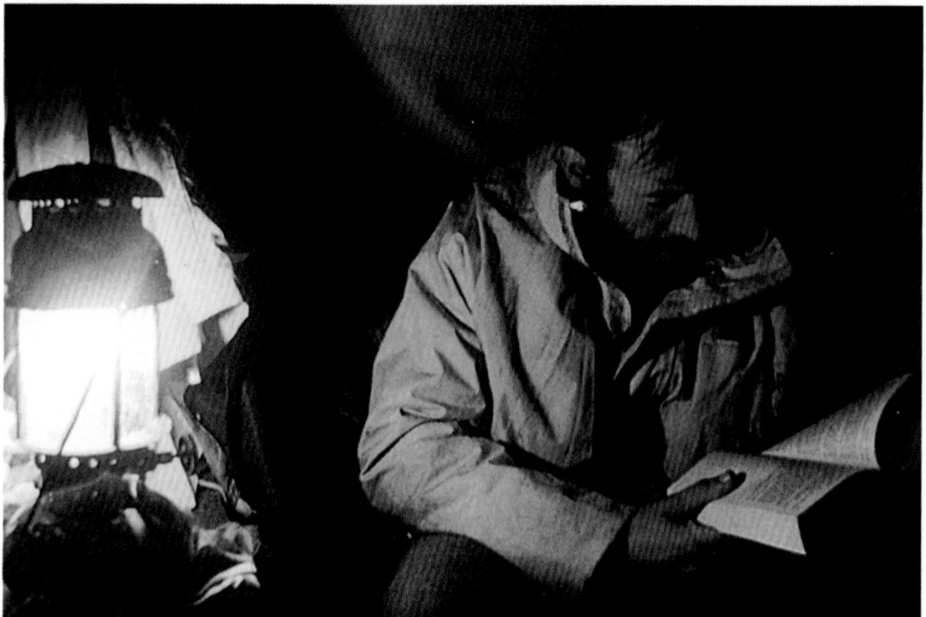

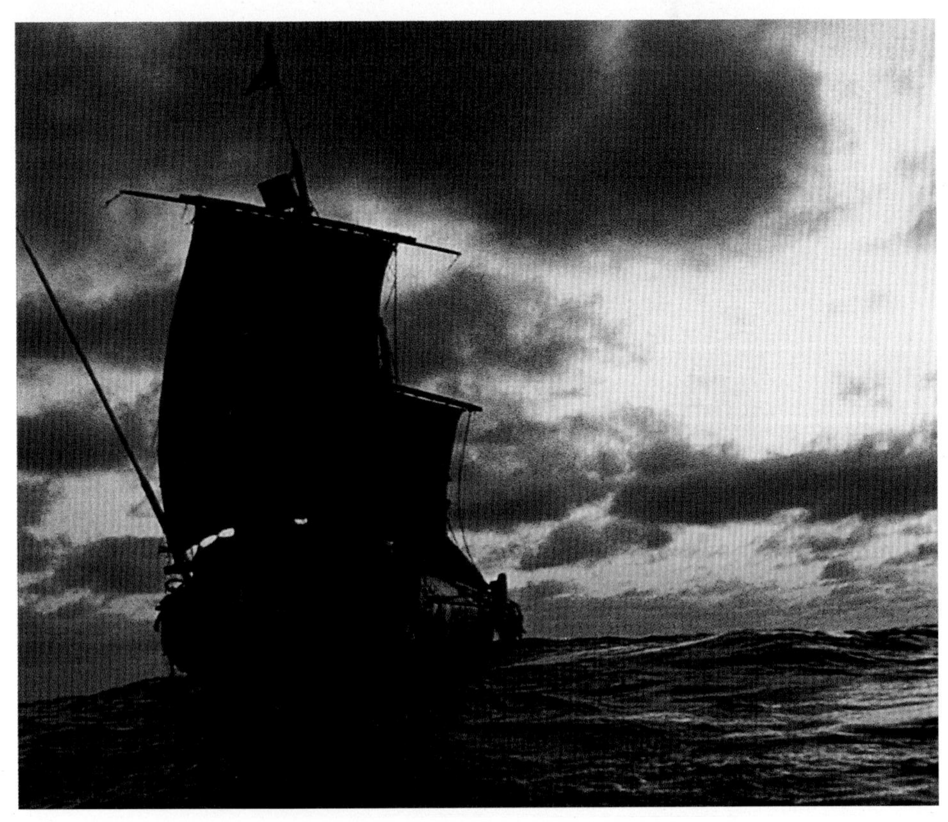

前頁：圖龍杜爾試用魚叉。在紐芬蘭拉布拉多外海，他幾乎捕到一頭巨頭鯨。

由冰島出海後，天氣出乎意料的溫和，夕陽下的閃亮天空似乎正為我們祝福，第一週的航程風平浪靜。這剛好給了我們足夠的時間適應中世紀的航海生活，重溫前一年所學到的航海知識，重新體會在北方海域駕駛無頂船隻的律動……。我們的老朋友鯨魚很快的前來探看。一頭長約三十呎的小鬚鯨在二十碼處繞著船隻游動長達十五分鐘，牠不斷的噴氣、發出呼嚕聲，並鑽到船底。

右下：在提燈下閱讀。我們採用了法羅群島漁民的輪班方式，由每一組當值船員自行安排工作。天氣良好時，其中一人掌舵，另一人則趁機休息。中午我們打破四小時的輪值時間，共用午餐。

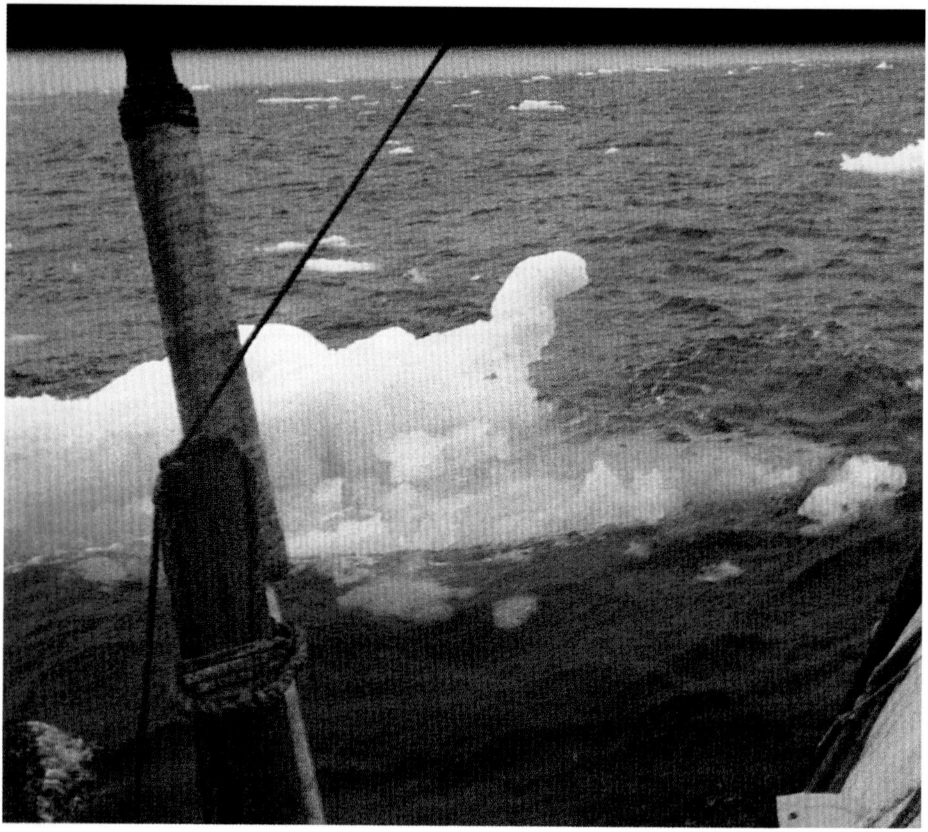

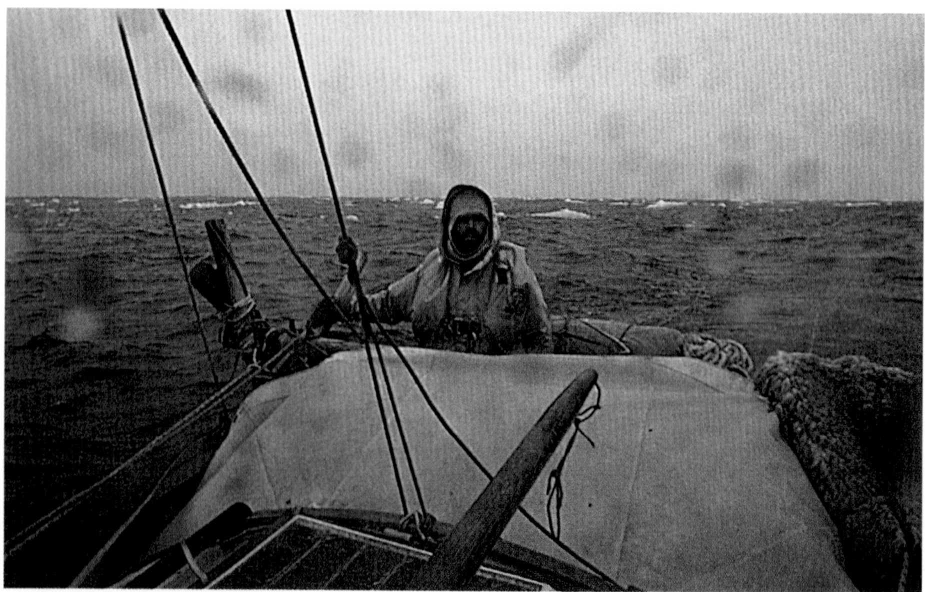

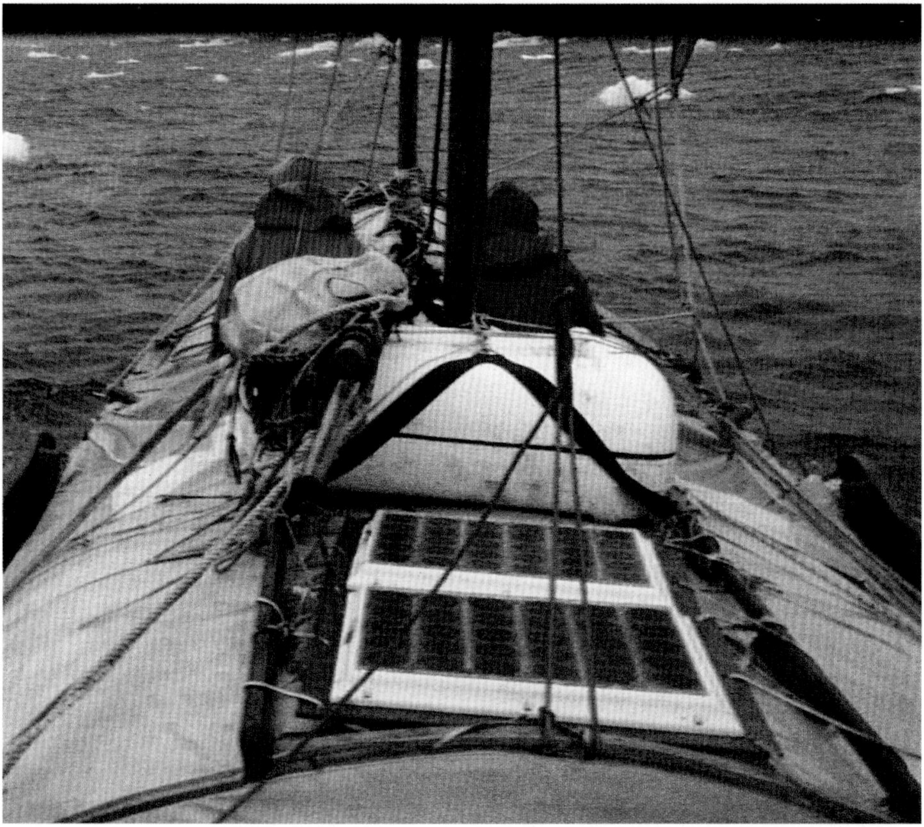

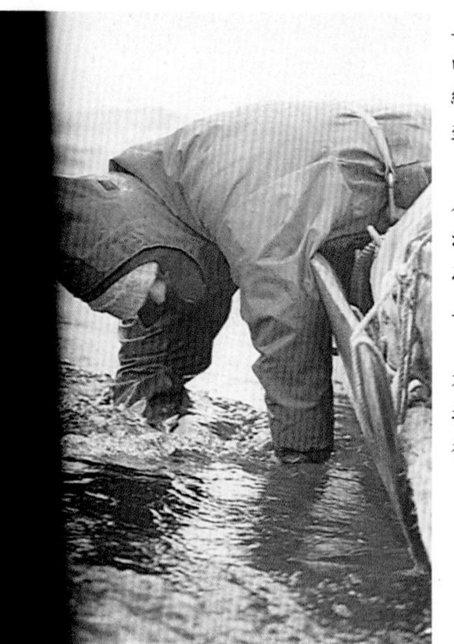

上：危險的浮冰滑過左舷。不一會兒，「布倫丹號」被兩塊巨大的浮冰包夾，船側亦被刺穿。照片上方的黑色線條係因照相機快門暴露在寒冷天候和海水中卡住所致。

左：千鈞一髮之際，若不即刻縫補，就是船隻沒頂。喬治冒著巨浪工作，頭不時沒入水中。「我可不願再來一次！」在完成縫補後他了然滋味的說。那塊補釘牢牢補上後，「布倫丹號」不再進水。

右上與右下：往船尾看去，可以瞧見我們剛剛脫離險境。但緊接著，一陣顫動從「布倫丹號」的桅桿頂端傳往下方的龍骨，船頭再度陷入一大片浮冰之中。

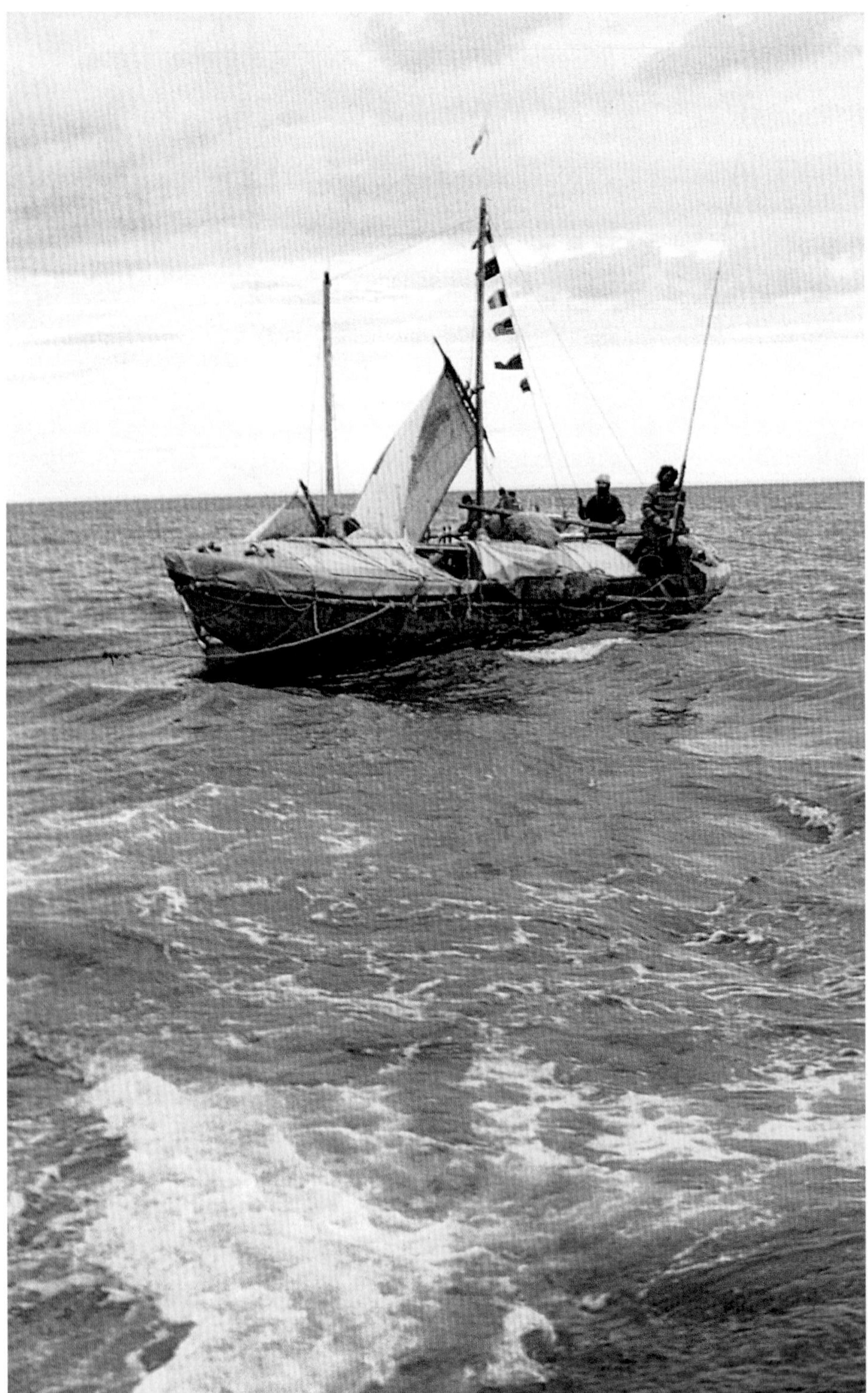

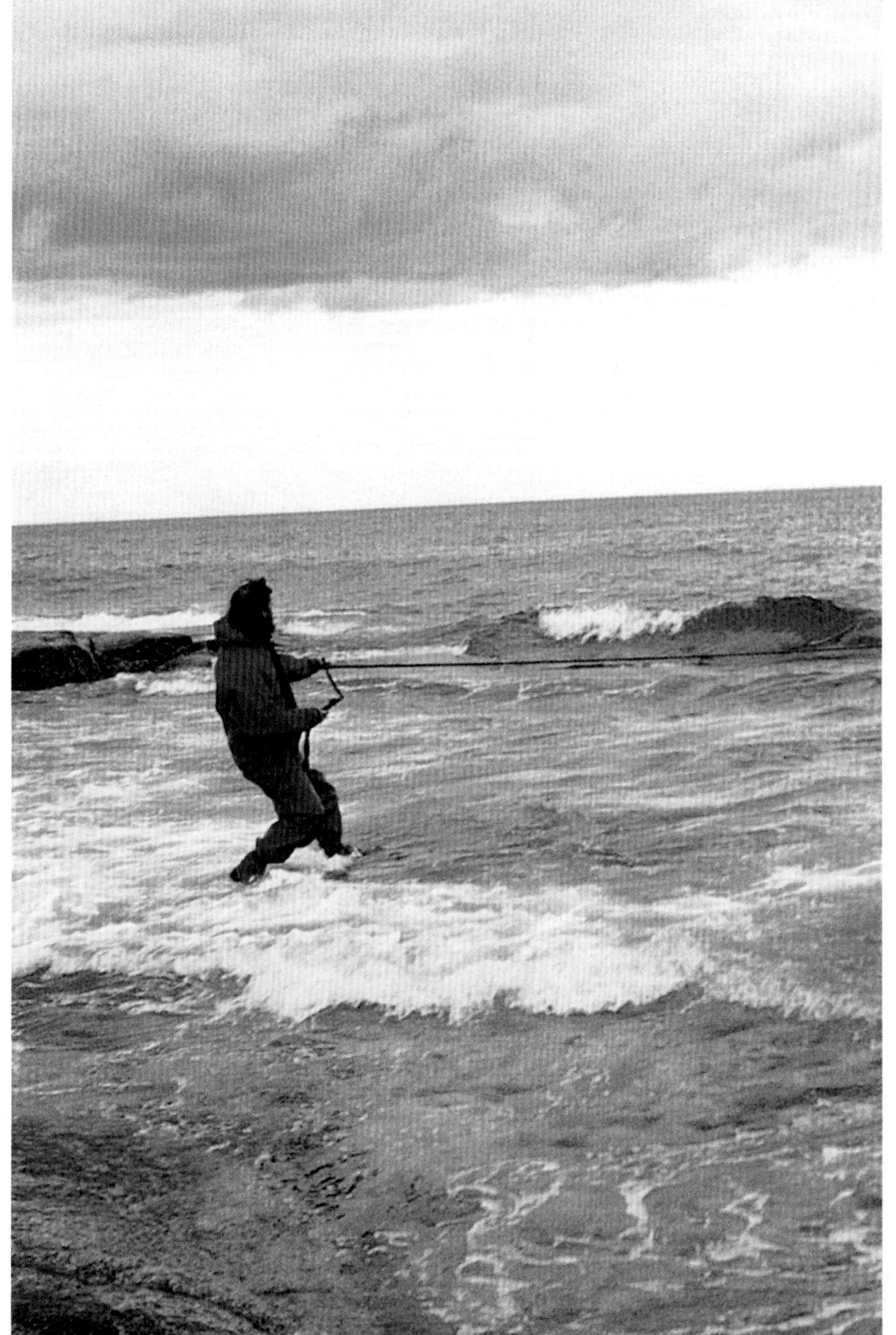

前頁：「布倫丹號」在一九七七年六月二十六日下午八時到達新世界，於紐芬蘭的沛克福島登陸。

右：瑪斯格瑞弗港的漁民熱情迎接「布倫丹號」，問我們是否願意參加小小的歡迎會？

下：我們成功了！這艘被認為可能在第一道強風中解體的皮革船，成功的航越大西洋。人們再也不能反駁愛爾蘭修士在遠早於古斯堪地那維亞人和哥倫布的年代，即已駕駛皮革船前往北美的可能性。

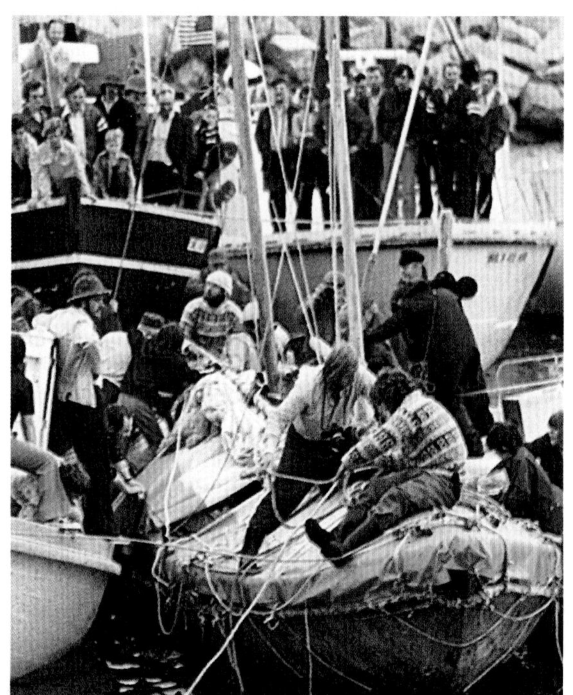

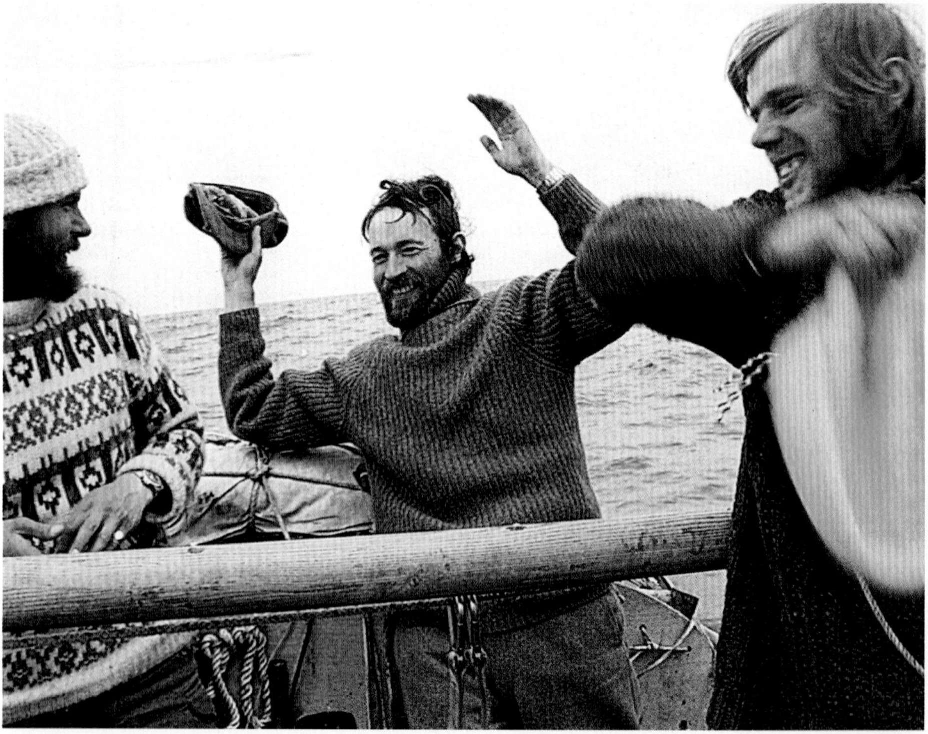

當代名家旅行文學 66

皮革輕舟勇渡大西洋

——重現六世紀聖布倫丹海上傳奇

提姆・謝韋倫 Tim Severin◎著
鄭明華◎譯

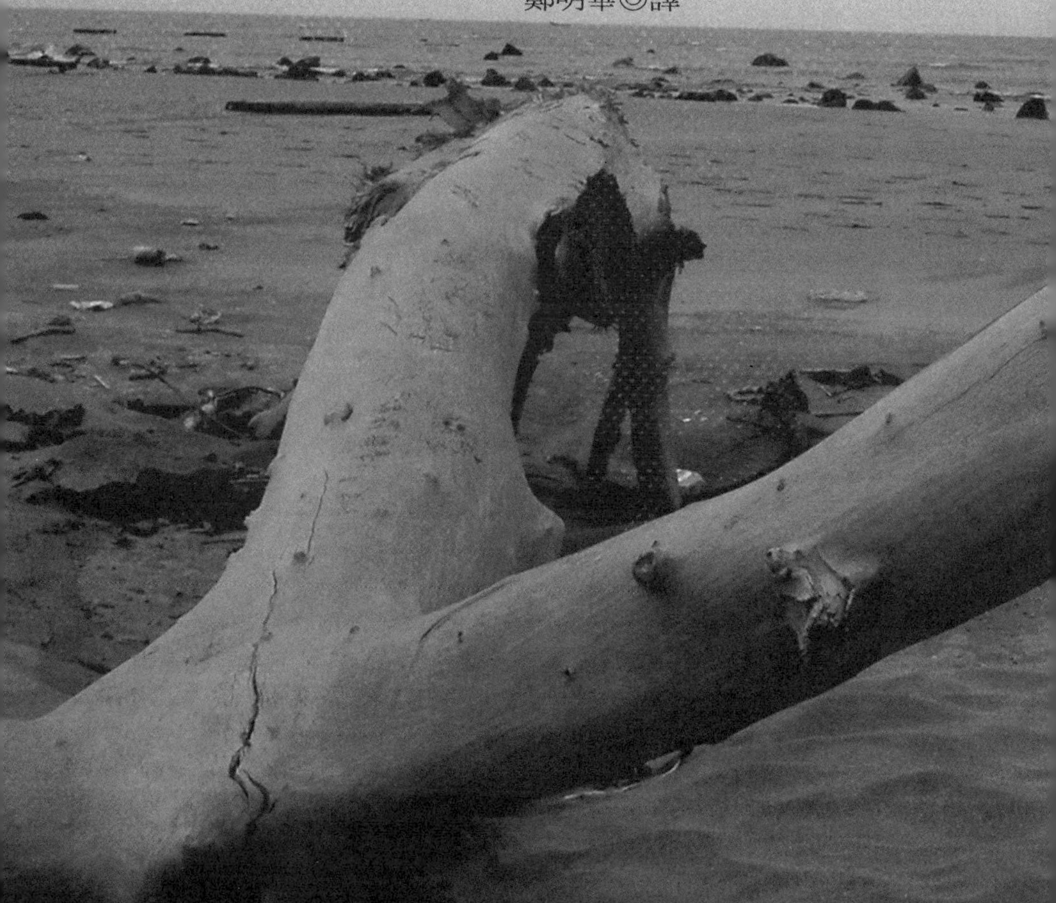

誌謝

「布倫丹號」由愛爾蘭啟航時，來自許多人的熱忱和慷慨逐漸由概念成為真實。當「布倫丹號」抵達「新世界」時，朋友和支持者的數量更相形壯大。「布倫丹號」橫渡大西洋的令人喜悅的成果之一，是其成功足堪為那些勞心勞力付出者與整個計畫的部分回饋。這個計畫中的許多主要人物都會在這本書中和附錄裡一一登場。此外，還有許多人值得我們稱謝：特別要感謝我的文字經紀人朱利安・巴哈（Julian Bach）、安東尼・謝爾（Anthony Sheil）和吉兒・柯勒瑞吉（Gill Coloridge）；他們在計畫一開始就明瞭此行的重要性和潛力，並付出不少心力。他們為我引介了紐約的布魯斯・李（Bruce Lee）和倫敦的哈洛德・哈里斯（Harold Harris）這兩位著名的編輯人。他們兩位的持續鼓勵是「布倫丹航海計畫」得以往正確方向並推向高峰的原動力。冰島的哈爾瑪・巴達遜（Hjalmar Bardarson）一直在幕後出力，以使計畫順利展開；行事效率極高的亞諾・瓦爾吉遜（Arnor Valgeirsson）則確保「布倫丹號」補給無缺。約翰・西格遜（Johann Sigurdsson）、冰島航空公司（Icelandic Airlines）和冰島輪船公司（Icelandic Steamship Company）皆熱心協助運輸順利。英國駐冰島大使肯尼斯・伊斯特爵士（Sir Kenneth East）則是最熱忱和體貼的東道主。

有趣的是，在「布倫丹號」真正啟程橫越大西洋之前，計畫即已完成一半。她由布蘭頓溪出發時，在時間上正好是整個探險的中間點。接下來要提到的廠商在「布倫丹號」受到公眾注意之前，他們即已開始協助各項事宜，更不用提到其後他們的努力呈現在「布倫丹號」上的成果。有許多協助來自各行號同意下的個人行為，雖然在此沒有一一列出，他們必然了解我衷心感謝。對於所有的人，我一定要說一聲——謝謝。

這些廠商包括：B&I船運（B & I Line）和紐芬蘭聖約翰市的藍彼得船運（Blue Peter Shipping）提供運輸。布魯克斯及蓋特豪斯（Brookes & Gatehouse）、陸卡斯船舶（Lucas Marine）、弗林特及布朗（Flint & Brown）、印卡斯科技（Incastec）、羅佑達（Royada）、約翰・佳儂（John Gannon）、威吉斯・提柏（Wiggins Teape）、厄恩蕭公司（Earnshaw Ltd.）、勞力士（Rolex）、朗臣（Ronson）、泰勒斯煤油（Taylors Para-Fin）、莫蘭茲及瑪洛里電池（Morelands and Mallory Batteries）提供日用雜貨及設備。大衛・萊德醫生（Dr. David Ryder）和布蘭頓醫院（Brandon Medical Hall）提供醫療諮詢和器材。愛爾蘭酒廠（Irish Distillers）、喬登・米爾斯（Jordan Mills）、格林・克利斯提（Glynn Christian）、健力士（Guinness）、瑞柏父子公司（Rieber & Son）、泰得曼防水布（Tiedemanns Tobasksfabrik）提供貯藏物資品。亨利・洛尹德（Henri-Lloyd）、赫利・漢森（Helly Hanson）及水中儀器（Underwater Instrumentation）供應衣物。柏德・法爾特（Bord Failte）、洛伊德資訊中心（Lloyds Intelligence Unit）、布瑞克尼爾氣

象中心（Meteorological Office at Bracknell）、夏勒頓美國海軍碼頭（U.S. Parks Service at Charleston Navy yard）、希金斯（M. J. Higgins）、戈姆夏製革廠（Gomshall Tanneries）、翡翠星輪（Emerald Star Lines）、美國製革委員會（Tanners Council of America）則提供各項重要的協助。

光是這份「布倫丹號」之友的名單，即足以顯示「布倫丹航海計畫」的複雜和多樣。雖然處理那些每天不斷的奇特事情令人發狂（例如在二十四小時內找到挽具師傅），然而辦公室的靜態工作有時也如惡夢。從頭到尾，我單獨撰寫這本書，而一直幫著打理的則是一直不慌不忙的布麗姬・艾格倫（Brigid Aglen），她雖非全職工作，卻是不可或缺的人物。我衷心盼望「布倫丹航海計畫」的故事，對於她和所有人都是有價值的記憶。

Contents

目錄

I 暴風雨

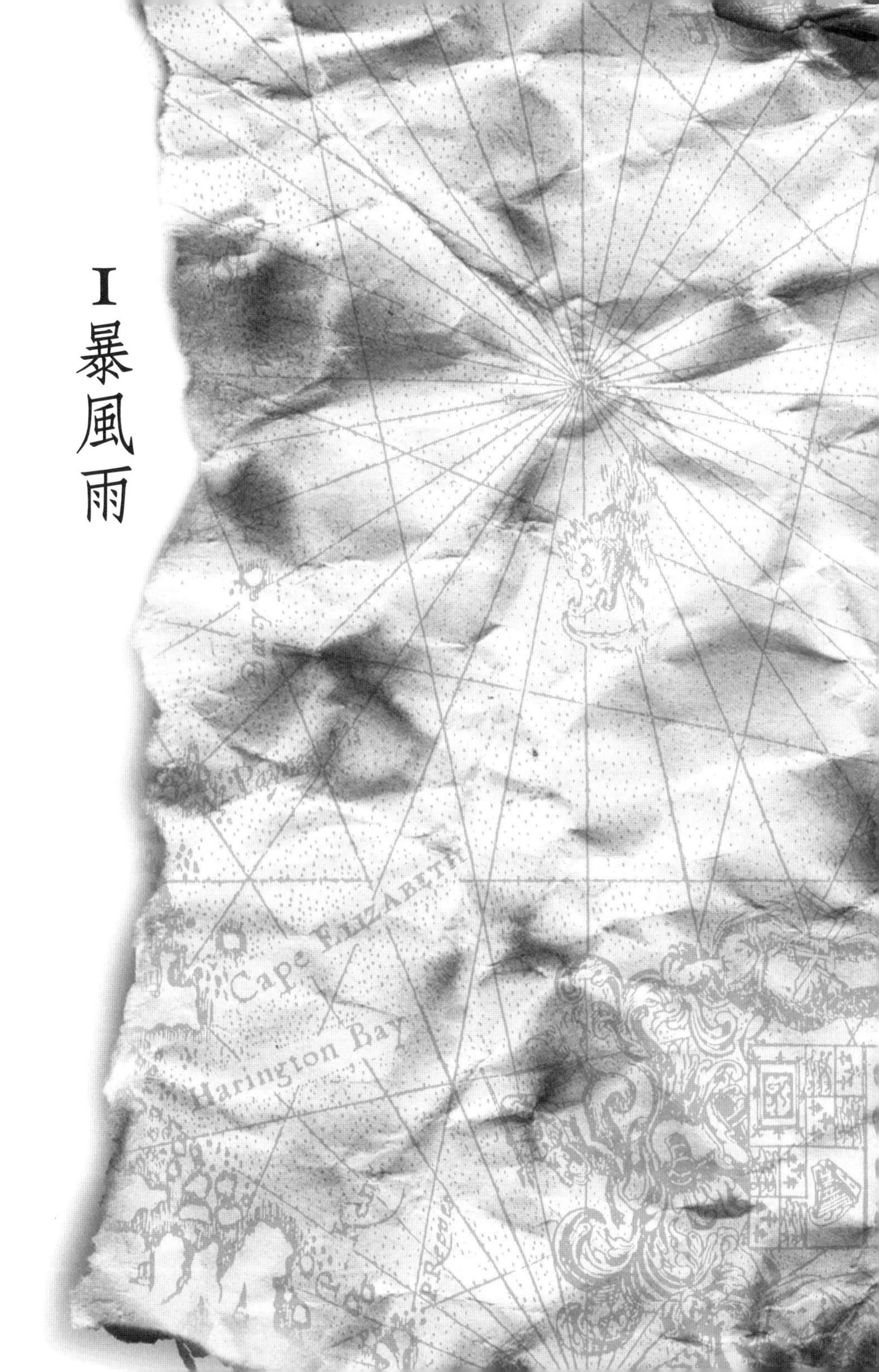

一般都認為浪濤中的第七道浪頭是最惡劣的，足以在海上強風中毀滅一切。但現代的海洋學家認為這不過是對大海的盲目恐懼；他們甚至可以用複雜的海浪理論和海浪力學來證明他們的看法。但是人們對第七道浪的戒慎依然持續，在大西洋暴風雨下浪頭湧動的無蓋小船上掌舵時，很少人能不聚精會神的數著浪頭。每一次船頭被巨浪掀高時，每個人都在心裡預料著可能隨之而來的毀滅。令人驚駭的灰沉海水延伸到地平線，滔天的浪頭一座壓過一座，每一道浪都帶著吞沒、翻覆和摧毀的力道。在船身陡降到浪谷的那一剎那，不論是真實或想像的第七道浪頭，人們無不盯著這些怪物般的海浪帶著令人喪膽的威脅，一波高過一波，操兵似的整隊成列，甚至連地平線的形狀都隨之改變，然後潛沉，準備突擊。

皮革船「布倫丹號」

在一九七六年五月下旬那被強風颳得殘敗不堪的晚上，對於我那顆疲憊的心靈來說，海浪的隊形不斷的在改變；那不是第七道浪頭，而是隨機整合成一組組的三座浪頭。每一組的先峰浪頭朝我們滾滾衝壓而來，並一路盡其力道抬升到極點，在失去了支撐之際，才猛然如崩倒之山，帶著隨之孕生的厚實白沫和全身力量漫天蓋下。船身受到排山倒海的巨浪撞擊時，無法自己的不斷震顫和踉蹌。舵槳在我的手中狂亂扭動，然後失去控制，我們連人帶船被掀高，並急急的衝入湍流的猛浪之中。就在那危急時刻，強風也跟著如巨靈之掌掃向我們，扭擰著船身兩側，想要強使船身和浪峰平行。要是船身真的向左邊或右邊轉九十度，我們必然葬身大海。緊接著，第二道或第三道浪頭橫掃脆弱的船身，每回我都懼怕這會是我們最後目睹的一道浪峰。

沒有人可以告訴我們該如何駕駛這條船；也沒有哪條船像這型的船隻一樣，已經在水面航行了將近千年的歷史。在一般人眼中，她看來像一根浮在水面的香蕉：長而單薄，細瘦的船頭和船尾以奇特的尖錐狀微微上翹。唯有仔細觀察她的人才會見到她的特別之處：這艘船是皮革做的。船身使用了四十九張牛皮如縫綴被面一樣縫在一起，並用木架撐住。厚度大約僅有四分之一吋的牛皮，在船隻移動的時候，一如搭在人肋上的皮膚，在我們和暴烈的大西洋之間收縮移動。望著波浪，我想起了我們出航之前，一位世界皮革權威嚴峻的警告：

「牛皮的蛋白質成份非常高。」他以具有學理的嚴謹口吻說：「你可以這樣想，它就有如一塊牛排，依據不同的因素，例如溫度、鞣成皮革的精細程度，以及外來的拉力，遲早都會分解腐爛。」

「皮革長久浸泡在海水裡會怎樣？」我問他。

「啊，哪，這我就不敢說了。」他回答。「從來沒有人要我們測試。但皮革通常受潮後更易破裂，而海水中的鹽份可能有醃蝕的作用。我實在說不準……」

「最後的結果呢？」

「就像你把盛放在盤子裡的牛排暴露在空氣中，時間一久就會腐敗糊爛，發出討人厭的燻臭味。和腐爛的生牛皮沒有兩樣。」

船身變得糊爛還不是現在的問題。強風逐漸加烈，浪頭益形龐大。它們以更暴猛的力量向我們襲來；若是皮革船身不夠堅固，我們馬上要面臨的就是縫線由牛皮最脆弱的地方裂開，就像我們拉開厚紙袋上的縫口線那麼容易，然後，牛皮將會像花瓣散落，而其下的木架則將在瞬間怒放如花兒。不過我心裡倒不真覺得會如此，反而是翻船沉沒的機率較大。我們的船底沒有龍骨可以保持平穩，所以一個滔天浪頭打下來，她將會被攪得肚皮朝天，而船員則翻落入海；兩者倖存的希望都很渺茫。

那我們何苦駕駛這麼一艘極不合適的船和逐漸強勁的大風交手？答案就在我們這艘奇特船隻的名字：「布倫丹號」（Brendan），用以紀念六世紀偉大的愛爾蘭修士聖布倫丹。傳說，聖布倫丹曾經駕駛船隻前往美洲；這可不是神話狂想，而是據考證至少完成於西元八百年的拉丁文文獻所得到的重現話題。這些文字也說明了聖布倫丹等修士如何乘坐一艘皮革船橫渡大海到達遠方的大陸。當然，如果這些說法都是真實的，聖布倫丹必然比哥倫布早一千年，也比維京人早四百年就到過美洲大陸。質疑者認為這樣的主張根本是過於輕率。乘坐用獸皮做的船橫渡大西洋，簡直不可置信，有如幻想，而且用皮革造船的說法本身就很荒謬。但是，那些拉丁文文獻對於使用皮革造船一事卻很肯定，甚至清楚的指出聖布倫丹這群修士曾經建造了這麼一艘船。很顯然的，要證實這個非凡的故事，只有仿造一艘樣式相近的皮革船，看看是否能夠渡過大西洋。這就是我們的故事了；我和一群伙伴正在海上實驗，想要知道聖布倫丹和那些愛爾蘭修士是否真能以皮革船遠渡重洋。

再也沒有比這時候遭逢強風更糟糕的事了。我們的探險才剛開始，「布倫丹號」還沒有經過實際的測試，距離聖布倫丹那崎嶇的愛爾蘭大西洋岸故土也才僅三十哩。三十哩可真令人汗顏。對於航海家來說，這是一處必須崇敬以對的海岸。西南風終年襲掠，許多帆船在這裡失事，它們在橫渡大西洋後船身黏生了海草，和「布倫丹號」一樣無法逆風出海，只能無望的撞向岸邊。這座海岸至少摧毀了二十艘西班牙無敵艦隊的大帆船，而和西班牙艦隊的巨大帆船相比，小而單薄的「布倫丹號」簡直是所有水手的夢魘。我們毫無可能逆風而行，而且如果強風往西掃掠，我們將會像樹葉般航向堅硬如鐵的斷崖和半隱沒的礁岩，而那些一路漫天蓋地掃過大西洋的巨浪，狂肆襲掠過我們之後正碎毀在其上。即使是現代化的船隻，也不敢在如此強烈的風力和航道上挺身對抗氣候。對於我們這些在中世紀皮革船上的人，除了在大風掃噬前倉惶轉向之外，別無其他選擇。像平底雪橇般在波浪滑行的「布倫丹號」，唯一能做的也僅是將四角形單帆降到最低，減緩衝向海岸的速度。

我看著我的伙伴，心裡想著不知道他們對現況有何感想。我知道喬治很清楚目前的險境。他是我認識的水手中最好的一個，我們過去曾乘坐小船航行過不少地方。就因為這樣，我請他擔任「布倫丹號」的大副，負責在航行時將船保持在最佳狀況。我想洛夫也知道我們面臨的險境。他是挪威人，在夏季時常沿著他的家鄉海岸駕駛一艘建於十九世紀末的巨大帆船。但是隨船的攝影師彼得可就令我擔心了。不久之前，他曾單獨駕自己的帆船由英國前往希臘，對於海洋當然不陌生。但他現在看來卻一臉憂鬱。我猜想一部分是因為他擔心眼前的狀況，但更有可能是兩天前划「布倫丹號」時的肌肉傷害再度復發。他的臉色陰沉沉的，看得出來他在不斷上下拋擲的船上極端感到不適。

亞瑟是我們這群人裡最年輕的一個，現在正因為暈船躺在那兒，對於險境一無所知。我很少見到像他這麼痛苦不堪的人。「布倫丹號」的律動極為特殊；她像艘救生艇，而非傳統的船隻。她上擲、搖晃，然後快速擺動，接著又上擲。亞瑟蜷曲在那兒承受痛苦，他的眼睛緊閉，無力的躺在舷緣，海浪不時汩上船來潑擊在他身上，然後順著他的臉和防水衣流淌。只有輪到他值班時，他才會放眼觀望四周的環境。我見到他竭力讓自己坐直，抓著安全索，然後拖著沉重身體到駕駛台。我不禁在心中暗暗為他的意志力喝采。在這樣的情況下，如果強風襲擊我們，五人之中僅有三人的健康狀態足以操作「布倫丹號」。

最痛苦的一件事是無法在輪替值班之間稍事休息。「布倫丹號」是一艘無頂蓋的船隻，海水和海風不時颳打進來。在短禿的主桅後面有個像帳棚似的小船艙，後面的空間可以同時讓三個人頭尾反向像沙丁魚似的躺著。我們沒有空間可以置放備用的衣服、照相機、睡袋以及所有的航海設備。而且不論浪頭什麼時候濺襲船身，總會掃過船舷，將大量的海水傾注到我們的休息區。不遠處的較短前桅桿邊還有一方不及狗舍大小的小帳艙，是另外兩個人睡覺的地方。那裡漏水的情形更嚴重。每次浪頭擊中「布倫丹號」的船頭時，冰冷的海水即湧入帳蓋下，使得在裡面休息的人全身濕透。

我在值班掌舵結束時，爬入主桅邊的船艙，把自己擠入那一小點空間，躺在那兒開始煩惱起來。我們的航行才開始不到一週，卻已經開始面臨嚴重的打擊；我可不敢確定我們的船能承受。我躺在睡袋裡，腳和頭部頂著船梁下的艙壁，船身隨著浪頭上下起伏時，我可以感覺到艙壁也跟著鬆動。最令我擔心的是兩邊艙壁正朝著相反的方向移動。那感覺很詭異。「布倫丹號」像一隻動物，也許是鯨魚，而我則像聖經中的約拿（Jonah）一樣躺在它的肋骨裡，感覺到船隻正改變自己的形狀因應巨大的海水壓力。我可以聽到四周木頭和皮革傳來的咯吱聲和悶吟聲。壓力和張力一樣大，「布倫丹號」的船體有如呼吸一般，隨著海浪收縮和鼓脹。我試著理性的思考，想著維京人的船隻也是以同樣的架構建造出來的說法。據說他們的船隻同樣在海洋中具有伸縮的特性，因此航速比較快。然而維京人的船是用木頭建造的，沒有人知道皮革是否能夠承受同樣的環境。「布倫丹號」的架構能堅持多久？我一點頭緒也沒有。但想著這就是為什麼我們駕駛「布倫丹號」出海，希望能以實際的試驗發現真相時，心裡似乎好過一點。

我闔上眼睛，平衡感即刻告訴我海面的情況更惡劣了。我可以感覺到「布倫丹號」被三道浪頭纏上了。第一道浪往上湧漲的時間似乎很長，「布倫丹號」隨著被拱上浪峰，並不斷的升高，像慢動作般，似乎永遠無法越過浪頭。她在峰緣搖晃，緊接著一陣擂動，然後停止；她彷彿要在那一霎時啪地一聲斷折。終於，她自浪頭上滑下，無助的被翻滾的浪峰控制，舵手用盡辦法維持平穩，「布倫丹號」開始順風行駛，測程儀狂亂的指向每小時十二浬

（一浬約為一點八五公里——譯注），那已是船的極速。又似乎過了漫長的時間，主浪往前掃盪而去，「布倫丹號」脫困，並輕緩地掉落到主浪的浪谷裡；然後繼續面對第二道及第三道浪頭，像飽受折磨的玩物般一再被拋擲。

有一回，喬治正在掌駛舵槳，一道浪頭打中「布倫丹號」，並在瞬間將她頭尾倒轉。「老天！快來！我們正倒著回走！」喬治大吼。彼得和我急忙衝出小船艙。我們穿得很單薄，海水一下子浸透我們全身，但我們必須把艏斜帆保持在適當位置。我們艱難的走到帆邊。艏斜帆正被強風颳得頂在桅桿上，並強勁的拍打著桅桿。帶著濕透的悶聲，船帆突然鼓脹，開始將「布倫丹號」拖出險境。慢慢的，「布倫丹號」以非常慢的速度轉向順風前進，在經過兩道驚心動魄的大浪時，我們膽顫的體會到「布倫丹號」的船身是如何暴露在巨浪之中。幸好這兩道浪穿越船底而過，沒有造成損害，於是我們繼續斜著船身搖搖晃晃的前進。

暗夜中的隱形侏儒

夜晚來臨！氣候惡劣而黝闇的夜晚，伴隨著滂沱大雨和僅有幾碼的視野，唯有浪峰上白色的碎波和遠處閃轉的燈塔光線為這樣的夜晚帶來一些光點。我回到休息的地方時，輪到掌舵的彼得說他似乎瞥見船隻的光線，應該是離開港口很遠的船隻發出來的微光。我含糊的回話要他留神，要是那些光點向我們靠近就叫醒我。接著我鑽入睡袋中閉起眼睛，只覺得全身軟弱無力。

「我的老天！那鬼東西到底打哪兒來的！」彼得喘著氣大叫的聲音讓我立即睡意全消。必然出事了！我倉促的跌跌撞撞出了小船艙，見到彼得正無助的緊抓著舵柄。洛夫目瞪口呆的望著黑夜的海面，雨水在他的眼鏡上流淌。就在離我們僅數百碼外，一艘漁業公司的大型拖網漁船正閃著所有的燈光筆直的往我們衝來。她的船頭在海浪上猛然前進，鼓起強烈的水花，同時船身詭異的前後顛簸，發出轟然巨響。在黑暗中，她根本不知道我們的存在。其後我才明白我們的金屬雷達反應器被厚實的海水阻隔，其他船隻上的雷達幾乎掃描不到「布倫丹號」的皮革船身，「布倫丹號」形同隱形。

「燃放照明彈！」我對彼得大叫，「放照明彈！」

「用手電筒照射船帆行不行？」洛夫問。

「行不通，」我在颯颯作響的風中大叫，「我們的帆太小，不夠當光線反射器。而且那是皮革做的，反應不了多少光線。」

然而一切都已經太遲了。我們之中一人由緊急求生裝備中找出一顆照明彈，但是天氣太冷，他的手指頭僵硬，無法在那艘漁船衝撞向我們之前及時拆開包裝點燃。彼得仍努力的想要掌控舵柄，試著轉向，但是強風把我們鎖在勢必要相撞的航線上。拖網漁船流線型的黑色船身急速向我們滑行而來，距離近到我們能清楚的見到她高聳的鋼鐵船殼上的銲接線。在能見度僅有數碼的黑暗中，她的舷窗照射出來的光線在我們的驚駭注目下快速掃掠而過，「布倫丹號」與拖網漁船的船尾同高，近得彷彿就要捲入那收放漁網的滑道。在她面前，「布倫丹號」有如侏儒。

「撐住！我們馬上要進入她的螺旋槳捲流裡。」我們四周的海面全是漁船螺旋槳攪起的白浪。她在強風中揚長而去，全然不知她幾乎撞毀我們。多麼諷刺，我暗忖，我們的險境竟然不是來自大自然，而是人為的，這可是從前的聖布倫丹不需要面對的。我懷疑漁船上有任何人見到我們。他們要是知道的話，瞭望員會對船長怎麼說？說他見到了一艘來自另一個世紀的船隻，掛著上面有猩紅色塞爾特（Celt）十字的方帆，瘋狂的頂著強風而行；船上有五個衣服濕透、一臉絕望的男人？任何瞭望員在這樣的一個大西洋暗夜，若真的向船長這麼報告，要不是以值勤酗酒的罪名解職，就是被送到精神科。

破曉時，強風達到最惡劣的程度，不斷的在浪頭上扯揚起碎浪，幾乎和暴風雨沒有太大差別。橫向吹襲的雨水和浪花令我們不得不在輪值時不斷將打入船上的海水舀到船外。我們舀了五百多次，才免於船底的積水使「布倫丹號」在海面動彈不得。船上的繩索都是仿聖布倫丹時代的亞麻絞成，現在看來已經有些不對勁了。兩條繩索相碰時即相互切割，這樣磨損幾秒鐘後，冷不防的就斷掉了。一次又一次，通常是洛夫不得不艱難的攀爬到上下晃動的船頭，重新替船帆裝上新索具，好讓船隻繼續航行。我的海圖匣先是被強風撕裂，幾秒鐘後衝撞而來的碎浪則把海圖打成碎片。雖然強風把我們吹離了航海圖中的險惡範圍，令人稍感安心，但「布倫丹號」卻顛晃著往外海急急駛去，那對我們並沒有太多幫助。為了減速，我們在船尾掛了一綑厚重的繩索，讓它在水中拖行，權充剎車器，並期盼能藉此緩和惡浪。我們也在船尾掛了一個金屬桶；就在二十四小時之前，我們還用它料理了一頓美味的愛爾蘭蟹。現在，海浪正沉重的擊湧到它身上，令它發出哀鳴似的聲響。亞瑟這個可憐的傢伙，現在看來像隻死羊包覆在風吹雨淋的衣服裡。他的連衣帽已經被狂風吹走，他的頭髮往下覆蓋住頭皮。主船艙裡散置相機鏡頭、航海指南、濕透的衣服和其他泡了水的器材。彼得累得不得不進去休息。他的手臂在避開漁船時再度肌肉扭傷，看來正哆嗦著。喬治和洛夫的情形看來稍好一點。喬治經歷過比這還嚴厲的強風；洛夫則摘下了眼鏡，暫時眼不見惡浪心不煩。

然後，就像尋常發生的，第二天的天氣轉好了很多。強風開始減弱，我們的精神也跟著稍微好一些。火柴全被海水泡濕。我們在緊急設備中搜尋了一陣後，找到一盒防水火柴，點燃了普賴默斯牌（Primus）煤油爐子。我們燉煮了蔬菜加義大利麵食，並享受了熱騰騰的咖啡。「布倫丹號」的組員開始對於周遭環境稍稍有了興致。喬治高興的發現，如果掌舵的人反向站立，面對船尾並看著海浪，就比較容易操控船隻。這是個奇怪的見解，但我們倒是開始欣賞所有「布倫丹號」上的事物，它們不再那麼格格不入。海鳥是經過一夜強風惡浪之後最早現身和我們同享劫後餘生的傢伙。牠們大多是普通的海鷗和黑脊鷗，偶爾也見到單飛的海鸚急急掠過，一路努力的上下揮動短而粗壯的翅膀。牠那張有著鮮豔嘴喙的小丑臉孔，使牠看來有如兒童的發條玩具。黃頭塘鵝這種此地最大的海鳥也氣氣派派的出來巡邏覓食。牠們在俯衝獵物之前，張開寬達六呎的翼幅平穩的滑翔；或者急速降低，在大風掀起浪頭的海洋上方，乘著上升氣流自由飛行。海鷗降落在海面上，毫不驚顫的隨波沉浮，牠們的冷靜讓激烈的海水看來不再那麼具有威脅。

這些感覺讓我覺得「布倫丹號」會克服海洋險惡的環境。也許這是聖布倫丹啟航前往西方時就已經知道的秘密之一。我們的眼前仍有三千多哩的航程，必須穿過世界上最詭譎的水域，但我平心滿足於我們通過了第一次的強風考驗，並往目的地邁進了一步。

2 構想

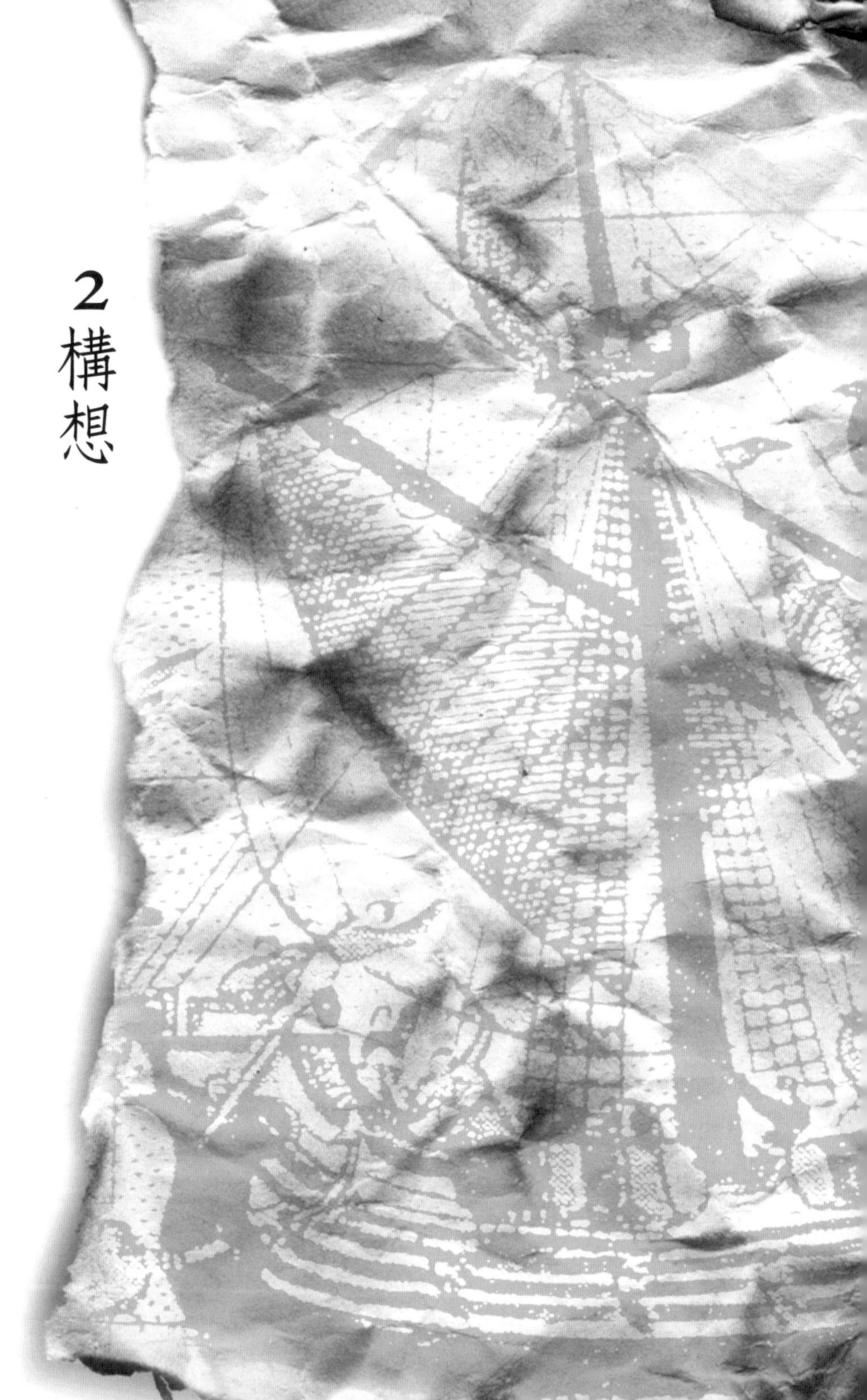

「有關聖布倫丹的文獻有些地方頗奇怪，」內人桃樂絲有天夜裡說。她不經心的一提，卻引起我的注意。

「妳說的『奇怪』是指什麼？」我問她。

「這些文章和同時期的記述文字不太相似。也許應該說是和其他文字的感覺不同。這是很特殊的作品。比如說，它是一個聖者出海航行的故事，所以大部分的讀者很自然的會認為他在航行中必然要施顯很多奇蹟。但聖布倫丹卻沒有顯現任何奇蹟。他唯一異於常人的地方是具有卓越的智慧，幾乎是異於常人的洞察力。他清楚所有的事，知道航程中每一段將要發生的事，而他的組員則顯得疑惑而恐懼。當然，他十足相信上帝最終會照顧每一個人。」

我又向她探詢，「文字中還有哪些不尋常的？」

「哪，這個故事裡有許多詳實的描寫，遠超過中世紀初期大部分的文獻。裡面提到聖布倫丹所到之處相關的地理細節。還描寫航程的進度、時間和距離等。對我來說，它可不像是個潤飾別人第一手經驗的傳奇故事。」

我內人嚴格的評論滿值得聆聽。她是中世紀西班牙文學的專家，對於中世紀文獻所知甚廣。事實上，我們第一次見面是在哈佛大學的圖書館。當時我們都在做研究，她忙著她的博士論文，我則天天和探險歷史為伍。我們兩人從大學時代開始就已經知道聖布倫丹的事蹟，只是切入點不同。「聖布倫丹顯然令探險史學家感到迷惑，」我發表自己的看法：「看來沒有人能確定聖布倫丹的航行到底是幻想還是事實。有些學者試著證明他曾經到過美洲；有些人則認為那僅是個推測。」

「喔，我倒是不覺得他為何到不了那兒！」桃樂絲語氣堅定的說。

「對，我也不相信他去不了。妳我都知道小船是有可能長程航行的。我們自己試過。也許該是有人找出聖布倫丹的航行是否行得通的時候了。但要公平，必然得使用和當時同樣的材料造船。」

「布倫丹航海計畫」的想法就此誕生了。當時我們正在愛爾蘭西南的科特麥謝里（Courtmacsherry）度假，就在晚餐後的廚房餐桌上聊出了這個結果。現在我回想那次聊天，我太太和我對於聖布倫丹記述上的不同看法似乎找到了共同點。對我太太來說，「奇怪」指的是文學作品本身的風格；對我來說，聖布倫丹的故事則在探險歷史上顯現了極不尋常的一面。而且這中間還有一個很重要的巧合：我們兩人多次駕駛單桅帆船「普瑞斯特約翰號」（Prester John）一起出海，通常船上還有我們三歲的女兒艾達（Ida）同行。我們最遠曾航行到土耳其。因此，我們知道聖布倫丹駕駛小船橫渡大西洋，並安返愛爾蘭，在理論上並非不可能。我們個人的文學、歷史和航海背景，等於是掛在同一個軸上的偏光鏡。突然之間，我們同時穿過這幾道透鏡見到一個可能的結果。我們坐在愛爾蘭西部，距離聖布倫丹出生、生活、傳道，並且長眠之地不遠的地方。在那樣具有啟發性的氣氛下，研究和仿造一艘聖布倫丹的船隻，看看那個著名的古代故事是否屬實，顯得非常合乎邏輯。

當然，在構想往前延伸成為事實之前，有許多工作得先完成。首先，我必須得讓自己信服這個計畫的背後具有學術性的可信度。我決心不論任何代價，絕對不讓布倫丹航行僅僅成為一次求生之旅。同時，我亦決定稱之為「布倫丹航海計畫」（Brendan Voyage）。我很清楚這樣的航行需要數月的精心籌畫，並加上在大西洋實際航行時的真正風險。冒這樣的風險和勞心勞力，產生的結果必須要具有對等的價值。它需要一個實際和嚴肅的目的；同時這樣的嚴肅目的得要堅定到不受任何事物動搖。

研究聖布倫丹的文獻資料

大英博物館圖書館是最好的啟始地點。我在那兒研究了數個月，仔細的找出所有有關聖布倫丹、早期橫越大西洋，以及有關《修道院院長聖布倫丹之航行》（*Navigatio Sancti Brendani Abbatis*）這本關鍵書籍的相關資料。聖布倫丹的背景資料給了我不少線索。他是愛爾蘭最重要的聖者之一，被列為第二神職團的聖者。他對於塞爾特教會（Celtic Church）具有重大的影響。他出生的地點和日期皆不可考，但一般認為他出生於愛爾蘭西部克里郡（County Kerry）的基拉尼（Killarney）湖區，出生年代約為西元四八九年。他由克雷的厄克主教（Bishop Erc of Kerry）施洗和受業，後來又在名師聖安達（Saint Enda）門下研習，並以其背景及才華成為修道院院長。在那個時代，愛爾蘭教會的組織系統幾乎全部納入分布各地的修道院，聖布倫丹也負責創立了數座同類型的修道院，例如克里郡的亞德弗特修道院（Ardfert）、克雷爾郡（County Clare）的伊尼希達卓姆修道院（Inishdadroum）、哥耳威郡（County Galway）的亞納當修道院（Annadown）和克隆弗特修道院（Clonfert）等。聖布倫丹歿於西元五七〇年至五八三年間，並長眠於克隆弗特修道院（一說聖布倫丹生於西元四八四年，逝於五七七年，死後葬於克隆弗特修道院——譯注）。聖布倫丹一生的成就中，最令我動容的是他遠遊四方的旅行家身分。我一次又一次的尋找有關他的旅行資料。他曾在愛爾蘭西部海岸進行多次航行，並和聖科倫巴（Saint Columba）航行到蘇格蘭沿海的西方群島（Western Islands）主持一項重要的會議。聖科倫巴是愛爾蘭艾歐那（Iona）大修道院的創始者。據說聖布倫丹還旅行到威爾斯，就任蘭卡蒙修道院（Llancarvon）的院長職務，並指導後來成為蘇格蘭布雷頓（Breton）聖者的聖馬洛（Saint Malo）。其他一些較不為人知的資料還顯示聖布倫丹曾前往法國西北部的不列塔尼（Brittany）、蘇格蘭東北方的歐克尼島（Orkney）和蘇格蘭東部的謝特蘭群島（Shetland Islands），甚至到達偏遠的丹麥屬地法羅群島（Faroes）。這些都是航海之旅。聖布倫丹顯然是一個在將生命中諸多時光花在乘坐小型船隻來回於歐洲西北邊緣的人。聖布倫丹可以說是一位航海聖者，因此「航海者布倫丹」（Brendan the Navigator）這個稱譽名至實歸。

《修道院院長聖布倫丹之航行》又被廣泛譯為《航行》（*Navigatio*）或《布倫丹之航行》（*Voyage of Brendan*）。這趟航行奠定他在歷史上的聲譽。我和內人還是學生時即讀過這本書，而且一直視為傑作。這個故事是以拉丁文撰寫，描寫一位愛爾蘭修士拜訪住在愛爾蘭

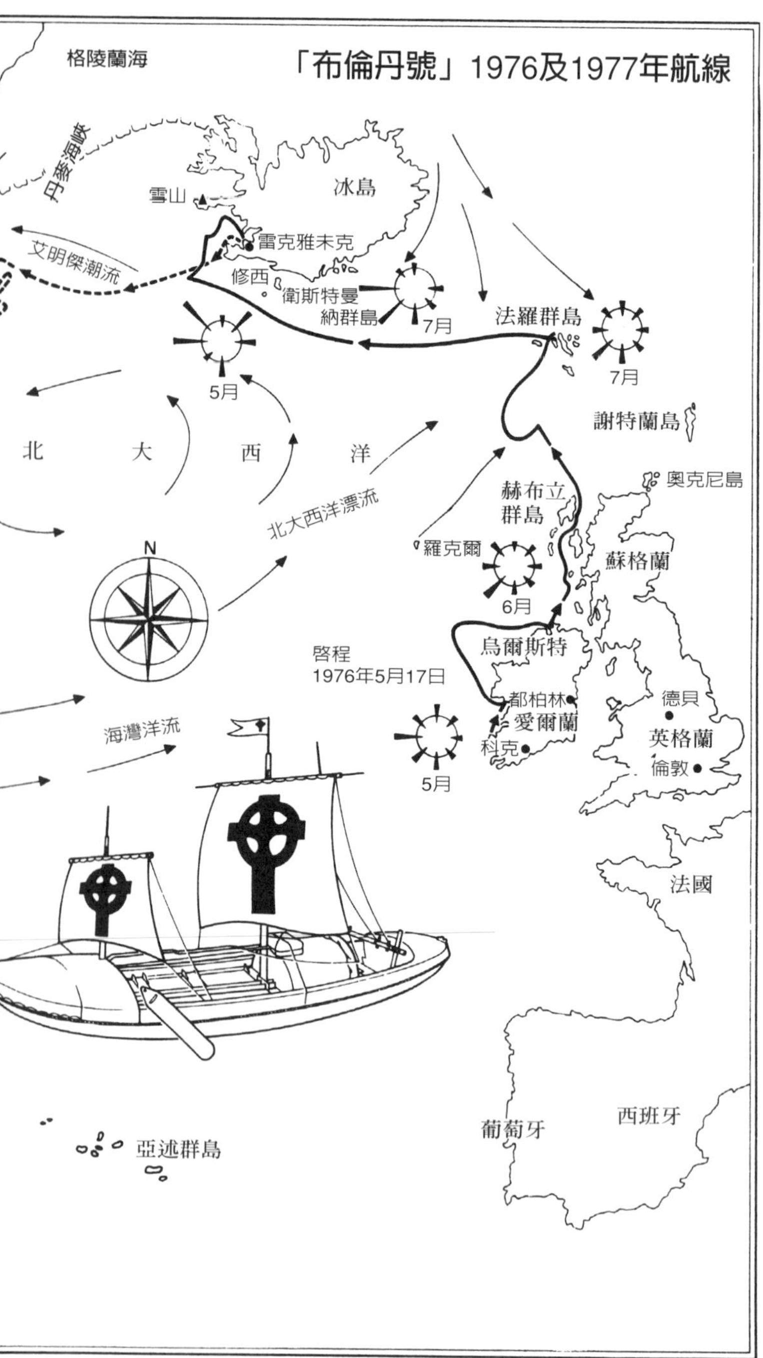
「布倫丹號」1976及1977年航線
格陵蘭海
丹麥海峽
雪山
冰島
雷克雅未克
艾明傑潮流
修西
衛斯特曼
納群島
7月
法羅群島
7月
5月
謝特蘭島
北
大
西
洋
北大西洋漂流
赫布立
群島
奧克尼島
N
羅克爾
6月
蘇格蘭
烏爾斯特
啓程
1976年5月17日
都柏林
愛爾蘭
德貝
英格蘭
海灣洋流
科克
5月
倫敦
法國
葡萄牙
西班牙
亞述群島

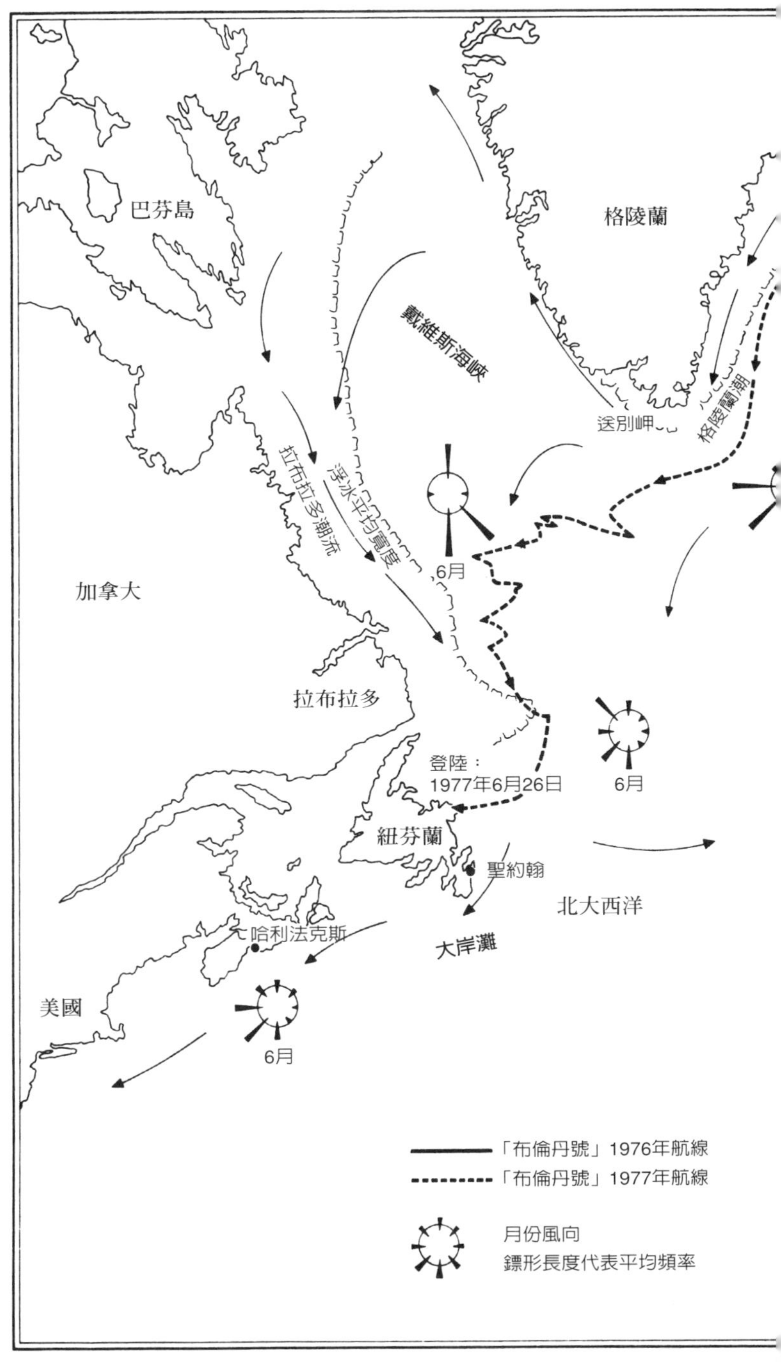

巴芬島
格陵蘭
戴維斯海峽
送別岬
格陵蘭潮
拉布拉多潮流
浮冰平均寬度
6月
加拿大
拉布拉多
登陸：
1977年6月26日
6月
紐芬蘭
聖約翰
北大西洋
大岸灘
哈利法克斯
美國
6月
「布倫丹號」1976年航線
「布倫丹號」1977年航線
月份風向
鏢形長度代表平均頻率

西部的聖布倫丹，對他提到海洋另一邊的遙遠西方有塊上帝統御的美麗土地。這位修士建議聖布倫丹親自前往拜訪這片土地，因此聖布倫丹為了這趟旅行特別建造了一艘船。他以木料為框架，在外面裱上牛皮做為船殼。他在裡面放置了適量的補給品、備用的牛皮，以及用來滋潤牛皮的油脂，然後夥同十七名修士一起出發尋找這片「上帝應許之地」。航程遙遠而艱辛。他們拜訪一座又一座的島嶼，經歷許多險境，終於到了目的地，並在返回愛爾蘭之前決定探索這片土地的邊緣地帶。其中有些歷險極為精彩。例如，據說他們將一頭鯨魚的背部誤以為土地，而將船停泊其上，修士生火煮食時，炙熱的火焰吵醒了鯨魚，所有修士倉卒上船，而游走的鯨魚背上仍生著火堆，活像一座烽火台。其他的故事同樣不可思議：這本書裡描繪聖布倫丹等人如何在海上見到一座漂浮的巨大水晶柱。其後，他們被一頭鼻孔噴火的海洋怪獸追逐。在某一座島上，還被炎熱的石塊追擲；在另一座島上則見到一些實行禁語戒律的愛爾蘭修士在一座修道院中修行。這樣的故事不少，因此有些學者認為這是個海洋傳說故事的大全，一部幻想奔放、故事精彩的合集。

但數位著名的權威並不同意這樣的說法。他們指出，由另外的角度看，聖布倫丹航程中的地點和實際地理環境有驚人的相似之處。他們在海上見到的漂浮水晶柱可能是冰山，而海洋怪獸可能是頭憤怒的鯨魚或海象。追擲他們的炎熱石頭很可能是位於火山帶上的冰島或亞速群島（Azores）噴發出來的熔岩。至於禁語修行的修士，其實人們早就知道許多愛爾蘭聖者在英國外海的島嶼上闢建宗教聚居地。然而，最令人不解的是：聖布倫丹和他帶領的一群修士如何僅靠容易腐敗的牛皮船隻完成書上記載長達七年的艱鉅航行？大家都知道皮革在海水中極易分解，沒有人會想乘坐皮革船在海上航行數月，就像沒有人會穿上精美的皮鞋佇立海水中一樣。兩者的結果將同是災難。

我打開了現代地圖集和航海圖，試著比較理論和北大西洋實際狀況的吻合程度。聖布倫丹的航程行經之地，和大西洋不少島嶼頗為相似，令人感到驚訝。如果火山地帶的冰島是他們被丟擲熱石的背景純屬巧合的話，那麼要解釋其他吻合的事實，可真得要許多巧合才足以說明了。以聖布倫丹在旅程初期來到的綿羊群島（Islands of Sheep）為例，由記述上看來和法羅群島極為相似；而書上提到「上帝應許之地」外圍海面上的濃厚雲層，也許是紐芬蘭省大岸灘（Grand Banks）令航海者驚悚的著名霧區。做為一個有經驗的水手，我知道要由愛爾蘭走直線到北美洲是很困難的。這條航道吹的是掠過大西洋的西南風和西風。由「上帝應許之地」回返愛爾蘭屬於順風，風力吹送皮革船，行程較為順暢。但由愛爾蘭出發，聖布倫丹必然要面對一些困難。除非老天幫他，不論往南方或北方，他很可能會被推入西風帶。他也可能要在島嶼之間奮行，往西推進時遭遇阻力。

我興奮的核對著標示北大西洋風向和潮流的航海圖，於是，最合邏輯的航道跟著躍上紙面。航海者可以利用普遍吹送的西南風由愛爾蘭往北行駛，到達位於蘇格蘭西部的赫布立群島（Hebrides）；然後繼續往北，斜向切過西風前往法羅群島。法羅群島附近有一道通往冰島的險峻航道，但到冰島後，海洋潮流皆有利航行，船隻可以順向由冰島到達南格陵蘭，再往南到紐芬蘭的拉布拉多（Labrador）海岸，甚至到更遙遠的地方。在地圖上，這條航線看來繞道而行，但那實際上是地圖投影的錯覺。它可能是北歐和北美之間最短的航線，最重要的是，它是一條「踏腳石航線」（Stepping Stone Route）；這條航道上曾經來往著早期乘坐木筏短距航行的航海者、維京人，以及更早的……也許是愛爾蘭人。

它讓我感覺到聖布倫丹的航行將會成為一個偵探故事。我眼前的《航行》給了我一些線索。抽絲剝繭下去，也許可以找到解答，並想出如何實地親自尋求這些解答。但是該怎麼著手呢？很顯然的，答案就在一艘和聖布倫丹使用過的相仿船隻。這樣的一艘船將會帶我沿著「踏腳石航線」，查看每個記錄在《航行》裡的地點。同時，這趟旅行也將會說明這樣一艘船是否能夠在橫越大西洋之旅中倖存。但是《航行》書中描述以牛皮編在木構上的實際情形又是如何？這樣一艘船真能越過大西洋嗎？「踏腳石航線」其實並不長，但卻是出了名的狂暴，很少有現代的船隻願意走這條北方航道，而乘坐無頂船航行此線無異自殺。皮革船看來可一點也不保險。

聖徒故里的小圓舟

三月裡某天，我走在一條深邃的小徑上，據說它通往聖布倫丹啟程尋找「上帝應許之地」的出發點。周遭的環境令我感動莫名。這裡是凸伸至大西洋的克里郡幽谷半島（Dingle

Peninsula），是聖布倫丹的家鄉，也是愛爾蘭最偏遠的地方。在這裡，綠色山丘和荒野綿延迢遞與藍灰色海洋接際。天空如此清澈，陸地似乎斜斜的往前連接到遠處的地平線，令人產生奇特的暈眩感。聖布倫丹在這裡受到的崇敬幾乎顯現在每個自然物上。他名字的老式唸法為「布蘭頓」（Brandon），因此此地有布蘭頓岬（Brandon Head）、布蘭頓灣（Brandon Bay）、布蘭頓角（Brandon Point）、小小的布蘭頓村（Brandon Village）以及布蘭頓山（Mount Brandon）；後者的峰頂在聖布倫丹日（Saint Brendan's Day）是人們登頂以紀念這位聖者的地點。在過去，強壯的年輕人甚至在肩膀上扛著祭壇台上山，以示崇敬。

布蘭頓溪（Brandon Creek）位於幽谷半島北面，是海岸巨崖上面的一道裂縫。要到溪邊得先穿越泥沼區。泥沼區邊常有堆疊等待乾燥的褐色泥煤，以及偶爾出現在眼前、由鬆動岩石圈住的小片田野。這裡的居民很少，不過在道路和溪口交會的地方，我找到兩間房子，各位於狹窄道路上面面相對。第二棟房子有如風景明信片剪下來的圖畫一樣。粗石圍牆呈現美麗的石灰白，半掩的門邊有一座水泵，盆桶裡種了花。整齊的茅草屋頂以編織的繩網網住，以防屋頂被冬天狂風掀翻，屋頂的邊緣則以海邊蒐集而來的光滑橢圓石頭壓住，那些石頭白得幾乎像項鍊上的珍珠。

布蘭頓溪就在離小屋不遠的地方。這條涓涓細流卻隱含著大西洋的狂浪和漩流，即使在風平浪靜時，溪口的海穴中也發出隆隆的聲響。

那是個令人愉悅的一天。明亮的陽光也間夾著傾盆大雨，典型的愛爾蘭西部天氣。布蘭頓溪淺綠色的水如此清澈，看來有如熱帶島嶼的溪流。我由溪口朝向西北凝視時，暈眩感更重了。我心想，北美就在見不到的遠處了。傳統堅如磐石；如果傳統上視這裡為聖布倫丹啟航點，那麼此地也將是我的船隻出發的地點。

我沿著小徑前進，經過茅草頂小屋，轉到河床。眼前的小溪匯流了源自上方布倫丹山山坡的流水。就在這個時候，我見到了它們，心裡一陣突發的興奮。上方的路邊出現四個奇怪的黑色形體。那是幾艘腹部朝向天空的小船。它們是愛爾蘭西部以帆布為船體的傳統「小圓舟」（curragh），為此地所獨有。它們是石器時代的餘緒，相信也是這種最古老的皮革船僅存的後代。在布蘭頓溪，我第一次見到記載中有關聖布倫丹出海航行使用的船隻後裔。

我蹲下來凝視其中一艘小圓舟，探查它的構造。帆布的下方是一整具精緻的木板條結構，看來似乎脆弱，但實際上能承受極大的壓力。敷裱在這個木板條結構上的是一層緊實的帆布，兩面都塗上了防水焦油。後來我明白了這層帆布取代了原來的皮革，至今仍有部分地區稱之為「牛皮」。小圓舟下方有一對槳，其形狀我從未見過。這對長約九呎的槳非常纖細，以至於連槳葉都沒有了。還有奇特的三角形木塊，上面的孔可讓槳柄穿過，划動時作為支軸點。這些船小到大概僅夠在近海使用，但在我眼中它們實在太完美了，不僅有精緻的工程結構，而且曲線優雅。我離開布倫丹溪後，又回頭往下看著那四艘小圓舟。雷雨在前不久打濕了它們黑色的船身，此時它們正在陽光下閃現著迷人的光芒。它們看來就像四隻海龜正緩緩爬入海洋之中。

我多希望能夠乘坐小圓舟出海一會兒，不單是為了我的研究，而是它們的吸引力。茅草小屋內一位神情愉悅的婦女要我去登京村（Dunquin），她說在酒吧裡可以找到一群小圓舟的船主。那些人因為天候不佳，全都沒有駕駛小圓舟出海捕魚。我開車到了村裡，向酒吧店主詢問。他指了指三個坐在角落的老年人。「他們任何一個都可以載你出海，」他說：「但是今天天氣不好，浪太大。」

我走到那幾個人旁邊。他們看來沒有一個人年齡低於五十五歲的。他們都穿著寬鬆的粗花呢夾克和陳舊的長褲，同樣有著枯瘦而關節凸出的手、曬紅的粗糙大臉孔、凸出的鼻子和粗大的骨架。

「我滿想乘坐小圓舟，」我說：「不知您哪位可以載我出海。」

他們面無表情。

「小圓舟，你們的帆布船。」我又重複了一次。

「哦，你是說獨木舟（canoe）！」其中一個說。他轉頭對其他兩個人咕噥了一些我沒聽懂的話。他說的是在幽谷仍然普遍使用的愛爾蘭語。「我們是有獨木舟。但天氣不對勁兒。你可得知道上了獨木舟出海可能會要面臨什麼。對一個外地來的人，這可是很危險的。」

「我會為這些叨擾付費的，而且我打算冒個險。」我說著好話。

「行不通，」同一個人又說：「今天太危險了。我們全會沒命。也許明天吧。」

「我付你們一人三英鎊，就出海兜一會兒？」

「啊，那樣的話，情況可就不同了！」

於是，我們出發去找他們的「獨木舟」；這是一列奇怪的隊伍，一路上邊走邊變換隊形。其中一個老人脫隊。另一個人則由田野裡吆喝著出現，取代了他的位置。然後，在我們走下一條深邃小徑前往水邊十多艘腹部朝天架高的小舟停泊處時，一個在帽帶上繫了一朵明媚黃花的年輕人在崖邊加入了我們的行列。他們一路用愛爾蘭語交談；我可需要通譯才能聽懂。運氣不錯，我們在路上遇到了顯然是個小學實習老師的年輕人。許多人都是在正式任職之前，來到幽谷學習愛爾蘭語。

「你有興趣和我們出海嗎？」我對他喊著，「你可以順便幫我翻譯。」

「啊，當然好。」他愉快的回答。十分鐘後，這個可憐的傢伙和我坐在一艘小圓舟後方的座板上，一臉緊張無法自抑。小圓舟在浪花上垂直起伏。

「你坐過這樣的小船嗎？」我問他。

「沒有，」他回答，看來一臉驚駭，並緊抓著舷緣。「我們會出海很久嗎？」

這段航程真是迷人。啟程前，為了將船抬到水邊，船主們爬到倒置的小船下方，蹲著用肩膀頂住座板，然後站直，腹部朝上的小船像長了四雙腿的怪異黑色甲殼蟲，一路走到水邊下水滑道。他們輕快的將小舟腹部朝下的放在岸邊，海浪一上來，小舟有如玩具船般的跟著轉動。我們一一跳上小舟，小心翼翼的以免踩破帆布船身。操槳者各就各位，齊力猛地搖了一下槳，小圓舟急速衝入波浪，比任何我乘坐過的槳船速度還快。一會兒後，小圓舟在海灣之中像馬匹騰躍於波浪之上。保持平穩是最重要的原則。如果小舟不左右搖晃，即使行駛於波浪之上，也難得有一點水花濺入船內。經由通譯，我問了船主一連串問題。幽谷裡還有多少這樣的小圓舟？大約有百來艘。它們的主要用途？放置捕龍蝦罐和捕鮭網。它們真能抵得住海浪嗎？如果操作得當的話。翻船的時候怎麼辦？哦，那就船底朝天，你呢，就淹死了。

「這船能載重物嗎？」我問。

「怎麼不能。我們在春天的時候還載著牲口到那些小島上放牧。」其中一個回答，另外一人則補充說明，引來大笑。

「他說什麼？」我問那位教師通譯。

「他說母牛比較不麻煩。牠們不會問這麼多問題。」

我們調頭回下水滑道時，我要求他們試試一個重要的小實驗。我要他們以阿拉伯數字「8」的航線划行，因為我想了解小圓舟以不同角度面對海浪的情況。到現在為止，我只見到他們以直線在海浪上來回。我的要求引來一些不安。他們咕噥著，並搖搖頭。經我再度要求。他們終於同意，並極為謹慎行事。結果很圓滿。小圓舟輕快地滑掠過浪谷和浪峰，然後在船底的波浪旋動時跟著俐落的轉向。船主們臉上浮現愉快的光彩，我也感到愉悅。我現在很確定聖布倫丹家鄉的小圓舟可不只是近海小船而已。它們和遠洋船隻沒兩樣；我又向未來的航行踏出了一步。

回到岸上，我付了費，他們顯然為這麼輕易就賺到錢而高興。我問他們誰能告訴我多一點有關「獨木舟」的事。他們一致說那可得去同樣在克里郡的馬拉里斯島（Maharees），向約翰．固溫（John Goodwin）詢問。沒有人像他那樣了解獨木舟，而且是建造好手，他們說。看來我真該去拜會約翰．固溫。

碩果僅存的老匠人

我和這位馬拉里斯島的小圓舟建造者見了面。他的建議對於建造一艘皮革船有極大的幫助。這位七十八歲的老先生是幽谷半島唯一仍以建造小圓舟為業的人。在過去，這個行業幾乎在每個海岸村子裡都可見到，但現在他則是僅存者。不少幽谷半島的農民仍然於冬季月份，在後院的棚屋裡建造自用的小圓舟，但約翰．固溫卻是唯一的專業工匠。不僅如此，他因為喜愛小圓舟，幾乎終生不斷蒐集相關的資料。他在年輕的時候，曾經短暫移民到美國，但為了接管他祖父和父親世代相傳的行業而回到幽谷。他使用的那幾把手鑽、木鑿、刀子、榔頭，以及像碼尺似的曲尺，都是繼承自祖輩，也是他測量並建造出這麼複雜、優美而聞名的小圓舟所需要的工具。

對我最重要的還有約翰樂於談論小圓舟的特性。他一小時接一小時的講述小圓舟和水手的故事、建造的過程，以及過去鯖魚盛產的年代，那些移民美洲的人都在夏季回來數週捕魚，每個濱海的小溪和崖口都可見到數百艘小圓舟的盛況。約翰很得意的讓我看一張他和三個兄弟筆直坐在一艘小圓舟上的照片，他們划著它榮獲克里郡比賽的冠軍。我們走過成排倒覆的小圓舟，他會停下來告訴我它們之間細微的差異；這些大多是他親手建造的。有一次，我讓他看一張攝於一九三〇年代的小圓舟骨架老照片，他馬上說出了建造者的名字。有一次，我問他有關小圓舟帆、槳共用的事。他想了一下，開始在他建造小圓舟的那座塗了焦油的小棚屋屋椽上翻找，並拉下一片老船帆。那可真是古董。他讓我測量尺寸，畫下圖形，又花了約半小時解說如何最有效的替小圓舟上索具，以及如何使船帆發揮極致。後來的事實證明，他的建議真是太有用了。

有件事兒特別令我難忘。約翰說，在二十世紀初期一個冬天的日子裡，一艘輪船被可怕的暴風雨颱入當地一處海灣。船隻落入險境，於是下了錨暫時保持定位。船長在錨斷裂之前發出求救信號彈，尋求克里郡非尼特（Fenit）的救生艇來相助。但是暴風雨過於激烈，非尼特的救生艇無法駛出碼頭，又因受創而作罷。兩名當地的小圓舟船主決定前往搭救。他們扛著脆弱的小舟到岩石邊，並放入洶湧的海中，帶著極大的勇氣和膽量往輪船划去。其中一人跳上船去，說服船長拉起船錨，然後引領船隻安全的航行過淺灘和礁岩。「獨木舟挺得過任何天氣，」約翰下了個結論，「只要船員懂得如何操作，而且船上有一個人尚有力氣划槳就足夠了。」

我問約翰是否可以替我造一艘小圓舟，並讓我觀摩製造的過程。我和他花了一個炎熱的下午，將塗上防水焦油的帆布緊搭到骨架上，於是我有了一艘自己的雙人小圓舟，船上還有傳統的結構好架起主桅。我去取船時問他，「你覺得大型獨木舟可以越洋到達美洲嗎？」他看著我，老臉上咧嘴而笑。

「啊！船當然沒有問題，只要水手夠好。」

我決定將這艘小圓舟命名為「芬巴爾號」（Finnbarr），用以紀念聖芬巴爾（Saint Finnbarr）。他是愛爾蘭科克郡（Cork）蒙斯特（Munster）的守護聖者，據說就是告訴聖布倫丹有關「上帝應許之地」的修士。我希望這艘小圓舟也能夠為我完成這個願望；令我太太懊惱的是，我偷了餐廳窗簾的裡襯做為「芬巴爾號」的船帆，還花了整個耶誕節一針一線的縫上去。然後我在家門外的小河口上下航行了一下，看看它的功能如何。乘坐這艘小圓舟極不舒適，但努力是值得的。在耶誕假期結束時，雖然「芬巴爾號」搖晃不定，而且不肯逆風前進，但我至少確定了船的祖先架有桅桿和船帆。

差不多也在這個時候，我意識到一個有趣的現象，並稱之為「布倫丹好運道」。說來有意思，我在準備這次航行期間幾乎好運不斷。整個「布倫丹航海計畫」極為順利。我和約翰・固溫見面的事，就是「布倫丹好運道」的例子之一；和太太一席話而開始了航行構想則是另一個例子；第三個則是我發現最可靠的愛爾蘭小圓舟資料是由一個研究傳統船隻的人所撰寫，這位海洋歷史學者名叫詹姆斯・洪尼爾（James Hornell）。於是機緣巧合，我找到了小圓舟歷史的完整記載。它不但述及聖布倫丹的時代，還遠溯至凱撒大帝所撰寫的文字，以及其他作者有關英國遠古人民使用皮革船隻的記載。凱撒大帝的軍事工程師甚至仿造皮革登陸艇，做為橫渡河流的水陸兩用工具。但最奇特的好運道，是發生在我想要弄清楚聖布倫丹為他的渡海小圓舟裝配船帆和索具之際。

對我來說，這種長瘦型的船應該要配上兩座帆桅，但在我查閱過的資料裡，所有中世紀初期的船隻都是單桅；連維京人的船隻也不例外。有一天，我在倫敦圖書館的地下室雙面大書架找資料，當時我並非在找和「布倫丹航海計畫」相關的書籍，而是另一個不相干的題材。我走到一個少有人問津的藏書區，就在我經過那些大書架時，有一本書引起我的注意。那是一本被錯置的書，書背向著裡面。我只是順手把它抽出來，想將它擺好，我看了一眼標題；那是德文，大意是「由早期到中世紀的船隻圖鑑」。我的好奇心馬上被撩起，快速的打開書。我打開的那一頁有一張插圖令我屏息。那是一艘雙桅船！而且毫無疑問的是中世紀的船隻。我急急的查閱索引，想要知道原圖出自何處。最令我吃驚的是那張插圖來自一本私人的中世紀動物寓言集裡的插畫。令人難以置信的是這艘雙桅船被列在索引「B」段意謂「鯨魚」的拉丁字「Balena」之下。那張插圖竟是聖布倫丹卡在鯨背上的船隻！我一點也不覺得自己迷信，但我閱遍全書約五千多張插圖，卻只有這一張是雙桅船。那可是我無意之間發現的書籍，又剛好是我翻開的那一頁。

在這個圖書館中，我一再見到約翰・華特婁（John Waterer）的名字。他寫了不少古代皮革用途的權威書籍和文章。這些對於我的計畫極為重要，因此我開始試著和他聯絡，他邀我在馬鞍業者會堂（Saddlers' Hall）的地下室見面。這是倫敦市一個古老行會的總部，做為會面地點再合宜不過了。約翰·華特婁就和約翰·固溫一樣，同樣具有極為熱心的個性。他已經八十三歲，但看來精神奕奕。他閃亮的眼睛和大耳朵，令我不斷的想起《白雪公主》裡的小矮人。我們進到地下儲藏室，舉目所見盡是皮革馬鞍和馬勒、皮革掛毯和書本皮革封面，甚至連水罐和水杯也是皮革做的。約翰熱心極了。他非常有耐心的向我解說皮革科學和皮革歷史，告訴我將動物皮製成皮革的常用鞣製法和其他方法。他還解說各種加工法首度使用的年代和程序，以及加工方式和皮革不同，製成的皮革也有所差異，例如成牛或小牛、山羊或綿羊，甚或特有的麋鹿和水牛等獸皮。他的知識真是廣博而深厚。他的學問並非來自學院教育，而是起始於他從事皮箱製造業。和製造小圓舟的約翰·固溫一樣，他對於自己的工作極為著迷，於是往內深究，而觸及其歷史。他現在是這門學問的權威，許多考古學家和博物館館長常來向他討教。對我來說，帶我進入這門深奧而專業的人，再也沒有比他更勝任的了。

專業熱忱的皮革製造商

兩週之後，我到英國皮革研究所（British Leather Institute）總部參與一項會議。之前約翰·華特婁替我寫信給研究所公關處的主管約翰·畢比（John Beeby），告知我需要協助。

「我想要造一艘皮革船橫越大西洋。」我告訴約翰・畢比。

「約翰・華特婁認為可行嗎？」他問。

「是的。」

「那我就盡全力幫助你。我會找幾個專家過來。」

我太高興了。「布倫丹好運道」仍然跟著我，四十八小時後，我在研究所對著三名可以幫我實現夢想的專家解說我的構想。羅勃・賽克斯博士（Dr. Robert Sykes）是英國皮革製造商研究協會（Research Association of the British Leather Manufacturers）的會長，在皮革科學領域享有國際聲譽。他是一位務實而思路清晰的人，一開始有些抱持懷疑的樣子。坐在他旁邊的是卡爾・波斯多斯（Carl Postles），來自德貝郡（Derby），為W.&J.理查遜製革廠（W.&J. Richardson）的經理。這是一家家族經營的工廠，自十七世紀開始以生產馬鞍等精良皮革製品為主。第三位是粗壯的哈洛德・柏金（Harold Birkin），接下來的幾個月，我和他逐漸熟稔，並且非常欣賞他的行事作風。哈洛德和有條有理的賽克斯博士正好相反。他不論生活、話題甚至連呼吸，無一不和製作特殊用途的皮革息息相關。他的小製革廠位於英格蘭中北部活潑的小鎮柴斯特菲爾德（Chesterfield），附近聖母教堂呈傾斜的木造尖塔俯視著廠房。他由這個地方將各種珍奇皮革送至散布全球的客戶。他的皮革製品深入深邃礦坑的唧筒上，遠至南極雪地狗橇隊的挽具。哈洛德堪稱是各種皮革的活百科。他可以侃侃談論海事消防水管、縫紉機的皮帶，或工業安全手套該用哪種皮革。他珍藏的寶貝之一是他桌上厚達二吋，看來有如石化黃蜂巢的海象皮。但他的本事之專精，即使為袖珍式輪胎測壓計的小氣塞做一個零點八厘米厚的皮革，都難不倒他。

「據說聖布倫丹建造一條船，皮革是用橡樹樹皮鞣製的，」我告訴那些專家，「諸位是否認為那是事實，而且可能橫渡海洋而不損壞？」

「的確是有用橡樹樹皮鞣製的皮革。」賽克斯博士說：「一直到這個世紀，西歐一般製革的方式都用植物鞣製，在可行的狀況是使用橡樹樹皮，並以十二個月的時間長期鞣製。」

「在理查遜製革廠，我們仍用植物鞣製，」卡爾・波斯多斯說：「但已經不用橡木樹皮了。來源少，而且費時。」

「那麼皮革加工呢？」哈洛德問，「就我了解的，皮革船身的敷劑似乎和皮革本身一樣重要。」

「《航行》一書僅提到修士在皮革船下水前用油脂或脂肪擦過，」我告訴他，「但拉丁字提到的油脂並沒有指明是哪種油脂。文字中倒是提到聖布倫丹帶著備用的油脂上船，在航行中擦鞣船身。」

「聽來倒是很合情理，」哈洛德說，並轉頭向賽克斯博士問道，「羅伯，你認為他們可能用那種油脂？」

「牛油、羊油或蜂蠟，也許是鱈魚油，如果是為了防水……」賽克斯博士這時停頓了一下，「也許是由羊毛提煉的油。它實際上是未經加工的羊毛脂，自古羅馬時期的老普林尼

（Pliny或Gaius Plinius Secundus，西元二十三～七十九，羅馬官吏和作家，其撰著的《博物誌》為拉丁文重要作品，內容囊括地理、人類、植物、礦物、冶金等——譯注）即已為人所知，甚至直到近期仍有人拿它當做皮鞋防水劑。」

這些問題我們幾乎討論了一個小時，最後決定由卡爾和哈洛德送一些他們廠中合適的皮革給賽克斯博士，讓他在實驗室中進行實驗，程序包括浸入海水、捲起、乾燥、收縮、延伸、測量、測重，然後看結果為何。

「橡樹樹皮鞣製的皮革呢？」我要求，「我看也得試試。」

「當然，」賽克斯博士說：「但現在這種皮革很少見。事實上，我知道只有二、三家製革廠以橡樹樹皮鞣製皮革。在西部地區（West Country）的康瓦耳郡（Cornwall）有家廠還沿用古法。這是家非常、非常老式的製革廠，簡直就是座農莊。在大英博物館修護一具薩頓胡陪葬船（Sutton Hoo burial ship，一九三九年發現的考古文物，年代約為六五〇至六七〇，船上工藝品之精巧令人讚嘆，包括皮革製品——譯注）出土的皮革盾牌時，他們曾供應這種皮革。我會請他們寄一點樣本過來，然後和其他的皮革一起實驗。」

工作就這麼愉快的展開。英國的皮革工業界將「布倫丹航海計畫」很當成一回事，而這些皮革製造業者實在是一群傑出的人士。這是一個業者緊密相連的行業，每個人似乎都彼此認識，而且在良性競爭中還同享對於皮革的熱愛。在賽克斯博士和他的技術人員以各種想得出來的方法試驗皮革樣本的同時，我拜訪了數家製革廠、馬鞍製造廠，以及仍然使用皮革為材料的皮箱製造商。在德貝郡的理查遜製革廠，他們還用皮革製造大啤酒杯。我還見到果醬罐及置放在窗檯的水盤內都漂浮著小片的皮革。「這些是幹嘛用的？」我問卡爾。

「哦，製革工人聽說你那個瘋狂的『布倫丹航海計畫』，每個人都在試驗，看看皮革到底能不能漂浮在水面。」

「能嗎？」我問。

「不超過四天，」他露齒而笑，「看來你需要救生筏。」

但有天下午，大約是實驗室開始試驗十週之後，我接到了賽克斯博士一通意義深長的電話。

「我想我們找到你說的船殼皮革了，」他說：「你是對的。橡樹樹皮鞣製的皮革最好。」

「你怎麼曉得的？」

「我們在時間許可下盡可能的實驗各種皮革，包括把樣本放進設計用來試驗鞋底的機器裡。這個機器會把放在網子的樣本來回在水中揉動，就像腳走在潮濕的路上一樣，好試驗皮革中會滲入多少水份。」

「結果呢？」我問。

「結果是橡樹樹皮鞣製的皮革比其他的差。事實上其他的皮革要好得多了。但是擦塗油脂後，再經過全面試驗，其他的皮革都不行；它們吸收大量水份，有如濕抹布一樣。但橡木樹皮鞣製的皮革樣本幾乎沒有改變。最後的結果是，橡樹樹皮鞣製的皮革比其他的樣本在防水度上高出二至三倍。如果你還計畫要建造皮革船，你該使用橡樹樹皮鞣製的皮革。」

我帶著勝利的喜悅掛上電話。《航行》的記述準確度再度獲得證明，而且是來自一位可靠的科學家。

現在的問題是到哪兒弄橡木樹皮鞣製的皮革，不過，好運道並沒有離我而去。約翰・畢比替我引見了「約書亞・克羅岡父子公司」（Josiah Croggon and Son Ltd.）的比爾・克羅岡（Bill Croggon）。他是來自康瓦耳郡以橡木樹皮鞣製皮革的製革商。我們在倫敦的皮革展見了面。有人曾告訴過我，克羅岡是一家非常保守的公司。「他們在同一個地方，以同樣的方式製造橡木樹皮鞣製的皮革已經有三世紀之久。」約翰說：「有些人鼓吹他們改用較先進的方式，但他們不肯。我不知道他們對於你的皮革船會有什麼看法，這就要看你是否能夠說服他們提供皮革給你了。」

我向比爾・克羅岡解釋我需要足量的橡樹樹皮鞣製皮革建造一艘中世紀的船隻時，他看來一副若有所思的模樣。「我得和我兄弟商量，」他說：「而且，你得知道橡木樹皮鞣製皮革需要很長的時間。每一小片都幾乎需要一年的時間準備，我們現在可能沒有製好的成品。你什麼時候需要這些皮革？」

「喏，我計畫在聖布倫丹日啟航。」

「那是什麼時候？」

「五月十六日。」

「多巧！那是我太太的生日！」他回答，這時我知道克羅岡兄弟將有助於「布倫丹航海計畫」。

於是，我們有了初步的結果。我前往格蘭滂（Grampound）這個康瓦耳小鎮和克羅岡家族見了面，家族成員包括了祖母、兒子和孫子三代。這個家族非常親切而熱心，而且和我一樣，對於「布倫丹航海計畫」感到興奮。他們帶我參觀製革廠。我們由石灰浸泡池開始參觀動物皮如何去毛。我見到一名工人實際上是用手工除去一張牛皮上的毛時，有些驚訝。他用雙手操作刮刀，在身體前傾到工作台時，樣子就如四百多年前的皮革工人木刻版畫。我們走過一處田野，經過一群鴨子，到了鞣製池。地面數排挖掘的池子裡，注滿加水起泡的橡樹皮粉濃稠液體，看來有如冒泡的濃啤酒，正散發出膩膩的甜味。這個「橡樹皮液」裡泡了不少牛皮，正緩緩的吸收混合液中的鞣劑。鞣劑進入牛皮後，和皮膚纖維形成緊實的黏結，將容易腐敗的牛皮轉化為細緻的皮革。「這種技術自聖布倫丹時代開始至今，沒有多少改變，」約翰．克羅岡說：「要製造上好的皮革，需要好的牛皮、適當的橡樹皮混合液，再加上許多時間。當然，對許多人來說，這是古老的作法。但許多最好的手工皮鞋鞋底用的仍然是我們所製的皮革。因為這種皮革很純，不易引起皮膚過敏，整型外科醫院在某些用途上特別指定這種皮革。」

「你有可能替我湊足中世紀尺寸的皮革嗎？聖布倫丹時代的牛比現在的小一些。我需要厚約四分之一吋的小面積牛皮，以符合當初的情況，也許需要五十張。」

「你運氣不錯。我們的鞣池裡有一些這樣的牛皮。當然，你得挑其中最好的。你的安危全靠它們。」

很久以後，我才知道克羅岡兄弟為我花了多大的心血。他們和工人親自把滴著混合液的潮濕牛皮一張張挑出，細細的檢查是否有瑕疵，是否有刺網的刺孔，是否有牛蠅叮咬的小孔，或是不小心被剝皮刀割到的地方。那必然是長時而累人的工作，但他連一個字都沒向我提及。最後，克羅岡兄弟供應了五十七張最精細的橡樹樹皮鞣製的皮革給我。一位馬鞍專門製造商見到它們堆在一起時，嘴裡不禁發出輕輕的哨聲表示讚賞。「我從來沒有見過這樣的皮革，」他說：「我聽說過，但從來沒想到能親眼見到這麼多的數量。我們在工廠裡很少見到如此優良的皮革。」

「那是因為它們都被某人收集去建造皮革船了。」我開玩笑說。

這些皮革由克羅岡的製革廠送到哈洛德・柏金處上油脂。實驗室的試驗顯示羊毛油是最好的皮革敷劑，透過一位在羊毛業工作的朋友介紹，我在約克郡（Yorkshire）找到了一家可能幫得上忙的羊毛廠。我打電話給其中一位主管。「不知你是否能夠供應一些羊毛油。」

「是的，當然。你需要多少？」

「大約七百五十公斤，麻煩你了。」

電話那頭突然寂靜無聲。

羊毛油和皮革混合時，最令人難以忍受的是那股強烈的味道。我太太抱怨說，那些皮革散發出的味道有如阻塞的下水管。實際上它的味道和腐臭的油脂味沒有兩樣。儘管人人皆知皮革廠向來是臭味燻天的地方，但哈洛德製革廠的工人仍不時抱怨羊毛油和皮革混合的惡臭。他們說在工廠大門半哩外就可以聞到這個味道。

在哈洛德親自督工下，每一張發出惡臭的牛皮一一摺妥，放入熱羊毛油缸中。一段時光後，他們自缸中取出牛皮，滴乾後平鋪在地面。這時候，已經完全浸入融解羊毛油的牛皮上再鋪上一層牛皮，接著倒上熱羊毛油。這個過程一再重複，最後，五十七張緩緩吸收羊毛油補充生命力的牛皮，看來就有如一個巨大、黏稠的多層皮革三明治。

最後一位專家

現在，整個計畫進行得頗快速，但我仍舊缺乏一位必要的專家。我需要有人幫我研擬恰當的中古世紀小圓舟設計圖，同時畫出建造船隻所必需的技術圖稿。這人應該是位歷史學家兼合格的造船者。有一天下午，我坐在皇家地理學會（Royal Geographic Society）的圖書館，寫信給所有我想得到的海洋博物館，請他們推荐這樣一個人。他們都很有禮貌的回信，但沒有人能幫上忙。不過，其中一家博物館倒是告訴我應該去拜會皇家航海學院（Royal Institute of Navigation）的秘書。此人認識這個領域大部分的專家。我查閱研究所地址，沒想到和皇家地理學會同一棟樓。原來在我寫信四處查詢時，這個可以幫我的人正端坐在我上方！我上樓一問，他的名字是科林．穆迪（Colin Mudie）。

這個名字似曾相識。過了一會兒，我記起來了。科林．穆迪曾在一九五〇年代和派崔克．葉拉姆（Patrick Ellam）駕駛「高音豎笛號」（Sopranino）橫渡大西洋。他還設計了一座熱汽球，底下懸著雙倍於船隻的吊艙，沿著同一條路線飛行，經過破紀錄的長時間飛行後，旅程在一次暴風雨中結束。科林．穆迪是目前最有名氣的非正統工程師。似乎沒什麼事情難得倒他。曾有一些北極探險家帶來了雪橇，由他改造為敞篷船；他還設計了高速賽車、載著無線電天線的風箏，甚至一艘僅有桅桿冒出水面的潛水遊艇。他還受邀為航海青年團（Sail Cadet Corps）設計了建造量達數千艘的實習雙桅方帆船，也曾是皇家造船學院（Royal Institute of Naval Architects）小型船隻組（Small Craft Group）的主席。

當我去他家拜訪他時，一個意想不到的人來應門。我原以為我要見的是一位魁梧有如海豹的人，沒想到他個頭小巧，樣子弱不禁風，動作快速，一頭濃密長髮，而且有雙我見過最湛藍的眼睛。他怎麼看都像是一頭飢餓而警覺的貓頭鷹，瞇著眼睛邀我進書房。

我們交談了兩小時，這時我才明白何以科林．穆迪如此受到敬重。他坐在書桌邊仔細聆聽我的計畫，並隨意在便條紙上畫著。一些小船和形狀在他的筆尖逐漸顯現，然後是槳、桅桿和細部，再來是吃水線和木工的細節。他是位出色的製圖家，是一位將思緒正確轉變為圖形的人。我說完我的計畫時，他只是抬頭看著我，說：「不論是皮革船或你的航程都沒有不可能實現的道理。我可以為你畫設計圖，如果你認為可行，可以加上繪圖，提供給造船者。但我或任何人所無法提供給你的是如何在海上駕駛這條船的知識。這些知識早已失傳。也許你可以重新發現它。但你得記得，你所要追隨的那些人可是擁有數個世代的航海經驗。這也許是你在冒險之中最不可知的因素。」

科林花了八週的時間，將所有我在圖書館和幽谷得來的愛爾蘭皮革船資料整合在一起。他打過兩次電話給我。第一次他告訴我他找到了幽谷半島小圓舟為什麼使用雙層舷緣的原因。他說，那是因為在古代，皮革船殼的牛皮有如鼓面般編在船舷上，因此框架需要額外的張力，特別在承受水壓時更是必要，因此雙舷緣是一種極為理想的設計。第二次，他證實了我對原始皮革小圓舟為雙桅的看法。他的計算顯示，約翰．固溫置放在我那條小圓舟上的桅桿位置是正確的前桅位置。因此，在古代的皮革船上必然有中央主桅以保持平衡。不過科林是個實際的人，他要在海水中放置一些橡樹樹皮鞣製的牛皮，看看實際結果是什麼。因此每隔兩週，林明頓（Lymington）渡船碼頭的人都會見到那位知名的造船家獨自站在防波堤上，以長繩自海水中拉出一疊發出強烈氣味的皮革。有些渡輪站的員工可能以為他瘋了，不久後，又謠傳科林其實是在設計防水鞋。沒有人會相信他其實是在設計一條皮革船的事實。

繪圖完成了；成品是科林優美的四大張畫滿各種線條和圖形的繪圖。那是我努力至此的結果。我帶著這四大張設計圖和五十七張飽漬羊毛油，滑溜、油膩而發出強烈氣味的牛皮前往愛爾蘭。

是開始建造這艘船的時候了。

3 建造船隻

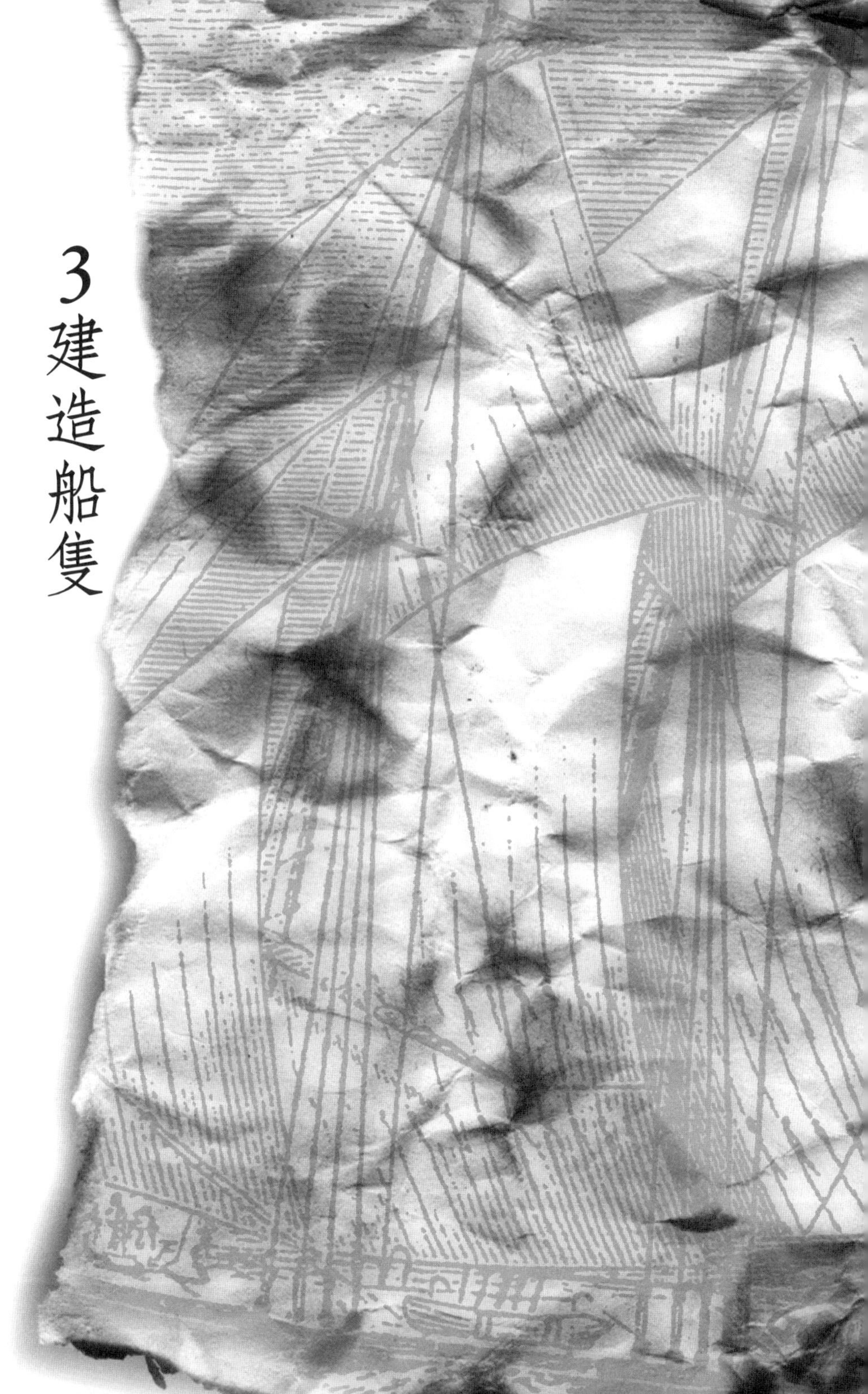

「這裡面是什麼東西?」愛爾蘭的海關官員拉開廂型車車門探頭查看,但馬上快速後退,對著那個讓人流淚的味道皺著鼻子。

「牛皮,」我回答,「用來建造一條船,打算航行到美洲去。」

「噢,那倒是再出口囉。感謝老天。我們可不希望那難聞的東西留在這兒太久。」他大笑著,砰然關上車門。我正前往科克郡的造船廠。這艘船將在那兒完成,「布倫丹航海計畫」的新里程碑也將隨之展開。

葛蘭隆家族的熱情贊助

不久之前,我還擔心是否找得到造船廠承造。畢竟,現代的造船廠難得遇到有人前來委造中世紀船隻。但事實上,我似乎操心過度了。不過也只有在愛爾蘭,委造人可以踱步走入當地的造船廠,攤開設計圖,用平常的語氣問,「不知你是否可以幫我造這條船?它是六世紀的樣式,我自己會覆蓋牛皮船身,但我需要專家幫我建造木頭骨架。」造船廠的經理把眉頭抬高四分之一吋,慢慢吸了兩口煙斗,喃喃的說:「那應該沒有問題。我來看看我們的師傅是不是有空檔。」

這可不是一家普通的造船廠。克洛斯哈文造船廠(Crosshaven Boatyard)是愛爾蘭救生艇大檢修的地方,也是法蘭西斯·契切斯特爵士(Sir Francis Chichester)建造他那艘破紀錄的「吉普賽飛蛾五號」（Gypsy Moth V）的所在；我還聽說這是一家不願重複建造設計相同之船隻的船廠，因為「太無聊」。克洛斯哈文是座老式的造船廠，他們不建造玻璃纖維船，極少用到鋼材，反而用上大量的木材，同時極有信心建造任何能浮在水面的東西。最重要的，他們不在意我帶著發出惡臭的牛皮進到廠區，而且後面還跟著一群馬鞍師傅、皮革師傅、學徒、業餘幫手以及一頭吉祥狗。

造船總師傅的名字叫派特·雷克（Pat Lake）。他紅潤的臉上戴著一副眼鏡，看來較像一位鄉村醫師而非造船者。他是科克郡人所稱的那種「特快車」（flier）：只要一動工，事情即快速進展。令人感到高興的是派特自己要為我建造船身。他利用晚間的閒暇工作，並有兩名他特別挑選的助手幫忙。「派特，」我告訴他，「我希望你能按照科林·穆迪的設計圖建造木材船構。你能不能在接合處只暫時固定住？你把主結構建好後，我要用中世紀時期聖布倫丹可能使用的方式固定船的骨架。」

「那些固定的東西是什麼做的？」他問。

「皮帶是最有可能固定船身骨架的材料。在那個時代，金屬太昂貴了，所以必然是用別的東西替代。而且，我想如果我們以枝條編籃的方式捆紮骨架，船身應該會比較有彈性。」

「你要我用那種木材？」

「雙層舷緣用橡木，骨架和縱梁用梣木。我們由古代爐床的爐灰研究中得知，這些樹是聖布倫丹時期愛爾蘭的主要樹種。」

「橡木應該不錯，」派特說：「我們的院子裡有些橡木，大概已經乾燥了八到十年的時間，硬得跟鐵似的。但要用到梣木那就不怎麼好。它不是很好的造船材料。梣木久浸在海水中，乾燥後就會腐爛。不需要多久，你用手指頭就可以將它戮穿。」

「我認為梣木是正確的木材，」我強調，「因為在中古世紀的愛爾蘭沒有其他的木材足以加工成船身骨架的彎陡曲線。」

「那好。但現在要找所需長度的梣木可是滿困難的。」

這倒是個意想不到的插曲。現在的木材業已經很少用到梣木。而且梣木砍伐後，為了方便由森林中運載出來，通常都截得很短。我的船至少需要三十呎長的樹幹，而且紋路得平直。這在現在的木材業已屬罕見。看來我得再度尋求中世紀材料，但是時間卻已迫在眉睫。

我竟然忘了我的「布倫丹好運道」。有人告訴我一位木材業諮詢專家的名字，於是我前往他的辦公室拜會。我已經很習慣為皮革船計畫來個冗長的開場白。我先深呼吸，然後開始。「您聽來可能會有些奇怪，我要建造一艘中世紀的船，使用……」

這位木材專家舉起手阻止我。「幾年前，一位叫海爾達（Heyerdahl，一九一四～二〇〇二，二十世紀傑出的挪威民族學家、探險家，曾以白塞木筏橫越太平洋，並寫成《康提基號海上漂流記》——譯注）的人來這兒詢問白塞木，」他說：「結果我們替他找到了一些。你只要告訴我你需要什麼樣的木材，看看我們能不能幫得上忙。」（白塞木〔balsa〕分布於

中美洲與南美洲，是世界上最輕軟的樹種——譯注）

經由他的介紹，我到了愛爾蘭中部龍弗郡（County Longford）一處由葛蘭隆（Glennon）家族經營的木材場。要不是平坦的愛爾蘭鄉野和濃厚的愛爾蘭口音，我大概會誤以為自己正面對康瓦耳的克羅岡一家人。兩種情境極為相似。不論是哪一家，都是專營傳統材料的小型家庭事業。在愛爾蘭的這家木材場是由派迪．葛蘭隆（Paddy Glennon）掌理業務，並由葛蘭隆兄弟、兒子和表親幫忙。同樣是這樣的一個家庭，給予「布倫丹航海計畫」金錢買不到的熱切支持。葛蘭隆帶我到他們的木材場參觀，而且就像藝術鑑賞家介紹私人藝廊般的介紹各種木料。場子裡有一根特選的橡木，作拖網漁船的龍骨用的。這根巨大的橡木大約有四百年的樹齡。「砍下這麼美麗的樹會心生遺憾嗎？」我問。「噢，不會。你瞧靠近根部這個黑色的斑痕？開始腐爛了。這棵樹已經到了老年期，而且病了，過些年頭一定會全株腐爛，然後什麼也沒有了。」

「你有沒有辦法找到較大的好梣木，好讓我造船用？」

「這還真是湊巧，」派迪說：「我正在附近一處地方伐木，剛好有幾棵梣樹都得砍掉。那應該符合你的需要。」

我就這樣找到了我要的梣木，然後這位專家又告訴我許多有關優良品質木材的事。「橡木心，梣樹皮」——這是葛蘭隆家的座右銘之一。他建議我用橡木心材製作舷緣，然而最堅實的木材則是梣樹心材外圍的白色細緻硬木。他說，最好的梣木是「在惡劣天候下存活下來的」山梣木，材輕而質韌。我們談到以適合的梣木製作桅桿和船槳時，派迪帶我走遍鄉間，一棵棵的找，最後終於找到一棵又直又高、樹齡約八十年的青壯梣木。「我們到時候就砍這棵，」他說：「我會在取桅材時，用這棵樹朝北面的部分。這個部分的白色樹材是最好的。再也沒有比這更適合你需要的強度了。」

很偶然的，我提到派特・雷克擔心用梣木造船的事。「有了，」派迪・葛蘭隆說：「我想木材場裡有人也許可以幫你。在過去，鋸木廠是利用水池的水當動力，工人使用的工具老是泡濕了又乾，也許他們有什麼特別的辦法保存這些木材。」我們回到工廠，派迪探詢了一些相關的事。「那些老工人似乎是將木質工具泡到油或油脂中來保養。這對你有用嗎？」這聽來令人雀躍，在我來說，布倫丹拼圖又正確的嵌上了一塊。《航行》中提到以油脂保存皮革的事。照邏輯來說，如果船身是以梣木建造，油脂應該也有防水的功能。事實上，船在海上行駛時，皮革上的油脂必然也滲進船身的木頭裡。皮革和梣木這兩種材料一般來說都抵擋不了海水的浸蝕，但使用同樣的油脂處理後，讓它們成為製造中世紀船隻的良材。

這第一次造訪葛蘭隆木材場，離去之前的談話令我終生難忘。我們參觀過木材場後，派迪・葛蘭隆邀我和他太太見面，並留在他家吃飯。吃飯的時候，他問了我許多有關「布倫丹航海計畫」的事，並細問我的動機。用餐接近尾聲時，他突然說：「我有件事得告訴你。我一定會為你的船找到木料，並且在加工時監督，我自己動手操鋸都無所謂。而且，葛蘭隆家不要你一分錢。這些木材是送給你的禮物。」

我真是受寵若驚。這份禮物真是太厚重了。我謝謝他時，他又說：「你要知道我為什麼這麼做，」他說：「因為我覺得我在回饋。我的家人因為愛爾蘭的本地木材而過著美好的生活。大部分的木材廠需要進口木材，我們卻總有本地的硬木可用，而且從中得到飽足。如果你要用愛爾蘭木材建造愛爾蘭船隻，我希望是以葛蘭隆家的木材建造。那會幫我報答一點本地木材所帶給我們的一切。但是……」這會兒他露齒笑著，「總是有個『但是』；如果你的早期基督徒船隻得以越過大西洋，我要你帶一小塊我們的木材回來，讓我擺在辦公室。」

派迪一諾千金。一週後，一輛卡車載著一批品質優良的梣木到克洛斯哈文造船廠；其後，另一輛則載著筆直的梣木大梁而來，全是取自那棵大樹朝北的部分，最後會刨製成我們生命以託的桅桿和船槳。

固定船身骨架

派特．雷克和他的工人開始為這些木材加工。他們使用的方法和幽谷半島的約翰．固溫建造帆布「獨木舟」一模一樣。雙層舷緣採用極為堅硬的橡木，以木釘釘連，像三明治般重疊，狀如幽谷半島小圓舟一般具有香蕉狀弧度；接著，倒置雙層舷緣以建造船底的部分。我心想，大概只有愛爾蘭船隻才會先造舷緣再上龍骨，過程完全相反。

這艘船越來越有模有樣。輕巧而有弧度的骨白色梣木精確的置放在預定的位置，看來有如草莓園中防霜害篷子的箍圈支架。派特・雷克不斷推、拉，將這些弧型支架調成所要的角度。然後他將細長的梣木縱桁由船頭到船尾綁好，形成船身的格狀骨架。他並用小鐵釘輕輕固定每個交接點，按照科林・穆迪的設計圖完成了整件骨架工程。

現在，該我上場了。在派特架構船身時，我也忙著試驗以皮帶固定骨架。皮革研究實驗室的賽克斯博士曾經說過，自古羅馬時期以來，以明礬鞣製的皮革即是最佳的繫繩材料。德貝郡製革廠的卡爾・波斯多斯送來兩大捆這樣的皮革，我用了幾條皮帶捆綁了些木板條，拿到河口的浪中實驗。我將皮帶浸泡過海水，然後拉開，並趁著潮濕時拿來緊繫木板條。但很可惜，滑溜而潮濕的皮帶有如兩條蛇互纏，一下子就鬆開了。一個愉快的週日早上，我在車庫裡試驗一種新的捆綁法。我將皮帶繫在地上的環栓，使盡了吃奶的力量拉舉，皮帶卻突然鬆開，我往背後車庫大門翻跌，落在外面的車道上。背部朝地，手上還有一段在空中揮舞的濕皮帶，剛好村子裡上教堂的人回到附近。「那可是教育的代價。」我聽到有人喃喃說道。

最後，我發現某種繫法似乎滿有效的，但需要較多的交織和絞纏，而且它還有點像愛爾蘭手稿插圖中的編結圖案。為了捆繫木板條，喬治老遠由英格蘭過來幫我。

喬治一直是我心目中最理想的水手。他年僅二十六歲，曾在陸軍服役，後來又到中東為一名因石油致富的酋長訓練士兵。他在這份工作中存了一些錢，並決定花幾年的時間到世界各地看看，慰勞自己。他前往應徵一份刊登在遊艇雜誌上的工作，工作內容是到地中海協助駕駛一艘小型遊艇。當時我和太太正駕駛單桅帆船「普瑞斯特約翰號」旅行，於是認識了他。身高六呎的喬治身材瘦長，是位熟練的水手。他可以毫不厭倦的不斷改變船帆方向，調整舵槳，讓船隻功能發揮到極致，是我見過最盡職而精力充沛的水手。最重要的，他這人極為可靠。他說要做的事，一定會做到。有個週末，他答應幫我載運一些牛皮到哈洛德那兒。週五的晚上他開車來載，週日送達哈洛德處。週六呢？那是他舉行婚禮的日子。

他撇下在倫敦教書的太太朱蒂絲（Judith），前來愛爾蘭幫我。我們開始一些捆繫船身的勞力工作。日復一日，我們蹲在倒覆的船身下面，將木板條交叉處的鐵釘拔除，改以皮帶來纏繞打結，然後同一條皮帶繼續繫結下一個交叉點，直到用盡才換下一條。這樣的過程不斷重複，還得把手指穿過骨架的縫隙摸索鬆開的皮帶，然後使盡力氣拉緊帶結。工作勞累而緩慢，而我們總是到了肌肉疼痛不堪時才停工。有幾天，村子裡的朋友前來幫忙，工作的進度也跟著快了一些。我們最後完成捆繫的工作時，共在船身的交疊骨架上繫捆了一千六百處，用掉了大約二哩長的皮帶。但那很值得。船體的木質結構現在已紮上了細實的皮網。這個皮網結實到可以讓十來個人在倒覆的船身上蹦跳，而不會有一根木板條發出聲音或脫位。最後，我們燒煮了數桶羊毛油，一邊濺滴著刷到船身上，不論外觀和味道都糟透了，但就像喬治所發現的，雖然我們幾乎花了一整個月的時間拉繫抓扯，但沒有一個人手上長水泡。羊毛油脂是上等的護手霜。

完成工作那個下午，我們一起到酒館慶祝，結果身上的羊毛油脂味馬上引來業主的狗追逐。那天晚上我們放把火把工作服燒了，算是為中世紀工作的犧牲。但我知道這不過是第一次。

縫合皮革

接下來是整個重造中世紀船隻最關鍵的步驟。我們該如何把牛皮覆蓋到船身上？我們應該用什麼線？我們如何把一張張的牛皮結合？什麼樣的縫法是最好的？每個針眼距離該多寬？我們面臨一連串的問題，任何一點小疏忽，結果都會很悲慘。例如，如果縫得太近，皮革可能會沿縫線裂開。反過來，如果縫距太寬，皮革會隆起，海水即由隆口處注入船身。

都柏林的愛爾蘭國家博物館（Irish National Museum）收藏不少傑出的早期基督徒工藝品，我花了不少時間研究聖布倫丹時代以來的工匠技術。他們的工藝多麼精細啊！金屬、木材和皮革成品的巧妙技巧毫不遜於現代頂尖的作品，當時的金飾珠寶工藝至今仍難以超越。很自然的，我對於當時的日常物件較感興趣。這些物件的精細作工，令我了解到我們絲毫不必吝惜在中世紀船隻使用現代技術，因為想要跟上當時的技藝是件極為困難的事。以金屬物品為例，早期基督徒工匠鑄造的青銅魚鉤，在強度、銳利和設計精良各方面和現代產品絕對可以相提並論。他們打造的鉚釘精確而細緻，事實上現在已經很難仿造。在皮革物件上，博物館陳列了稀有的早期皮革——一個早期基督徒的小書包，專門用來放聖經。這個小書包的縫匠很有可能就是修士，他在縫線時手放在書包裡，針僅縫行於皮革內，針腳不透穿皮革，肉眼完全見不到。連約翰・華特婁也認為現代少有皮革工匠能夠仿製如此精細的手工。

一位馬鞍師傅由英格蘭帶著他最好的學徒過來，指導我和喬治一些造船皮革的技術。我們替每塊牛皮編號，並將它們壓在重物之下，盡可能壓平上面的皺紋。我們用銳利的刀子修剪皮革，並將它們掛在木頭船架上，將牛皮轉過來挪過去，試著想要讓它們吻合船身的弧度。我們把皮革稍微加熱來塑形；把它們泡在水裡；用大槌槌打出形狀。我們試了各種我在博物館見過的技巧，並試了馬鞍師傅建議的反針法、雙手針法、觸覺針法和毛皮針法等名稱聽來極為壯觀的技巧。

好幾次，結果簡直慘不忍睹。例如，有次我們試著用細皮帶束緊牛皮，但是皮帶卻像腐爛的繩子一般爆裂。「要是我們能找到用馬皮做的皮帶，應該會堅實多了！」馬鞍師傅嘆著氣說。又有一次我們把皮帶浸到水中，但水溫太高，皮革變得毫無韌性極易斷裂，好像破損後被丟棄的皮鞋。喬治和我面面相覷，要是我們犯同樣的錯誤，卻沒有在進入大西洋之前發現，後果將會如何？最後我們找到了一種似乎簡單又有效的辦法。我們重疊牛皮的邊緣約一至二吋，然後牢牢的用兩道線縫合。工作需要更多的細心和耐心，但結果至少符合我們的需求，縫合處看來也夠牢靠。前來幫忙的馬鞍師傅回去工廠之前，看著閃著油光的長長骨架，以及堆疊在那兒的牛皮，又看看喬治和我說：「這很有可能是本世紀最大的皮革工程。完成這項工作後，你們倒是有不少有關縫合皮革的經驗和技術可以指導別人。」

這項苦差事確實很驚人。毫無疑問的，若非不斷的慷慨指導，只怕喬治、我和其他業餘幫忙者會走得蹣跚搖晃。不過真令人喪氣！我們十分投入，有足夠的材料，卻沒有專家指導我們完成工作。我到哪兒去找這樣一個人？具有大型皮革加工經驗者極為稀少。在五十年前，愛爾蘭每個村子都有一名懂得維修馬勒和製造馬具的人；而且每個鄉鎮必然有一個馬鞍師傅。但這些工匠現在都已消失，和農地的牲口一樣全不見了。在整個英倫三島，仍在崗位上的專業馬鞍製造者不超過一百人，在人力資源上極為短缺。他們製造的馬鞍都到了外銷市場，而且工作排得很滿。即使我現在能找到一個有時間的人，我也付不起酬勞。

尋找約翰・歐康尼爾

計畫一開始，我就開始探訪倫敦和伯明罕（Birmingham）的馬鞍師傅。我到了不少地點，前往我名單上列出的愛爾蘭馬鞍工廠。每到一個地方，我都向人們打聽哪兒能找到馬鞍師傅。但幾乎每個人都是客氣的告訴我，那有如海底撈針般不可能。每一家馬鞍廠都急需好的馬鞍師傅，這些人有如鳳毛麟爪。在這樣密集的訪求中，唯一值得安慰的是我學到了不少有關皮革製作的第一手知識。我曾經拜訪過一位老練的師傅，他仍然使用數世紀以來未曾改變的傳統尖錐、打孔器、鉗子、畫線器、半月型刀子、捲邊器和邊緣刮刀。他製造馬鞍的工作檯散發出濃烈的皮革和打光蜜臘的味道。他們把馬鞍擱在工作圍裙上，毫不懈怠的縫著線。他們壯實的雙手和厚壯的肩膀肌肉，來自長年雙手猛力拉扯縫線。他們所製作的手縫線皮革要比任何機器製品還來得堅固。我這時才明白為什麼英國的馬鞍會被視為世界最精良的馬鞍；為什麼澳洲賽馬場的馬主願意為頂尖師傅的輕質馬鞍等上四年；為什麼伊朗國王要為加冕典禮四輪大馬車出人意外的向英國訂購六套藍色皮革挽具。我也由探訪中得知，英國首席馬鞍廠在業主過世停止營運，做為女王御用馬鞍廠（Saddlers to the Queen）的皇家許可證（Royal Warrant）落到競爭對手手中，廠內的十多名馬鞍及馬具師傅四散到他廠工作的故事。馬鞍製造業是一個緊密的世界，頂尖的師傅在房間的另一頭就能辨別出自己的作品，同時說出同型成品的其他製造者是誰。

我總是不忘問這些師傅是否能夠介紹他們的同儕給我，但他們都愛莫能助，僅有一次例外。在現行的女王御用馬鞍廠，一位師傅告訴我有位叫約翰．歐康尼爾（John O'Connell）的愛爾蘭挽具師傅突然在皮革業消失，無人知道他的下落。他說約翰．歐康尼爾曾在皇家馬廄工作，是這個行業中最快速、最精準的挽具師傅。「約翰．歐康尼爾老是笑呵呵的，」這位馬鞍師傅說：「你見到他時一定會認得。他的個頭不高，肚皮很大，有如大水桶一樣。女孩子非常喜歡他。他後來娶了一名愛爾蘭女孩子，我相信他一定是回老家去了，再沒有聽說他的消息。」他又說：「找到歐康尼爾，你就找到了全愛爾蘭最好的挽具師傅。」

我曾向拜訪過的愛爾蘭馬鞍師傅詢問歐康尼爾，但沒有人知道他的事。在克洛斯哈文開始造船後的某一天，我前往請教科克郡一位退休的馬鞍師傅。可惜他的技術已日久生疏，不過我仍然和他聊了許多有關馬鞍行業的事。我們聊天的時候，他不經意的提到伊朗國王加冕典禮用的藍色挽具。這倒引起我的注意。

「您參與那項工作嗎？」我問他。

「有呀，那些挽具非常昂貴，我記得我們採用特殊的方法製造。負責國王加冕典禮的人一直到最後一刻，都還不知道他們的皇家馬車到底要用六匹馬或四匹馬，我們不得不設法製造足夠六匹馬使用，或拆成讓四匹馬和二匹馬使用的挽具。」

「您是否聽過約翰．歐康尼爾這個名字？」

他想了一下。「啊，我認識約翰。他是位好師傅。」

「有人告訴我，說他結婚後回到愛爾蘭。不知道您是否和他有聯絡什麼的？」

答案令人難以置信。

「不久之前我才收到他的信。那時候我需要有人幫我工作，於是寫信給他，但他沒有興趣。」

我一時充滿興奮，但一想到約翰．歐康尼爾說不定住在愛爾蘭的另一端，心又涼了半截。「您還記得他的地址嗎？」

「讓我想想。」又是令人焦慮的停頓。「他住在塞摩斯鎮（Summerstown），塞摩斯鎮的什麼地方……應該就是塞摩斯鎮路。我想沒錯。」

「那就在科克市郊嘛。」

我對這樣的好運道簡直難以置信。我在老師傅那兒又停留了一會兒後，忙不迭的上了車直接開往塞摩斯鎮。塞摩斯鎮路很好找，我敲了大街第一棟房子的門。我相信愛爾蘭人都認識住在同一街道的街坊。

「打擾。您是否知道有家姓歐康尼爾的住在附近？」我問。

「這街上有三戶歐康尼爾，」她說：「你要找的是哪位？」

「我要找的那位男士身材不高，但很壯實，而且手和手臂很壯碩。」我描繪出一位典型挽具師傅的模樣。

那位女士想也不想的回答：「那是約翰．歐康尼爾，住在十七號。」

我快速走到馬路對面，按著十七號的門鈴。應門的是個矮壯的男人。他有張長期在室外工作風吹日曬的臉，而且手和肩膀極為強壯。他一臉疑問的看著我。

「你是約翰．歐康尼爾……那位挽具師傅？」我問。

他看來一臉驚訝。「是的。你怎麼找到我的？」

約翰．歐康尼爾，這個行業技術頂尖的挽具師傅。他回到愛爾蘭後，在科克郡找不到製造挽具的工作，後來當了建築工人。他住的地方離我建造船隻的船廠不到十五哩。不過他可沒讓技術就此生疏，偶爾也替朋友修修皮鞋，幫當地的小孩補補書包。我問他是否仍留著他的皮革工具。

「我太太抱怨我什麼東西都捨不得扔掉，」他咯咯的笑著。「你稍等，我上樓去拿。」

他回來的時候手上拿著一個格萊斯頓（Gladstone）對開式陳舊皮革工具袋。他拉開頂端，我發現那些製造挽具的工具是這一輩子第一次見到的。

「大部分是我父親遺留給我的，」約翰．歐康尼爾說：「他專門製造馬的項圈。那行業現在已經不存在了。我先是當他的學徒，一直到出師後才到英格蘭。」

完成了皮革船身

我就這麼找到了約翰．歐康尼爾，他同意前往克洛斯哈文造船廠幫我。一開始，他在白天的例行建築工作完成後，於夜間來訪。逐漸的，我做了一些安排，讓他開始全職加入我們的工作，我們的運氣好到令人難以置信。約翰製作馬匹項圈的技術非常純熟，這項技術和我們造船所需的大量皮革工作非常接近。他按步就班的訓練我、喬治和其他我找來幫忙的人。他教我們如何捲亞麻纖維線，將一股股的亞麻纖維搓成十四股的粗繩。最後的工作展開了。我們穿著皮革工作圍裙，搓著亞麻線，並用羊毛油和蜂蠟混製的塊狀黑蠟擦塗後，像製造雪茄的人一樣，在我們的大腿上捲著。一開始，亞麻纖維老是纏在一起，搓出來的繩子有如貓身上的毛球，只好丟到垃圾桶。約翰．歐康尼爾慣常的叼著香菸對我們笑著，並替每個人起頭搓線。逐漸的，我們找到了紡線的竅門，並學著使用腕部的動作防止打結，但怎麼做也沒有約翰的手工那麼好。我們只見他的手快速動作，連看都不必看，那些整齊有如機器製造的線就像變魔術般出現了。我和喬治辛苦的完成一條線時，他早已完成了兩條。

接著，約翰教我們如何縫皮革。他教我們由簡單的底部反針開始，並加以示範。他表演如何快速的以馬鞍師傅尖鑽子直穿過半吋厚的皮革，並在皮革穿孔回縮之前將鈍針拉出，拉出時針尖得碰觸鑽尖。手眼必須精確配合。片刻遲疑則鑽孔回縮，即失去先機。一開始，我們學不會他的動作，幾乎感到無望。四天之內，我們每天平均僅完成六吋；後面所需完成的長度至少還有二哩！弄斷鈍針、扯斷或扯裂捻線、弄斷鑽尖，甚至把手指頭刺得鮮血淋漓都是常事。我們的手很快的傷痕累累，必須在工作檯邊隨時準備一盒醫療膠布。約翰的手也流血，不過原因不同。他離開馬鞍製造業已有十年，雖然得扛磚頭，但雙手已變得比較柔軟；當他每縫一針，猛力拉線之際手臂和肩膀出現巨大的肌塊，只是線繞過拳頭時宛如利刃般割傷了柔軟的部分。約翰只是大笑。「不會有事兒的，」血自傷口流出來時，他咕噥的說：「只消一週，我的手就會恢復原來的水準，那時候速度就快了。」

「傷口不會感染嗎？」我問。

「不會，一點兒也不會。上過蠟的線不會在傷口上留下髒東西。以前我們工作遇到刀傷時，總是在傷口上塗上一層黑蠟。沒聽說過有人怎麼了。」

我們由簡單的工作開始，將覆蓋船身中央部分的皮革鑽孔接合，像縫百衲被一般把牛皮縫在一起。村子裡的鄰居和朋友也過來幫忙，我們發現，要縫得精美耐用，靠的不是蠻力而是竅門。有些人很享受這項工作，有些人看來就不是那麼回事了。其中最好的是一名身材瘦長的女孩，她比所有人都瘦弱，但她縫合牛皮的縫線卻淨直得有如銲接。

我們完成底部後，約翰．歐康尼爾教我們速度較快，但也較複雜的雙針法。兩根穿了線的針分由皮革兩邊沿鑽子孔交錯縫綴。一般來說，在製作馬鞍時，這個階段都是由馬鞍師傅將皮革夾在兩膝間縫製。但我們的牛皮面積太大，平均約四呎乘三呎半，一個人無法同時在兩邊縫紉。我們必須兩人一組，各持一針，交互縫綴。通常是其中一人站在外側，用鑽子鑽孔，另一人則蹲踞在倒置的船身裡，將針穿過那個透光的小孔；外側的人再將自己的針線穿過皮革，內側的人將兩股線握住，出力的哼一聲，然後兩人同時把針線拉緊。這種工作要做得好，需要耐心、巧手和韻律感。要是錯了，約翰．歐康尼爾可是不假顏色的。「扯掉！扯掉！」他說，並拿出製作馬鞍的銳利刀子，毫不留情的把一整天辛苦的工作成績全割除。

慢慢的，工作有了成效……兩片牛皮，四片……六片，突然我們發現已經開始縫第二層了。約翰對於工作品質很滿意，但我卻開始擔心進度落後。如果這條船要在預定的時間下水，我得多找一些縫紉幫手。問題是我幾乎已經找遍村子和鄰居所有能幫上忙的家庭主婦和朋友。後來我靈機一動，倫敦不是有所教授馬鞍製造的技術學院？也許我可以找一班學生來幫忙。我不曾和那位馬鞍製造課的老師打過照面，但我知道他曾是領有皇家許可證的馬鞍製造廠師傅。於是我寫了封信給他，又打了通電話。

「您好。我是提姆．謝韋侖。我曾寫信向您提及我正在建造一艘中世紀船隻。不知道是否能請你的學生過來這裡幫忙？那對他們應該是很好的實習經驗。我會付他們前來愛爾蘭的旅費。」

那位老師語氣不太肯定。「我和學生商量過了，他們很樂意前往。但他們能學到什麼呢？我可不希望他們學到一些粗糙的技術，總得要有人教他們。」

「約翰．歐康尼爾在這裡幫我主持工作。」我語帶請求。

「什麼！那位製造挽具的約翰．歐康尼爾？」他聽來非常驚訝。「那你可是找到高手了。我會讓學生前去幫忙一個星期的。」

於是，九名學生在一天早晨乘坐一輛老舊的廂型車到達愛爾蘭。他們的抵達令克洛斯哈文的工人們感到有些驚訝。那些學生隨身帶了電晶體收音機、睡袋，以及一些包括鼴鼠皮大衣、長羊毛圍巾和條紋運動衫在內的各式舊衣物。他們聊天、開玩笑……而且工作成效驚人！在人員最多時，有九名學生、八名自願幫忙者、喬治的姊姊艾倫．莫洛尼（Ellen Molony）、喬治、我和約翰；要是探頭下望，還可見到我們的吉祥物「餅乾」——喬治的愛犬。牠整天坐在倒置的船下「監工」，舔著在內側縫綴者的臉，並分享午餐三明治。天黑後我們拖著疲憊的身體開車回到村子，體貼的鄰居早已煮了大鍋的燉菜放在我的門階上。

「老天，哪兒來的這麼一大鍋？」艾倫蹒跚的端著那口四加侖鍋子裝的愛爾蘭燉菜進門時，一名學生問。
「小妖精給的！」艾倫輕快的回答。
學生們很快就得回去。他們回學校那天，領頭的把我拉到一邊。
「我們在這裡度過了美好的時光，」他說：「我們想再多待兩天可以嗎？」
「當然好，」我回答，「那真是我的榮幸。但我和學校只協議你們在這裡待一週。」
「哪，那沒關係，」他高興的說：「我們只要錯過渡輪就好了，下一班是兩天之後。」
於是這些學生真的錯過渡輪，在他們快樂的開著那輛已經生了鏽的廂型車，隆隆作響的離去時，我們僅剩下船頭和船尾的縫綴工作。我們強化這兩個容易磨損的地方，將皮革的厚度增加一倍；在容易撞上石頭和漂流物的船頭，則加厚到四層，總計超過一吋厚度的堅實皮革。這個部分唯有約翰．歐康尼爾才有力氣完成。他由格萊斯頓工作袋中拿出一對大型的半月形皮革針，以及可以列入博物館收藏品的製項圈頂針，他以驚人的力氣將針刺過皮革時，我不禁為能夠找到他來幫忙而心生感恩。
終於，所有縫綴皮革的工作完成了。我們用了四十九張牛皮覆蓋船身。數張牛皮在我們嘗試之初破損，但在未來航行時，我們仍有足夠的牛皮可用來修補船隻。喬治和我最後一次爬到倒置的船下，用牛皮切成的繩子，將皮革邊緣凸出的部分纏壓下來，並固定在較低的舷緣上。船廠的師傅派特．雷克和他的助手莫甫（Murph）爬上船底，將一塊橡木墊木安置在上面，好在我們的船隻撞上海灘時可以保護皮革；之後，我們合力將船上下置正。我們用葛蘭隆的精美梣木，仿幽谷半島小圓舟的型式裝上桅桿和船槳，最後一切已經就緒。

下水儀式

厄曼・卡西（Eammon Casey）前來為我們的新船賜福；再也沒有人比這位克里郡主教和聖布倫丹的精神後代更適合了。一月二十四日，主教身著正式的主教禮服來到船隻停泊的海灘。天候很冷，銳利的風掃動著船索上的旗子，發出颯颯的聲音。主桅的頂端飄揚著愛爾蘭旗，前桅上則是我們的三角旗。這面雙尾的布倫丹旗幟上是一個環圈愛爾蘭紅色十字架，稱為「榮耀十字架」，底色則為白色。我選擇環圈十字架的原因不僅是它和愛爾蘭的關聯，也因許多中世紀的航海修士在他們拜訪過的多所修道院遺址上留下了這個塞爾特十字（Celtic cross）標誌，有些是刻在石頭上，有些則是矗立的紀念碑。

在愛爾蘭四十多代的下水典禮歷史中，使用愛爾蘭威士忌較法國香檳來得適宜；只是此時我們卻碰到棘手的問題。玻璃瓶子如何在皮革船上擊碎呢？船身僅能將玻璃瓶反彈。克洛斯哈文的師傅們想到了辦法。他們在船頭掛上了一座船錨，並將威士忌繫在木頭懸臂上讓瓶子晃撞在錨上。為了過程不出錯，一名造船工人在整個儀式之中躲在船頭，負責拉動繫在瓶上的細繩，讓瓶子全速撞擊。海灘上聚集了不少觀禮的人。有人開始拍攝影片，而一名「懷疑的多馬」在人群人喊著，找人下注。（Doubting Thomas，《新約全書・約翰福音》中敘述耶穌復活，十二門徒之一的低士馬的多馬表示非親眼看看主手上的釘痕，摸摸主的肋旁，他總不信，故稱他「懷疑的多馬」——譯注）「五賠一船不會浮起；五賠一船在一個小時之內會沉沒。」「我下五十鎊。」我一個朋友說，但他拿出錢時，這個小莊家卻溜了。卡西主教看來莊嚴極了。他穿著紫袍和飾帶，在風中為新船唸誦傳統的禱文。他為她未來的航行、她的船員以及圍觀的人們賜福，並用愛爾蘭語唸了一首他特別為這個典禮所寫的詩：

賜福此舟，噢，唯一的主，
保佑她順暢而平安的渡過海洋。
一如您賜福布倫丹時代之人，
請賜福此舟。

指引她前往庇蔭之地，
前往您所應許之地，
一如您指引布倫丹時代之人，
請指引此舟。

接下來是我的女兒艾達走向前去，以小而清楚的聲音宣布：「我命名此舟為『布倫丹號』。」然後剪斷彩帶。那瓶威士忌在躲藏船內的造船工人操縱下，快速的撞向船錨而粉碎。玻璃碎片往近距離的人飛去，威士忌則噴散到圍觀的人身上。「真是太刺激了！」有人粗聲大叫，然後「布倫丹號」開始向海面滑行。幾乎沒有激起漣漪，她滑出托架，輕巧的浮在水面。船上的造船工人猛力划槳，「布倫丹號」快速前進，彩旗隨之飄揚，群眾用力鼓掌。這艘皮革船毫無疑問可以漂浮。

試航

強風加上低溫，不適合「布倫丹號」出海冒險，於是派迪・葛蘭隆的大型木材卡車將她拉往夏儂河（River Shannon）的淺水區，等天氣好轉時試驗。那是個悠閒的早晨。我們立起桅桿，在右舷架好舵槳，開始試驗揚帆航行的情況。微風鼓脹起「布倫丹號」兩面方帆，瘦長的船身隨之微微傾斜，並在泥煤褐色的夏儂水域裡開始滑行。我們身在深邃的鄉間，見不到房屋的蹤影。寬闊的河流轉彎流過翠綠的草原。天鵝在我們的船頭振翅飛起，一邊划動著雙蹼，並波動著長頸以增加速度，在高空留下了振翅的有力聲響。成群的野鴨自河流兩邊乾枯的冬日蘆葦中飛起，一匹在水邊放牧的馱馬飛奔到水邊，盯著沉靜滑行過水面的奇怪船隻看著，然後快速調頭飛馳而去，蹄子一路踢濺起些許軟泥，一直到安全的距離外才停下來，又回頭看著船隻。鼓起方帆的船隻寂靜地在褐色的蘆葦之間滑行而過的感覺有如夢境。

我們滑行進入其實是水道上一個水灣的科瑞湖（Lough Corry）。一陣風吹掠過來，周遭似乎在瞬間醒了過來。「布倫丹號」前進的速度更快，湖水在舵槳上汩動；一條繩索突然由止滑栓脫開，混亂跟著開始了。每張帆皆需要四條繩索控制，每條繩索各有其功用。其中一條脫開時，其他的也跟著扭動和拍打。沉重的十字桁掃過來，帆則擊打在桅桿上，我們急忙抓住可以抓得到的繩索，並緊緊拉住，希望能夠止住可能的混亂。但風勢更強勁了，有力又結實，「布倫丹號」快速往前衝駛。船員不敢放手，繩索割灼了大家的手。「布倫丹號」急速前衝，小湖的湖岸就近在咫尺。我努力試著操控舵槳，「布倫丹號」開始轉向。但太遲了。船隻猛力撞入蘆葦床中，我們花了半小時的時間，將船槳插入充滿泥煤的河床，才讓「布倫丹號」重獲自由。

一天之中總有十來次撞入蘆葦叢中，幸好蘆葦本身具有緩衝力，船身不至受損，我們也這樣一步步的了解這艘船。我們發現「布倫丹號」有其極限。船上只有四名槳手，船身笨重得無法逆風而行，因為船頭在順風下我們沒有足夠的力量將她駛回原航道。更嚴重的是，如果我們讓她自由航行，「布倫丹號」的舷側會面對風向，形成危險的暴露角度。我們在湖中放入記號浮鐘，在它們之間航行時發現「布倫丹號」無法像一般遊艇一樣迎風而行。她船首朝向風力，但因為沒有龍骨，她像個茶盤一樣滑過水面。然而，她比我們想像的還要平穩，而且順風行駛時船速極佳，只要輕輕調動舵槳，她即有如輕舟般扭動和轉向。

順風而行將是「布倫丹號」在海上最佳的狀況。一對梣木圓鍬柄加寬了主十字桁的寬度，讓我們可以把帆加寬；有一天下過雪後，我們在船上架設了兩個像帳棚的架構，在未來航行中可以做為遮風避雨的地方。我們還練習如何駕駛「布倫丹號」上岸，像長泳健將般為她抹上厚厚的羊毛油。我們隨時檢測皮革船身是否有漏水的跡象。我們很清楚船身有三萬個縫線，大多出自業餘皮革工作者之手。其中任何一個都可能漏水，導致嚴重的後果。一開始，是有些水滲進來，大約是一天十加侖，後來滲水量只剩下一半，除非下雨，不太需要舀水。

我們比較有信心之後，又載著「布倫丹號」回到海岸，想要在河口試航。那是我第一次試航小圓舟「芬巴爾號」的地方。有幾次試航結果令人喪氣，有幾次卻令人雀躍。又一次證明，我們無法逆風划槳前進，以至於有次受困在一個海灣，在沖刷我們上岸的怒吼急浪中下錨，過了可怕又痛苦的一夜。另一次我們想要把「布倫丹號」背腹扶正，卻發現她在水面像條腹部朝天的鯨魚，要將它翻轉過來極為困難。於是我們將一些有浮力的塊狀物放到船內，在旋轉船隻時順勢翻身。這次我們也學到，萬一嚴重進水時，我們五個人可以在十分鐘之內將船內的水舀乾。

在聖布倫丹的《航行》一書中，記載了修士們「使用鐵製工具建造了一艘時興的木架及木身的輕舟。他們在船身覆蓋用橡樹樹皮鞣製的牛皮，並在外側的牛皮接合處塗抹油脂。他們另外還載運了足夠建造另外兩條船的牛皮、四十天的物資、新牛皮所需的油脂，以及其他維持生命的必須品。他們在船的中心點安置了桅桿和控制船隻方向的設備。然後聖布倫丹以聖父、聖子和聖靈之名召集了所有修士上船。」

在二十世紀，建造這麼一條船，由構想、研究到實際完成幾乎長達三年。現在，就像過去那些修士一樣，我們出海尋找「上帝應許之地」的時候亦已到來。

4 啓程

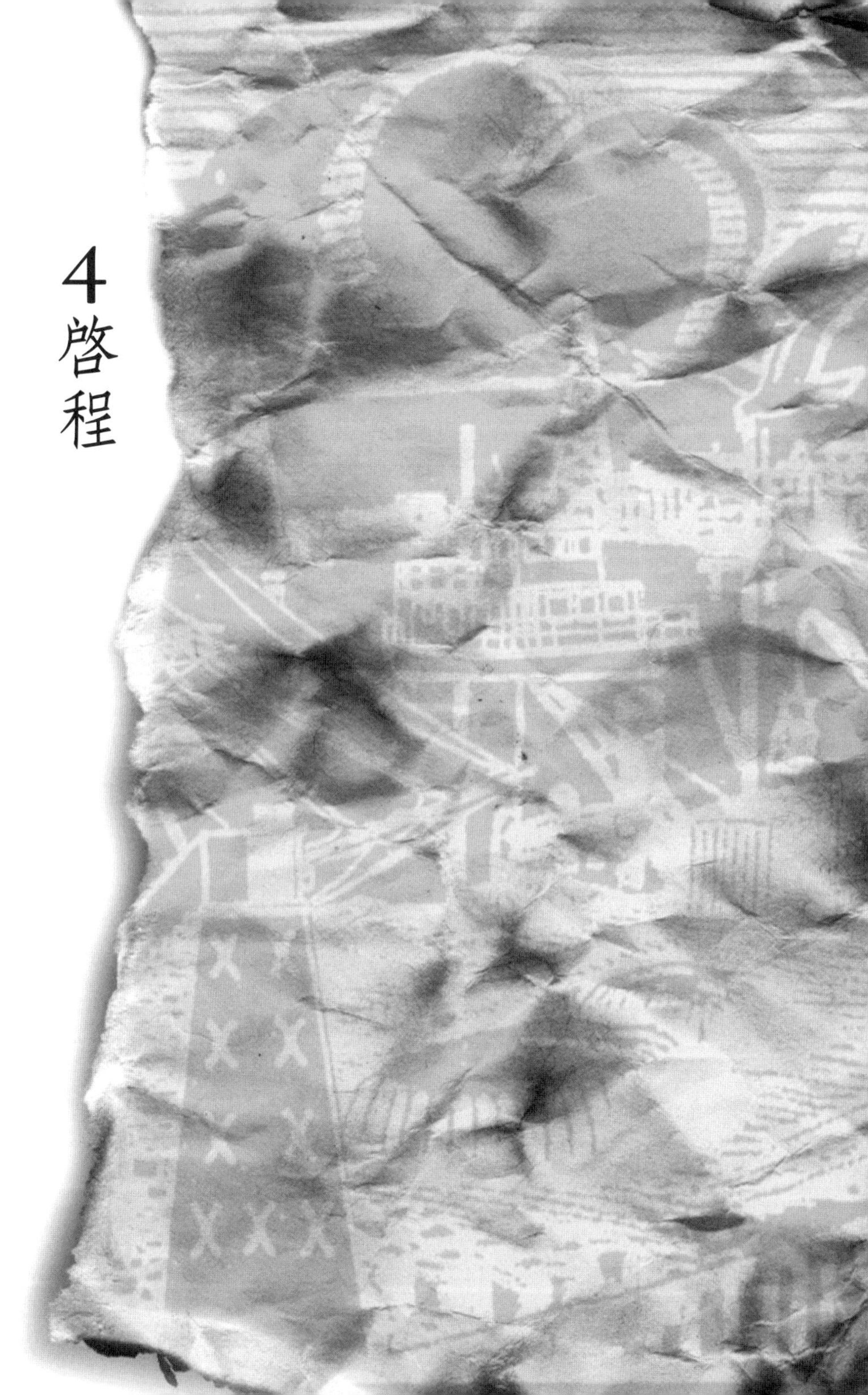

聖布倫丹日當天，「布倫丹號」停泊在布蘭頓溪口，褐色的船身上多了一些黃顏色。我們在船頭和船尾加上了一層明亮的黃顏色防水布，以防在遭到急難救援時，可讓人快速發現船的位置。「他們若要像聖布倫丹一樣橫渡大西洋，可真需要一些奇蹟才行。」一名圍觀者說。

「布倫丹號」的成員

但在這特殊的日子，我們並沒有要啟航。雖然我們預定五月十六日啟程，但風力過強。大雨滂沱而下，風不停的吹襲溪上潮濕的高崖。寬廣的大西洋上，海水在強風急速颳捲而過時激起厚厚的水霧。我和船員們沮喪的站在滑動式船架上的「布倫丹號」旁邊。船上一片混亂。最後的出海準備工作極其忙亂。理論上，我們有裝載計畫，「布倫丹號」應該有空間擺置五個人使用的充足補給、淡水和設備。但是時間不允許我們把東西一樣樣擺好。工具袋、手電筒、食物、急救用品、防火燈，甚至羊鈴，所有的東西都零亂的散置在船底。那個羊鈴看來像個大型的瑞士牛鈴，但事實上是仿造自禮拜堂的鐘。在聖布倫丹的時代，這種禮拜堂的鐘懸在小禮拜堂外面，用來召集修士聚集祈禱。原本我還以為，聖布倫丹等修士在那個年代出海真是太容易了。他們只要帶著備用牛皮、鞣擦皮革的油脂、包括連帽厚羊毛袍在內的修士日常服裝、皮囊盛裝的淡水、木製舀水杓以及肉乾、穀類、根菜類等食物；最重要的，相信上帝會照顧他們的虔誠宗教信念。

他們是一群習於過清苦日子的人。人們自幽谷半島的另一邊即可見到矗立在大西洋史克林群島（Skellig Islands）上那一對尖塔。由於地形毫無遮蔽，有一次海浪激起的強力水霧擊碎了海平面上方四百呎處的燈塔窗戶。但在聖布倫丹時代，一群修士選擇居住在這荒涼的岩島上。他們付出極大的勞力清理凸出的岩石，並建了六座蜂巢式的草屋以及兩座粗石疊建的小禮拜堂。他們在這個基督信仰者最寂寞的哨站中相互扶持生活。在冬天及早春的強風吹打下，沒有技術純熟的船員駕駛皮革船出海，他們和大陸完全失去聯絡。但他們卻存活了。他們對信仰的堅持，一如毛腳燕（housemartin）巢般緊繫於岩石上的半球型房舍。即使在教會行事曆修正之後的長時間裡，他們仍然堅持按原始的日期慶祝復活節，不理會外界的改變。

想和如此堅毅的修士一較高下比登天還難。歷史上記錄了他們的堅忍，即使現在我們穿著中世紀的衣服，或吃中世紀的飲食，也無法超越他們；同時只會讓我們的行程更加艱苦和煎熬。我們的「布倫丹航海計畫」並不是為了證明自己的能耐，而是要證明這艘皮革船的性能。「布倫丹號」才是主角。難怪我羨慕那些修士的簡單生活。他們從來不必擔心要把照相機放在乾燥的地方，也不必找地方存放那兩具為小型無線電提供電力的十二伏特電池。這個無線電仍在箱中未取出。它是最近才送達的，我們還沒有時間開箱，更別提安裝或試驗了。就像許多其他的設備一樣，我們的無線電曾是個未知數。有不少家無線電製造商曾來接觸，願意提供合適的裝備，但他們知道無線電必須暴露在毫無遮蔽的船上後，一個個打消了念頭。即使是設計軍用降落傘空飄無線電的製造商，對於他們的產品是否能在「布倫丹號」上發揮功效亦感到懷疑。到最後一刻，只剩下一家廠商。

其他的設備相對的就很簡單。我們有一艘救生筏和一箱信號彈、四方型貯水罐和煤油罐、小型無線電定位器，六分儀、圖表和一捆航海圖。我們大部分的飲用水都貯儲在軟橡皮管中，等於是中世紀修士的儲水皮囊，並存放在船底的地板下方，順便做為壓艙物。我們的食物都裝在塑膠袋裡，一天使用一袋。如果我的計算沒有錯，每一袋食物夠我們五個人二十四小時食用。這些食物是老饕的夢魘。它們都是最常見的罐頭肉類、魚類和烤豆子；一袋袋的乾燥湯類和蔬菜；脫水水果和巧克力塊；還有我希望用來取代麵包的大量蘇格蘭燕麥糕餅。按我們過去的紀錄，我和喬治都對沿途能捕到魚來補充食物感到質疑。看著這些脫水包裝的食物，我有種大家都會生病的感覺。每樣東西看來彷彿是塑膠製成的；一半以上的東西若不是用塑膠紙包著，就是塑膠袋裝產品。我們花了整整一天忙著為所有的東西包上第二層塑膠袋，然後按一天的份量分裝到更大的塑膠袋中。我們的食物看來和聞起來都像塑膠，而且，不久之後連吃起來都像塑膠。

布倫丹的修士們可能是用泥煤或木柴當燃料，在火盤上或可以抬上岸的大鍋內烹煮食物。當然，他們習於食用冷的食物。然而，我相信例行的熱食可以提振士氣，因此在船上安置了大約軍用行李箱大小的傳統煤油爐，它的蓋子可以往後翻擋風，兩邊也可以往上掀增加擋風功能，最棒的是整座爐子全懸掛在平衡環上。這樣的構造堪稱巧妙，因為在需要時，可以將它繫牢，幾乎在任何天氣下都能使用。

在布蘭頓溪的滑動式船架上還有一樣令現代水手驚訝、卻嚇不到中世紀修士的東西：船邊那疊濕漉漉的羊皮，樣子噁心，氣味更是強烈。我讀到極地探險家的資料上提到，羊皮是睡在冰上最好的絕緣體；它們也是聖布倫丹時代使用的典型材料，因此我覺得值得試試在船上當做睡墊的功能。事後證明，羊皮的氣味成了油脂、皮革和羊毛三人組的一員，在航行全程中瀰漫著保護我們的生命。

我們的衣物都是現代的航海裝。每一名船員的衣物皆以顏色標明，這樣每個人的外觀就不會混淆。喬治穿橘色的，我穿黃色的，最具愛爾蘭風格的船員亞瑟・梅根（Arthur Magan）則穿綠色的。在這趟行程中，我們都叫亞瑟為「靴子」。自他第一天參與計畫，腳上那雙適合大個兒牛仔穿的十二號靴子令大家難忘。事實上，所有和亞瑟相關的都是大尺碼的。他身材魁梧，超過六呎，一頭醒目的黃髮向各個方向凸伸。他流露著一股剛由冬眠中醒來的小熊似的，友善而不整齊的氣息。他年僅二十三歲，是船員中最年輕的，也是最強壯的。出了任何狀況，例如必需抬高桅桿，或需要準確拋擲絞船索等，「靴子」都是最好的人選。他聽到「布倫丹號」的事時寫了一封極為簡潔的信給我：

敬愛的提姆：

我寫此信旨在自我推薦為船員。你的地址是莫洛尼太太給我的。我過去和喬治的弟弟是同學。

我夠大的時候就開始航海。這幾年的冬天都隨著一艘拖網漁船前往冰島海域捕魚。花太多時間在信件來往上可能不會有什麼結果。如你有興趣，我隨時可以前去和你見面。

祝好

亞瑟・梅根

於是我邀請他前來科克郡。兩天後，他穿著那雙十二號的靴子重踏的走到船塢，看了一眼船隻，一邊喃喃的說出自己的名字，一邊脫下有許多補丁的老舊粗呢外套，和我們一起工作。

他人如信件，話不多。零零星星的，我得知他的家人都住在都柏林附近，他的童年則大多在幽谷半島不遠處的瓦倫提亞（Valentia）度過，同時「具有一點駕船經驗」。後來，我還發現女孩子非常迷他。那些年輕女孩似乎不由自主的老是帶東西給他吃，幫他整理東西，照顧他。「靴子」似乎是年輕女孩理想的對象，當然，也是無法指望的一個。在航行中，每次回到「布倫丹號」時，都是最新的女朋友送他回船上。女孩子都是一臉絕望加上哀傷，似乎在他踩到船上的那一步，他就將在眼前溶解在他慣常的混沌之中。最令人不可置信的是，他老是在女孩子的地方掉衣服，但在我們到下一個港口時，鐵定衣服已經比我們還早抵達。亞瑟在這些事上是個獨行俠，從來不主動透露什麼；他一直沒告知家人他已入選為「布倫丹號」船員，直到他父親有天早上在報上讀到一個「靴子」．海根即將加入航行，問他：「你知道一個叫『靴子』的人嗎？」他父親在早餐桌上的一頭問。「認識，我。」他兒子簡短的回答。

那個下雨的早晨，來到布蘭頓溪的亞瑟一身皺皺的綠色航海裝，但醒目的卻是頭上那頂陳舊的福爾摩斯式帽子，帽耳在風中不斷翻飄。「唷，今天穿上道格副警長（Deputy Dawg）的服裝？」「布倫丹號」的攝影師彼得．穆雷特（Peter Mullett）免不了揶揄他幾句。（Deputy Dawg為動物卡通影片中的狗副警長——譯注）他自己則穿著鮮紅的航海裝，看來像個紅衣主教，而不像倫敦佬。他在倫敦出生和受教育，對城市生活厭倦之前，是一個成功的雜誌攝影師。他辭去工作，和他過去當模特兒的太太吉兒，以及他們的兒子喬伊搬到愛爾蘭西部。他在那兒買了一塊地，自己設計建築了一座小屋，過著最簡單的生活。他也聽到了「布倫丹號」的事情，帶著一口大型手提箱到船塢來，讓我印象深刻。「你帶著相機嗎？」我問他。「是的。」他回答，並打開了手提箱。那口箱子由中間隔開，一邊是成套的專業照相機機身、鏡頭和放在泡綿墊子裡的各種器材。但吸引我注意的則是另一邊的東西，那是排列整齊，而且顯然經常使用的木工工具：鋸子、雙柄刮刀、刀子、雙柄刨刀、鑽子、刨刀和其他專業木匠的工具。我心想，「布倫丹號」找到的可不僅是個攝影家，還是一名可以在旅程照料她木造架構的重要人物。

第五個，也是最後一個加入我們的是穿挪威藍航海裝的洛夫．漢森（Rolf Hansen）。他是個古代船隻迷，由挪威老遠自願趕來加入。他的嗜好之一是拜訪挪威遙遠海岸村落的退休漁民，搜集他們過去船上的老東西。他個頭矮小，胸部雄渾，並戴著眼鏡。在力氣上，他僅排名「靴子」之後，而且就像愛爾蘭人一樣，他的話很少，一方面是因為他只懂一點英文，但最主要的是他將航海視為極嚴肅的事業。要是有人敢問他是否已婚，他會嚴肅的回答：「我和海洋結婚了。」

就這樣，一個愛爾蘭人、一個倫敦佬、一個挪威人，加上一個英國佬加入了「布倫丹號」，我不禁有些擔心在未來的航程中我們是否處得來。我們的航行和過去重建的歷史船隻有兩個極為重要的不同點。第一，我們乘坐的是如假包換的船，而非筏子。「布倫丹號」可不是一艘靠運氣憑風力和潮流把我們送到目的地的平底船。她要達成目的，必須有人適當的操帆，而且不容有錯。一點小錯，就算是繩索纏在方帆上，或是船帆因狂風而擊打桅桿，都會翻船釀成慘劇。第二也是最重要的，我們要進入少有現代船隻願意前往冒險的寒帶水域。這可不是穿著泳衣的陽光之旅。我們得駕駛這艘無頂的小船進入亞北極環境，我們可能要裹著厚實的衣服數週，不時被雨水和霧氣打濕，而且根據教授我們安全訓練的皇家海軍專家指出，若穿著不當又落水，五分鐘內必然斃命。

幸運的是，聖布倫丹日當天的惡劣天氣並沒有讓我這些朋友感到沮喪。許多曾經幫助我們的人前來幽谷半島送行，並在附近一家旅館開了一個只有愛爾蘭人才辦得出來的餞行宴會。宴會裡準備了大量的威士忌和烈啤酒；愉悅的聊天在一位愛爾蘭公眾人物談話中達到高潮，他祝我們排除萬難，航程順利，就在這個時候，酒館的屋頂因為承受過重的雨水而裂出一條大縫，雨水嘩然傾瀉到賓客身上。

「你們為什麼要進行這次航行？」一名記者一一詢問我們幾個人。

「因為我喜歡航海，想要學習如何駕駛這樣的船隻。」喬治回答。

「那是項挑戰！」彼得說。

「因為我喜歡海洋。」這是洛夫的答案。

「刺激，好玩！」亞瑟咕噥的說，並喝了一大口的烈啤酒。

「你們的妻子呢？她們對於你們要這樣橫渡大西洋怎麼說？」

吉兒．穆雷特（Jill Mullet）看著她丈夫。「你阻擋不了彼得的，他想做的一定會去做，」她說：「而且，他現在也需要有個計畫讓他忙一忙。」

喬治的太太朱蒂絲則說：「我想喬治應該去做他想做的事。而且，我希望『布倫丹號』到冰島時我可在那兒和他見面。」

我太太試著想要略過這個問題。「提姆常做這類型的計畫，」她微笑的告訴那位記者。「畢竟，我是研究中世紀的學者，因此我贊成所有能夠對中世紀研究有益的事。」

不能避免的問題終於來了。「你們不擔心嗎？」三名太太面面相覷，「不！」她們堅定的回答。

進入大西洋

五月十七日清晨天氣良好，高空浮雲移動，雷雨雲則在地平線窺視。我走到上方路邊兩座小屋之間的一座，向住在那兒的湯姆．列伊（Tom Leahy）請教時，強風開始由溪口灌入。湯姆是一個粗獷不加修飾的幽谷人，身材高大，極為友善。他的小圓舟就停在溪邊。「你回去旅館休息一會兒，」他前一夜就對我說。「你需要休息。別擔心你的船。我和我兒子會替你照顧，擔保沒事。沒人能不動聲色的通過我們的耳目。」他果真言出必行。凌晨我下來查看「布倫丹號」是否安然無恙時，發現湯姆．列伊有如一片黑影般，靜靜的靠在溪邊的崖壁上，凝視著「布倫丹號」。我謝謝他的協助。「天黑後有幾個小鬼在那兒閒晃，」他對我說：「但他們是本地的小子，不會幹什麼壞事。」一點也沒錯，這些誠實的鄉下孩子確是如此。他們曾經上船張望，但不曾自「布倫丹號」上取走任何東西，他們動了動令人興奮的兒童寶藏，如水電筒、刀子、巧克力等，但船上什麼也沒遺失。

我望著捲進溪口的潮水，詢問湯姆的意見。

「你覺得我們今天可以出海嗎？」

他沉著的看著我。「等潮水轉向再說，」他建議，「你應該等上幾個小時，頂多二、三個小時就得出海。是我的話，就不讓船隻再留在那裡。」

「為什麼不，湯姆？」

「我不看好這樣的氣候。現在又是風又是雨，要是風轉向西北，就會往溪裡帶來豪雨。你一定被困住，我可保證不了你那條船的安全。大浪會把她打成碎片。」

「那好，湯姆。我們就等潮水淹上滑動式船架把『布倫丹號』浮起來時啟程。你能護送我們出海嗎？」

「當然，我的家人也會為你祈禱。」他說。

我在數月前首次造訪這個地區時，在布蘭頓溪見到的第一艘小圓舟就是湯姆的。他是仍在布蘭頓溪口划著小圓舟出海的最後一人，我心裡希望有個謹守著千年傳統者送我們出海。

那個早上，地方上的人們開始聚集到溪邊。農人用沾滿泥濘的拖拉機載著家人到達。來這裡度假的人則是開車前來；幽谷半島向來是度假的熱門地點。學生則步行而來。還有不少人騎著自行車陸續來到。兩名看來一臉嚴肅的本地警察也開著一輛時髦的藍色巡邏車出現，他們原本是來維持秩序的，結果比觀光客更熱中於觀看「布倫丹號」。一小群修士聚集在岸上高處，唱誦著禱文。碼頭邊有位老婦人由人群中擠了出來，將一小瓶聖水塞到我手裡。「上帝保佑你們，將你們平安的引領到美洲，」她說。「我們每天都會為你們祈禱！」幾位修女說。我把那瓶聖水牢牢的塞在「布倫丹號」的雙層舷緣之間。幽谷小圓舟儘管體型小，也會在同樣的地方放置一小玻璃瓶的聖水。約翰・歐康尼爾送給我們每人一個隨身攜帶的小型宗教圖徽，他的臉上顯現著擔心和緊張。我們的妻子和家人也一樣。「照顧我們的兒子！」亞瑟的父親對我說。洛夫由湯姆・列伊的小圓船走上岸。他絲毫不願錯過乘坐這麼少見的船隻出去溜一溜的機會。是該啟航的時刻了。

「過來呀！」我對人群喊著，「幫我們把船推離滑動式船架。」接著一群人七手八腳的推著這艘褐色的皮革船。「布倫丹號」在他們的輕聲吆喝中浮離滑動式船架，並在狹窄的河口下錨泊定。

「爹地，再見。」我聽到艾達稚嫩的聲音越過水面而來。她和喬伊・穆雷特相處得非常好，兩人還把啟程當做是遊戲。

「該把旗子掛上去了。」我對喬治叫著，他跟著把旗子都升到主桅上。旗子是按我們將要拜訪的國家和地區順序懸掛：愛爾蘭的三色旗、北愛爾蘭的大英國旗、蘇格蘭的聖安德魯十字旗、法羅群島旗幟、冰島國旗、格陵蘭的丹麥國旗、加拿大楓葉旗，最後為美國的星條旗。在上方獨立飄揚的則是白底紅十字的布倫丹雙尾旗。

臨行之際總有許多事得完成，根本沒有時間擔心或緊張。我們忙著出海，無可避免的在緊要關頭發生了窒礙——錨卡在岩石上。「靴子」用力拉動，但錨動也不動。一條漁船開了過來。「把繩索丟過來給我們。我們用鼓輪拉。」他們喊著，最後絞盤絞緊繩索鬆弛的部分，船錨跟著脫開岩石。「布倫丹號」重獲自由。

彷彿是暗示似的，這時風全面靜止。我抓緊舵柄，喬治他們則分別操槳。「一起划！」我喊著，「布倫丹號」跟著轉向，滑出布蘭頓溪，進入大西洋。我們面臨來自大西洋湧入的波浪，船速顯得沉滯。「這簡直像用原子筆划動超級大油輪。」喬治咕噥著，望著手上單薄的槳。我們的兩側各有一艘小圓舟。湯姆·列伊是其中之一。我留意到他們的船頭都飄揚著愛爾蘭的三色旗。

人們向我們揮手，高喊著祝我們好運，然後，就在我們要出溪口，經過高聳的崖壁時，我回頭望，見到兩百多人正走向岬頭看我們離去。這一幕將永銘心中。眼前的景象帶著夢境的色彩，太陽在遙遠的西邊，低斜的陽光照出岬頂上的人群剪影，看來有如橫飾帶。他們的形影小而黝黑，像一排極有秩序的昆蟲，沉靜而急促的朝同一個方向的崖頂盡頭而去。他們在上面將會見到我們的身影在海上逐漸變小。我從來沒有見過這樣的堅持，我敬畏的想起每年爬上布蘭頓山向守護聖者致敬的朝聖者。這麼多人幫助我們，這麼多人對我們滿懷信心，我心想，絕對不能讓他們失望。

我們一出了河口，原先在岬頭掣制我們的浪潮亦告解除。我下令升帆。風自西南方吹來，對我們沿愛爾蘭海岸行駛再有利不過了。飾有塞爾特十字的「布倫丹號」船帆在風中鼓脹，船速開始加快。「布倫丹號」按著計畫的航線出航，我們拉起暫時不需要的槳，並將船上散置的東西固定好。湯姆·列伊揮著手道別，兩艘護送我們出海的小圓舟同時返航，很快的像黑點般大小進入布蘭頓溪溪口，自海浪間消失在我們的視線中。

我們終於上路了。

5 蓋爾語地區

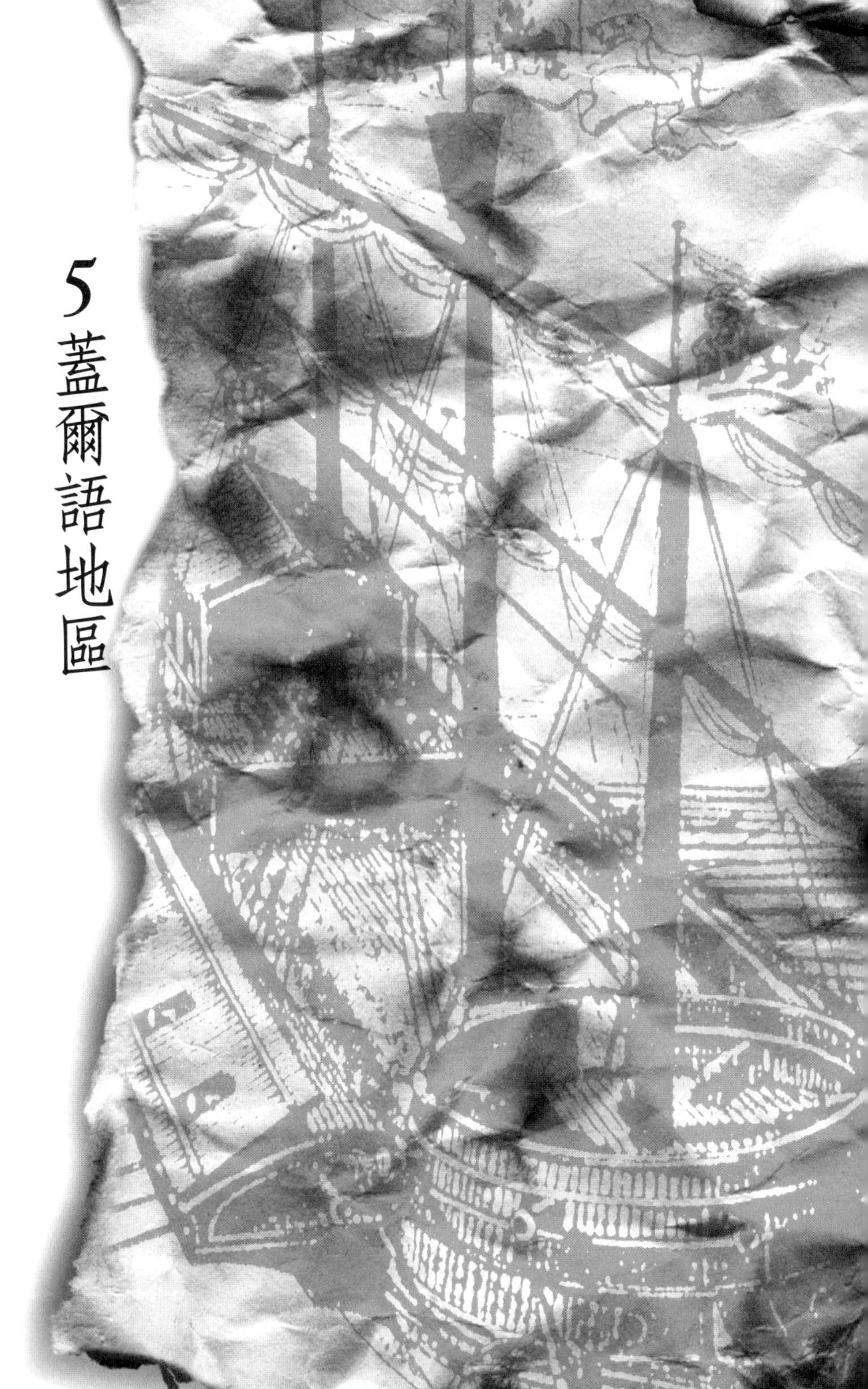

「布倫丹號」在我們腳下隨著波浪起伏，律動既敏銳又沉重。船身隨著波浪不時改變的壓力輕微的彎曲和伸張，桅桿則頂著槳手座發出共鳴。船尾舵槳的地方，四吋厚的舵柄微微倚著固定舵槳的H型木架子。每隔一段時間，舵柄即「砰」的一聲落入叉架上，振顫之感從船尾傳遍船頭。除了這些聲音，船上極為安靜。皮革似乎消除了浪打船身的慣有聲響，受潮的綁帶木架似乎也免除了一般硬質船體的顫動。周遭有股奇特的超凡氣氛，彷彿我們已經融入大海的律動，和波浪成為一體。

這種感覺因為「布倫丹號」緊靠水面而更強烈。海面和舷緣的高度距離僅有十六吋，即使一般的波浪都要比她高。但在海浪前進時，「布倫丹號」緩慢而從容不迫的傾斜，波浪即由船下穿越，不會造成任何危害。上下起伏的動作斷斷續續。先是亞瑟，然後是彼得，都開始輕微暈船而臉色發青。由於船完全暴露於風中，建議他們呼吸一點新鮮空氣於事無補，唯一的良方是試著讓自己忙些需要執行的事務。船上有些繩索等著捲好收藏；吊索和帆得重新整理，以免糾結在一起。甲板中段上有成堆的四方形油罐和成袋的食物找不到地方貯放，堆在那兒遲早有人要扭傷足踝。我們盡最大的努力善用貯物空間，把水罐捆在一起，把船槳整齊的收在船中央，同時確定船錨是在所有物品的上方，以備緊急需要。

這些雜事能讓我們在這次航行一開始的奇異時光中無暇他想。我們很少交談。每個人皆沉浸在自己的思緒中，想著橫在眼前的每一日、每一週，我們得在這個小小的船上擁擠的度過。我自己很清楚，現在著手這些小事務，諸如把望遠鏡收拾好、設法折疊羊皮等，很可能會成為我們航行中日常的標準事務。人類具有偏愛秩序和尋求例行程序的傾向，一旦這些事固定下來，即會成為永續的步驟。我心想，我們之間大概沒有人會把思考放在我們這趟航行的主要目的上。這是個可以留待未來乘坐任何小型船隻長期旅行時，在無聊時光中回憶和享受的題材。現在，「布倫丹號」的帆鼓脹著風，船隻不停前進，四周則是灰色的大西洋；這些即已足夠。

出航的第一夜

不過我們仍得安排睡眠一事。不論是前面或中央的帳子裡都堆滿了各種工具，讓人無法躺下來休息。亞瑟和洛夫使用船身前半部前桅兩邊槳手座下方的狹板道。那兒得扭擰著身體躺進去，也不能快速坐起來，以免撞到上方，但至少這兩個常被我們開玩笑叫「肌肉組」的「大猩猩」可以伸直頭腳，並把他們的物品用皮帶捆繫在船身彎曲處。「靴子」和洛夫則回敬中央的休息區為「女兒房」，並在我們像鼴鼠般擠入雜物堆裡，試著整理東西挪出空間好躺下時取笑我們。我們很快發現這樣行不通。這塊空間根本無法同時裝下三個男人和一堆器材。

「我們要不騰出地方放這些東西，就得把它們丟到海裡。」我猶豫不決的看著這些凌亂的東西。

「我們騰出船尾部位的浮力板，把一些設備放到那兒。」喬治建議。

「好，不過別在那兒放過重的東西，要是船尾過重，『布倫丹號』遇到緊急狀況時會無法浮升在海浪上。我們應該把重心聚集在中心，讓翹起的頭尾隨海浪起浮。」

「沒問題，來幫忙吧！」喬治輕快的說，並拉下舵手位置的薄艙壁板。艙裡是為了在「布倫丹號」萬一沉沒時可以增加浮力的保麗龍塊。喬治毫不猶豫的把拉出來的第一大塊丟入海中，只見它在尾浪中浮沉而去。「還是不夠！」他說。一個刺耳的聲音，另一塊又被拋出船外。「看來夠了，麻煩把鋸子拿給我。」幾秒鐘後，他已經鋸出一個更大的洞，我則把那些暫時用不到的航海圖、法羅群島和冰島的航行指南、多餘的烹調用具和燈具收在一起。它們全都被塞入這個新空間。我看著六分儀。我們還這麼靠近陸地，要六分儀做什麼！那些愛爾蘭修士並不需要它，於是，六分儀也進入雜物堆中。

接著，我們開始整理船艙內部。船艙的面積為六呎見方，大小約一張雙人床那麼大，我們卻得騰出三個人睡覺的空間，還得擺上衣物、無線電、彼得的攝影器材和我的航海設備。這樣擁擠的空間實在令人頭痛。我們把無線電放在一個臨時的架子上，並忙著將各種工具袋堆疊在一起形成一個和架子等高的隔牆。這道工具袋隔牆圍出了船艙三分之一的空間，牆後的空間是船長特有的休息區，但那也不過是一個像凹槽的地方，我細瘦的肩膀僅能側著，頭部擠在槳手座下方，腳則頂著艙壁。再怎麼樣，我還是比喬治和彼得幸運多了。他們兩人共用剩下的三分之二空間，中間沒有任何隔間。喬治在睡袋中翻身時會踢到彼得；彼得上去值班時，必然要撞到喬治。更糟的是，我們全身穿著厚厚的毛衣和成套的防水衣褲，行動非常笨拙。我們講好防水靴子不得穿進船艙內，但即使把它們倒置在駕駛台，仍經常灌滿海水，值班之前費盡力氣穿上濕冷的靴子就成了痛苦的第一件事。

我們將每一班值勤定為二小時，每次值班的為二個人。船上僅有五個人，因此每人得連值四小時，再休息六小時。「布倫丹號」沒有自動駕駛裝置，必須全天候有一個人掌舵，令我們產生極大的壓力。幸運的是，我們很快發現第二個值班者在無風無雨時只需待命，緊急狀況發生時可以隨時上馬即可。於是，掌舵者值完二小時的班後，只要把職務交給接班者，並叫醒下一個值勤者就行了。值勤者可以穿上防水衣褲蜷曲在駕駛台的地板上待命，等著二小時後交接掌舵即可。

第一個晚上，我們在這個奇異的新環境裡斷斷續續的睡著。洛夫似乎是唯一馬上適應新環境的人。他爬進去睡袋後馬上睡著，彷彿在海上感到極為安適似的。「布倫丹號」緩緩的向北方穩定前進。那是個黑沉沉的夜晚，雲層逐漸加厚，並下了幾場大雨。下雨是最令人討厭的事。雨水滲入各種防水設施，甚至比海浪激起的水霧還令人煩躁。雨水一灘灘的積在船隻中央的貯物區；自袖口流入掌舵著轉動著舵槳的手臂；雨水還浸透放在槳手座邊的羊皮。這些羊皮被雨水浸透後，坐在上面有如坐在含水的海綿上。而被雨濕透的兩面帆因為飽含水份，重量加倍。它們仍然可以使用，但破曉時，喬治指出主桅的現象。

「提姆，我看桅桿被帆拉彎的情況不太好，」他說：「強風一來很可能就斷了。」

「梣樹應該頂得住才對，」我回答，「風力得強到足以把它彎曲得像根釣桿，才有可能斷裂。」

「那倒沒錯。不過我們該檢查它對槳手座的影響，而且該注意它在桅桿基座上的位置。」喬治警告。於是我們一起檢查了桅桿嵌入槳手座的凹處，以及船底橡木基座的情況。「你看，桅桿搖動時，不斷的鋸磨槳手座，遲早要把邊緣的木頭蹭壞。真要這樣，桅桿必然鬆脫，很可能在暴風雨中被吹落海裡。」

我很同意他的看法。在潮濕的風帆將桅桿折斷之前，我得設法減輕船帆的壓力。我們將帆降低了幾呎，在其底端繫上皮帶往下拉，以免它們在船隻晃動時激烈搖擺。情況有所改善，但是兩支桅桿仍會晃動彎曲，並發出令人擔心的聲響。

誰是主廚？

已是早餐時間，我們點燃了爐子煮咖啡。我們同意每人輪流煮一餐，這樣可以分擔煮飯的壓力，在相互忍受彼此煮出來的東西時也沒有人會抱怨。但就像其他許多聽來不錯的主意一樣，這個主意顯然不但經不起時間的考驗，而且快得令人驚訝。我煮早餐，下一餐則是喬治的工作。但他說他是全世界最糟的廚子，最好的洗盤工。他提議我替他煮飯，他替我洗盤子。於是我煮了中飯。接下來是洛夫煮晚飯；哪，也可以說是爐子幾乎煮了洛夫。煤油爐需要細心調動；但洛夫轉得太快，弄得一陣陣濃煙不說，突然迸冒的火花微微燒傷他的手，到處也都是煤煙。洛夫仍然繼續堅持著，直到整盒火柴都用盡，大伙兒開始餓得不耐煩了，最後我代他煮了晚餐。輪到彼得時還不賴，只是他的燉菜沒有人分辨得出來到底有些什麼東西。接著輪到亞瑟。他在分袋的食物翻找，最後找出一袋速食馬鈴薯泥。他這時看來像一頭暈船的幼熊。他問：「你可得告訴我怎麼煮這東西。」我旁邊的彼得發出一聲戲劇性的哀嚎。「讓我告訴你更好的辦法，」他說：「為什麼我們不讓船長煮就得了？」於是就這麼辦，至少暫時如此。

不能避免的，我們的頭幾餐充滿了羊毛油的味道。我們在啟航之前，快樂的替皮革船身刷了一層厚厚的羊毛油，而且不小心的把羊毛油濺得到處都是。現在我們可後悔了。我們在槳手座、繩索、爐子等處都會沾到一抹抹的羊毛油，連刀子、叉子、水壺和杯子上都不例外。我們碰觸和吃的每樣東西都有羊毛油的黏質和味道，一直到那些油脂最後消失為止。唯一倖免的是「布倫丹號」的酒類庫存。我們臨出發之前，人們送來各種不同的酒品做為禮物，彷彿這些祝我們一路順風的人要我們醉醺醺的出發。每次「布倫丹號」左右晃動時，即發出叮叮噹噹的聲音。那些酒包括了愛爾蘭威士忌和烈性黑啤酒、給洛夫的挪威烈酒，而那瓶樣子奇特的烈酒則來自一位友善的冰島人，酒名叫「黑色死亡」。所有酒品中最突出的是一個大酒桶。這是愛爾蘭酒廠（Irish Distillers）特別為「布倫丹號」製作的，內有二加侖上等的麥芽威士忌。我們在安頓妥當並把船內整理過後，即打開這桶酒，舉起我們的錫杯致意：「敬『布倫丹號』和我們的航行！」

截至目前，我們的行程令人滿意。第一天的航行中，「布倫丹號」穩定的向北方前進。在陣雨停歇時，從船尾可以見到布蘭頓山的山尖在地平線和緩降低。我們的右舷經過夏儂河河口，這是最後四十哩安全的避風港。「布倫丹號」沿著背風海岸行駛是為了在大風中被吹向海岸時，可確認找到避難港口。在夏儂河河口，我在海圖上標示史卡特雷群島（Scattery Islands）為可避風的地點之一。在聖布倫丹的時代，史卡特雷是小圓舟的地標，也是一處聖地。據說聖布倫丹時代的聖希南（Saint Senan）於六世紀上半葉擊退怪物卡塔（Cata），並在島上創建了修道院。因此島上最著名的考古發掘物是一座圓塔的基座，很可能是僧侶所建以為維京人突襲沿岸時的庇護所。一直到近期，當地漁民的新船下水時，都要以順時鐘方向繞行島嶼，祈求好運，並在史卡特雷取一塊小圓石，做為出海的護身符。

亞朗群島

我原希望「布倫丹號」在第一天能駛離史林岬（Slyne Head）。此岬由西岸伸入大西洋，成為我們航線上第一個需要轉彎的地方。但因為風往西吹颳，我們的速度受阻，並被吹向海岸。「布倫丹號」大約每往前行駛十哩，即有一哩是斜行過水面。第二天的黑夜逐漸到來，「布倫丹號」幾乎無聲的前進，撞上了一隻在水面睡覺的塘鵝。可憐的塘鵝一直到被船頭碰到時才醒過來，但已經被頭下腳上的擠入水中。一陣粗厲的叫聲後，傳來有如打穀和拍動的聲音，我們在尾浪中見到一隻狀似發怒的塘鵝浮出水面，在飛往較不受干擾的水域時還發出惱火的叫聲。黎明來得緩慢，晨霧阻擋了天光，使得能見度不到一哩。前方出現了一群孤立的礁岩，拍岸的白浪形成寬闊的外環。我對照著海圖，那是仍在史林岬範圍內的史科德礁岩（Skird Rocks）。除非順風，「布倫丹號」不可能繞過岬頭。於是我改變航道，將「布倫丹號」駛往亞朗群島（Aran Islands）尋找遮蔽處。我並沒有因此喪氣。過去的三十六小時中，我們已經航行超過一百哩，而且在亞朗群島停靠再好不過。根據《航行》書中的記載，這裡是聖布倫丹向他的導師聖安達（Saint Enda）請教航行前往「上帝應許之地」一事的地方。

晨霧在旭日上升之前退去，亞朗群島跟著顯現。「布倫丹號」駛過群島的西北端，我們首先見到了燈塔，然後是島上高聳的土地，其上一片片的綠地延伸到探入海中的石灰岩碎石陡坡上。正在掌舵的喬治試圖在風中切入最有利的方向，並把船駛到最靠近海岸的地方。我們只見到一兩間孤立的農舍，還有遠處一個人影正要前往田裡工作。我心想，這個人望向海面時，見到廣闊的粼粼海面一道小小的黑色弧形，竟是一艘有著奇特中世紀黑色方帆的千年前小圓舟自大西洋駛入，他會想些什麼？我們由島嶼後面駛入時，見到波浪中有一個小黑點在波浪上起伏。一開始，它看來像是標示用的浮筒。「我覺得那是小圓舟！」我對喬治喊著，他將「布倫丹號」轉向，前往一看究竟。幾分鐘後，我可以看見船上有兩條人影，他們正在拉起捕龍蝦籠，但一看到我們，隨即停下了手上的工作。他們彎下身來划槳，朝向我們駛來。他們的動作真是合作無間。其中一個只划半槳時，另一個看也不必看的做著同樣的動作，操槳極為和諧。他們的小圓舟和幽谷半島的不一樣，船尾為方型，典型的亞朗式。這樣的不同似乎對於航行沒有造成什麼不同。兩名漁民將船駛到距離我們約五碼的地方，俐落的轉向，和「布倫丹號」同步行駛，兩人並瞧著我們。其中一個有著一頭怒張的紅色鬈髮及相稱的鬍子。「你們就是要去美洲的那群人？」他喊著問。他的口音很濃厚，愛爾蘭語是亞朗群島的主要語言。「歡迎到我們島上來。」

「非常感謝。」

「你們要些螃蟹嗎？」

「好的，麻煩了。」

一團螃蟹自他們的小圓舟呈弧線飛向「布倫丹號」，洛夫趁著牠們還沒爬入船底之前把牠們抓了起來。

「謝謝，真的非常感謝。」我說：「由哪個地點上岸最好？」

「駛進海灣裡。那兒夠安全。沿著我們的捕蝦籠線，在看不到你後面的燈塔時轉彎，不然會撞到沙洲。」他指的是布洛克林貝格沙洲（Brocklinbeg Bank），為一處隱藏在海平面下方的沙洲和岩石。「海浪滔天！」我的航海指南上寫著，我們小心的降下帆，划到海灣裡後才明白為什麼：一開始的五分鐘風平浪靜，然後風力加上海浪，海水湧過沙洲，向上激起猛烈的浪花。那可不是「布倫丹號」該待的地方。

伊尼希莫爾島

「布倫丹號」在寬闊的海灣裡下了錨。那兒有一座短短的碼頭是小圓舟用來運龍蝦上岸的。這裡是伊尼希莫爾島（Inishmore），亞朗群島三座主島中最大的一座。由停泊點起，地面往上爬高，在灣頭經過一處不大的沙灘，越過一片平地，然後陡峭的延伸到山頂。那是島嶼的盡頭，全是陡峭的高崖直入深水中。整座島嶼彷彿是故意翻起一邊讓人檢閱似的，由海面往上看，山坡上是數以百計用不太堅實的石牆圍起來的田地，遠望有如蜂巢。據說群島上的石牆全長達一千八百五十哩。不設入口的灰色石牆綿延不斷，使得這個蜂巢結構看來更加壯觀。農民們要趕牲口進去時，先拆出一道缺口，等牲畜入欄後再把石頭補回去。

我們的中飯是用一桶海水燒煮螃蟹，頗為豐盛。那個下午，我們全體上岸步行上山頂。天空雲層已退，田園中一個個小畜欄裡，草地上綻放著難以計數的春季野花，有毛茛、紫蘿蘭、龍膽等。我們在牆堵之間找到當地人稱為「boreen」的小路，並沿路走過引流溪水到水槽的牲口飲水處，最後到了一處地面朝向陡峭山峰爬升的開闊地面。山坡的另一面，此島山脊暴露於外，無數石灰岩板滿布風雨蝕痕，沿著褶曲線堆疊。這裡同樣有許多野花和雨水坑。小田地外圍的石牆比其他地方鬆垮，後來我們才驚覺它具有一定樣式；原來，我們正行經繞行山丘的同心圓防禦石牆。

小徑轉入一條直路，通往矗立在山頂的鼓狀堡壘。這是島上僅存的，也是最重要的堡壘。堡壘的一側有一個入口，陽光從中射入，有如閃亮的眼睛。這就是歐洲最壯觀的史前遺址安固斯堡（Dun Aengus）的大門。我們穿過那個像眼睛的大門，眼前是堡壘中央的淨空地帶，原來應是後牆的地方，現在已完全空盪。我們已經到了島上的最邊緣。我們小心往前挪動，由崖頂探頭無底深淵，海鳥在下方盤旋，二百呎下方的海水拍擊由崖邊塌落的巨石，激起強烈的浪花。

安固斯堡是亞朗島上數座大型的石頭堡壘之一，為愛爾蘭族系於西元一世紀所建。海邊那些聖安達為修士所建的石頭小屋，雖然後來發展成愛爾蘭極為知名和重要的修道院學校，但在年代上亦較堡壘為晚。這些俯望基督徒小屋的巨大堡壘對聖布倫丹前往西方尋找「上地應許之地」而言，多多少少也代表另一種牽連，因為它們觸及塞爾特歷史。在古老的塞爾特信仰中，西方的日落之地居住著死者的靈魂和奇異的生物。「超凡國度」（Other World）的觀念曾出現在早期愛爾蘭異教徒的詩篇裡。吟遊詩人吟唱一些著名的英雄人物前往這個地方的旅程與經歷。有的英雄乘坐神奇的馬車渡海，有的則是潛入海中，在水底世界有追求他們的美麗女子；或者是在天際找到這個奇異國度。通常，超凡國度被形容成一個神秘但可企及的世界，只有特別幸運的凡人到得了。這個觀念在基督教義傳入愛爾蘭時植基，因為許多修士和預言家、聖者一起生活和工作，雖然有時會產生齟齬，但也分享他們的知識。最後，超凡國度這個古老的觀念和新的宗教纏繞在一起，形成基督教義的外貌。在基督徒的觀念中，超凡國度裡住著聖人和聖徒，成為上帝許諾給擁有高尚德性者的樂土。這個國度仍然是可以到達的，是現實世界的回饋，也是一個讓人們前往探索的地方。更重要的是，旅程本身成為一種信仰的實際表現，沿途的險境更加添了吸引力。簡而言之，基督徒航行找尋遙遠國度，強化了他們的生命動機。

信仰基督的修士是最符合這個抽象之地納入實際地理框架中的人。愛爾蘭修士匯集了來自西歐各地學者的大量知識。在混亂的第五和第六世紀，許多修士由動盪不安的歐洲本土，隨身帶著經典作家的手稿和知識來到愛爾蘭避難。愛爾蘭成為這個知識寶藏的偉大寶庫，愛爾蘭修士不但學習這些知識，並將它們有系統的加以編纂。他們還在上面注解，代代相傳。他們閱讀維吉爾（Virgil，即Publius Vergilius Maro，西元前七十～十九年，最偉大的拉丁語詩人——譯注）和索利納斯（Solinus，古羅馬作家——譯注）的作品，並經由原文或翻譯涉獵希臘作家。在地理知識上，這些修士知道地球是圓的，他們偶爾拿「像一個形狀美好的蘋果」來形容地球。他們了解托勒密（Ptolemy，西元九〇～一六八年，希臘著名天文學者與地圖繪製者——譯注）的地理概念，知道羅馬人曾派遣船隻繞行蘇格蘭，並發現北方的群島。愛爾蘭早期基督教文化成果豐碩，文獻提及者不知凡幾。這個成果幾乎持續了五百年。愛爾蘭修士被認為是西歐教育程度最高、知識最廣博的人；他們還尋求適當的時機回歐洲本土汲取新知。他們創辦學校，向領主，甚至國王進言（查理曼大帝就是極為賞識愛爾蘭學識的一位），並一路由義大利倫巴底（Lombardy）到奧地利建了不少修道院。他們和其弟子皆被視為歐洲的漫遊知識分子。一名法蘭克觀察家認為，「幾乎所有的愛爾蘭人都無懼於海洋，因此我們的海岸上湧入了一批批的哲學家。」

這樣的活力也催生了聖布倫丹的《航行》。在愛爾蘭每一個傳統的核心裡有著這樣的說法：基督徒不論在靈感和寫作上，甚至在繪畫上都以古老的塞爾特傳統為基礎。就像古代的英雄，聖布倫丹出發尋找「上帝應許之地」，並在途中經歷諸多冒險。只是這位聖者以不同的方式旅行，不是乘坐破浪的馬車，而是用皮革覆蓋木材框架、平凡無奇的船隻。他的行程非但不是那些虛構的塞爾特英雄之島，反而可能是根據修士的真實地理學識而來。一直到最近，有關聖布倫丹航行故事的最早文獻被認定完成於十世紀左右，距離他過世已四百年。但新的調查研究則認為此書完成於西元八百年，可以想像的，這個故事必然起始於更早的時期。

塞爾特研究學院（School of Celtic Studies）的金姆．卡尼教授（Professor Jim Carney）和大多數人一樣，將聖布倫丹的《航行》回溯至愛爾蘭創立修道院的黃金時期。他專精研究早期的愛爾蘭文學，不但以感性的文筆翻譯愛爾蘭和拉丁詩篇，其愛爾蘭文學知識背景更是卓越。「當然，我們現在還不能肯定有關聖布倫丹的《航行》是何時寫就的，」我們在愛爾蘭皇家學院（Royal Irish Academy）的圖書館見面時，他說：「但我實際上曾在一首七世紀的愛爾蘭詩篇中見到一則注記，其中提到聖布倫丹是一位詩人。也許，《航行》真是年代久遠了。」

「有人認為《航行》根本不是基督徒作品，而是基督徒融和了古老想像的塞爾特故事。你認為呢？」

「你是說那是塞爾特航海故事之一，也就是《航海紀聞》（*imram*）。嗯，我認為很明顯的，大部分現存的《航海紀聞》都是和《航行》同時期，或甚至更晚。事實上，我反倒覺得《航行》並非抄自《航海紀聞》，反而是《航海紀聞》借用了《航行》的故事。這裡有一本我譯的早期愛爾蘭詩集，其中一首獻給聖哥倫巴納斯（Saint Columbanus）的詩中提到基督徒船隻的航行。」（imram為古愛爾蘭語，意謂航行——譯注）

金姆．卡尼教授翻到那一頁，並唸道：

「瞧，林中伐木，順流雙角萊茵之洪水而下，
刨製龍骨，塗上油脂，滑行過海——『使勁，伙伴！』
讓我們響亮的吆喝迴盪。

他啪地闔上書，並面帶調皮的看著我。

「看來你的航行將會充滿艱辛。但如果在文學方面我幫得上忙，我非常樂意協助。我剛想起來，你何不和瑪琳．歐達萊（Mairin O'Dalaigh）說說你的計畫？她也許在語言學方面可以幫得上忙。她是早期愛爾蘭語的專家。」

「我怎麼跟她聯絡？」

「那一點不難。到鳳凰公園的愛爾蘭總統官邸（Aras an Uachtararn），她是總統夫人。」

於是我前往鳳凰公園那環境優雅的總統官邸，一位狀至愉快的官邸侍從官在那兒等我。「您就是那個要乘皮革船環遊世界的瘋子？」他熱情的招呼我。「能到達美洲就夠好了！」我喃喃說道。「啊，請由此進。歐達萊夫人問您是否要和她一起喝茶。」

瑪琳．歐達萊是一位非常端莊優雅的女主人。我們正談著有關「布倫丹航海計畫」的種種，一陣敲門聲，總統本人快步走入。原來的閒靜瞬間消失。沒想到歐達萊總統是愛爾蘭西部蓋爾語地區（Gaeltacht）的重要支持者。（愛爾蘭共和國官方語言為英語和愛爾蘭語，但在南部、西部沿海地區及內地，約有四十萬人使用蓋爾語〔Gaelic〕，而這些地區則稱為Gaeltacht——譯注）他對於「布倫丹航海計畫」極為熱心。他快步走到書架邊。「你讀過這本嗎？或這本？」他問，快速的抽出一本本的書籍。「啊！這裡還有一本。」他一本接一本的找出來，很快的，地板、沙發和椅子上到處都是打開的書。「哪，有了。我要你瞧件東西。」他帶著我到建築的翼樓，那兒的牆上掛著他收藏的畫作。「就是這個。」我們停在一幅小型的圖畫前面。那是一艘小圓舟，停泊在岩石的裂隙中。「我在多年前找到這幅畫，」總統說：「我一直很喜歡這幅畫。這可能是哪兒?·多尼哥（Donegal）?·也許是亞朗群島?」

我們停泊在亞朗群島時，歐達萊總統的熱情浮現腦海。伊尼希莫爾島上的人們熱情的想協助我們，彷彿布倫丹航行挑動了蓋爾語地區人們的心弦，令他們感覺到自己也是參與計畫的人，而「布倫丹號」則是他們的船。那兩個駕駛小圓舟的漁民來找過我們兩次，每次都帶著螃蟹和龍蝦。當地的家庭主婦則輪流替我們送新鮮的烤餅來。我打電話的時候，郵局那位女局長還打斷我的話，祝我們行程順利。

布倫丹航行的消息在這個以愛爾蘭語為主的海岸線上不脛而走。我們登陸伊尼希莫爾島半個小時後，幾乎每個亞朗島民都知道我們抵達的事，後來我還發現，學童們還被分派到沿岸的崖頭上探查「布倫丹號」的動靜，並隨時回報船隻的航線。協助不僅來自島上而已。一份報紙上披露我們的無線電尚未安裝妥當，隔天就有一個人快速來到島上替我們安裝和測試。我測試通話時，瓦倫提亞海岸站台的接線生花了數小時的時間，耐心的替我們監測信號。「你的代號是什麼?」他以無線電問我們。「我們還沒有代號，」我回答，「事實上我們忙到沒有時間申請執照。」

「那沒關係。我們就以『布倫丹快艇』（Yacht Brendan）做你們的代號。那應該不會有問題。」

「我們用『布倫丹圓舟』（Curragh Brendan）吧！」我回答。

他大笑。「好吧，反正不會有小圓舟使用無線電的。可以的話請每天通報消息。祝好運。」

聖麥克達拉島

接連兩天惡劣的天氣把我們困在亞朗群島。等到風一停息，「布倫丹號」馬上自伊尼希莫爾島出發，越過海灣，前往愛爾蘭本土海岸線的馬佑郡（County Mayo）。風仍然很強烈，我們不清楚「布倫丹號」是否能夠撐得住，於是避免在寬闊的海上冒險。我們把兩面亞麻帆全部升起，馬上就發現超過「布倫丹號」的負荷。主桅又再度彎曲，「布倫丹號」過度傾斜，令我不斷的擔心海水會灌入船中。喬治喊著要洛夫將主帆放鬆。洛夫於是將主帆降低了三呎，情況即刻有了改善，「布倫丹號」不再傾斜，主桅也再度挺直。我們輕快的穿越水道前往由海岸延伸出來的小群島。我們下了帆，並繞過外圍的礁岩，划著槳到一處避風處，並接著下錨。

「布倫丹號」把我們載到了這個恰當的地點。不到半哩遠的地方是一座無人小島。在六世紀時，它是人稱「狐狸之子」（son of the fox）的聖麥克達拉（Saint MacDara）的居住地。我們再也找不到比這裡更完美的早期基督教派修士的典型靜修地點了。放眼望去，見不到任何房子和人跡，海中則充滿海洋生物。我們下錨的地方，一群燕鷗圍在船邊吵雜著，並潛入水中捕魚，對於我們的到來毫不為意。兩隻好奇的海豹在十碼外的海面靜靜的看著我們兩、三分鐘後，又開始繼續捕魚，露出水面的岩石上站著一排看來很有耐心的鸕鶿，看著三隻白嘴潛鳥（Great Northern Diver）覓食。一群海鷗在聖麥克達拉的島嶼上空盤旋，並發出喧嘩的叫聲；等到我們上岸，才明白這是個鷗鳥的棲息地，難怪海鷗這麼多。我們小心的在滿布圓石的草地上走著，以免踩到鷗鳥的巢。那些巢裡通常都有三個帶斑點的褐色或黑色的蛋，或是一隻笨拙的幼鳥蹲在裡面，而牠的父母則在我們頭頂威脅的鼓翅叫囂。我們和那些虔誠的信徒一樣，繞著小島走了一圈。他們每年在聖麥克達拉節當天乘船來此，繞行島嶼一圈，並在簡單的灰石禮拜堂內祈禱。這座愛爾蘭最古老的禮拜堂之一，有著奇特的陡峭屋頂，和一個朝向本土的狹長窗口。靠近海灘，有一座大半埋在草地上的低矮石頭十字架，樣式和「布倫丹號」帆船上的十字架一樣，高度不超過二呎。即使遭遇千年風雨，十字架外表還看得出來有精緻的雕刻，陽光消失後，我們幾個人坐在登岸處上方的岩石上，靜靜的看著眼前寧靜的景觀。風已完全停息；四周一片寂靜，連海鷗也停止了叫囂。喬治一語不發的指著我們下方的岩石。那兒正有一隻罕見的油亮大海獺不受干擾地在淺灘中靜靜的捕魚。

聖麥克達拉島讓人更容易明瞭《航行》背後的另一條連繫。愛爾蘭的許多早期基督修士不遺餘力的前往西部海岸島嶼尋求隱修地，好靜心冥思和祈禱。他們的靈感來自避入中東沙漠深處實行苦修的沙漠神父（Desert Fathers）。但是由於愛爾蘭沒僻靜的沙漠，於是這些隱修者轉而前往森林深處或海上的島嶼苦修。他們為這樣的尋求和結果創造了一個愉悅的語詞：「海洋中的沙漠」。有些信仰極端者乘著小船出海後，將槳和舵丟棄，任由風將他們吹向上帝應許之處。他們接受神諭，在最後的所在安定下來，過著孤獨的生活，以造物者所賜之物維持生命，可能是魚，而在這裡，則可能是鷗鳥的蛋。根據《航行》上的一則美麗故事，一名隱修者是靠一隻善良的海獺每天捕魚給他。

部分島嶼後來有了完整的修道院，聖布倫丹在尋找「上帝應許之地」的長途航行中曾經探訪其中一座小島。《航行》中稱這座島嶼為聖艾爾柏島（Saint Ailbe's Island）。他們上岸時遇到一位道貌岸然的白髮老人。老人向他們鞠躬，並擁抱他們，又拉起聖布倫丹的手帶領大家進入修道院。在大門口，聖布倫丹停了下來，詢問修道院的名稱以及修士們的來處。但老人拒絕回答，比著手勢表示他和所有修士都奉行禁語修行。聖布倫丹深受感動，要求所有的船員皆不得講話，以示尊敬禁語修行，「否則這些修士重獲的靈魂就會毀在你們的喋喋不休之中。」這時候，一列修士揹著十字架和聖物箱過來，並以讚美詩歡迎到訪者。修道院院長聖艾爾柏則走向前請訪客入內。聖布倫丹一行人和島上修士共享簡單的飲食，以一名訪客穿插一名島上修士的方式坐在餐桌旁，當一名值日修士敲響鐘聲之際，大家即吃著麵包和根菜，並飲用泉水。吃過飯後，院長帶聖布倫丹參觀修道院，並帶他到禮拜堂內看祭壇、燈，以及修士們由院長帶領唸誦祈禱文時排列成一圈的椅子。院長表示，這座修道院已有八十年歷史，並不斷成長。島上唯一聽得到的人聲是修士的祈禱和唱讚美詩的聲音。他們和外界完全隔絕。

撇除添加的枝節，《航行》對這座孤島修道院的描寫真實平凡得令人驚訝。只是有三項奇蹟，其一是著火的箭自動點燃蠟燭，其二是不知來源的食物補給，其三則是修士們的長壽（詳見附錄一之第十二章簡述——譯注）。不過後者亦有合理的解釋。院長解釋說，他們簡單的食物和冥思隱修的生活，使得所有修士身體健康，在修道院獲致長壽。

《航行》並沒有具體說明聖艾爾柏島位於何處。上面僅提到修道院距離唯一的上岸點只有二百碼，附近有二處水源，一處清澈，一處混濁。不過，目前在愛爾蘭西部的伊尼希穆雷島（Inishmurray）、托瑞島（Tory Island）、伊尼希其亞島（Inishkea）和伊尼希葛羅拉島（Inishglora）等仍可以見到石造修道院的遺跡。伊尼希葛羅拉島上的修道院是聖布倫丹所創立。愛爾蘭古代的宗教聚落分布在赫布立群島、奧克尼和謝特蘭群島，甚至遠至法羅群島（Faroes）。這些島嶼都位於通往北美洲的「踏腳石航線」上，其中任何一個都有可能是《航行》上提到的聖艾爾柏的修道院；最重要的是，聖布倫丹的《航行》對這座修道院的描寫和那些誇大渲染的文字不同，它平實得和中世紀初期任何愛爾蘭修士所見到的修道院沒有兩樣。

彼得不對勁

聖麥克達拉島是我們這批現代布倫丹在愛爾蘭拜訪的最後一座早期基督教派修道院。隔天早上，我們在清爽的南風中醒來，儘管收音機傳來強風報導，我們仍然起錨，抓住機會，將皮革船駛入繞行史林岬的水道。剛開始的幾個小時，行程頗為通暢，速度達到五浬，只見一邊的陸地快速倒退。因為測程儀失靈，我們無法測出真正的速度，但我們並不在意。我們的釣線釣到了幾條梭魚，並很快的進了我們的煎鍋；一隻幼鷗也因為貪嘴上鉤，洛夫雖然很想拿牠的翅羽做為清菸斗的工具，不過我們仍毫髮無傷的把牠放了。亞瑟仍然暈船，一臉沮喪，史林岬附近的海浪並沒幫上忙。

不久後，天氣開始轉壞。雲層低垂，我們再也見不到史林岬的燈塔。滂沱大雨毫不留情的掃下，天氣也更冷了。傍晚後，我們遇到第一道強風，船速也跟著加快。我們在船尾垂掛繩索減速，並輪流舀出湧入船底的海水。我在固定的時間打開了無線電，試圖和瓦倫提亞海岸站台聯絡。但除了電波的喀喳聲外，什麼也聽不見。激烈的大雷雨斷絕了聯絡，我們在「布倫丹號」上可以見到閃電在黑暗中如金蛇舞動。沒什麼道理這樣消耗電池，於是我關閉了無線電。喬治為了避免絞船索纏住，將繩索都拉了上來圈在索柱上。現在的「布倫丹號」不僅是和外界聯絡中斷，我們甚至不知道暴風雨將會把我們帶向大西洋哪個角落。

足足有二十四小時的時間，「布倫丹號」不能自主的被強風推進。先是亞瑟和彼得陷入半昏睡狀態，對外界失去了興趣。洛夫、喬治和我喝了些溫熱的甜湯以保持體力。我暗暗的盤算了一下船上還剩多少淡水。如此往無邊無際的海洋快速航行並非計畫之中的事，因此沒有預先貯存足夠的淡水。要是沒有風力，我們勢必停駛，如果風力太強我們將遠離陸地，那食物可能得配給了。

在我計算「布倫丹號」大約距離陸地百哩時，暴風停息了，並開始轉成西風，將「布倫丹號」安全的吹向陸地。第二天下午，我們總算可以煮一餐熱食，並整理船艙中被大浪攪亂的東西和浸濕的衣物。手指自寒冷之中慢慢恢復靈活後，我開始將這些新的教訓寫到日記中：未來，我們絕對不可以在淡水不足的狀況下出海；每一個人都需要準備備用的禦寒襪子和手套；我們的塑膠袋不太可靠，到現在為止，許多食物袋底層已經受潮。我們將一部分被海水泡成燉菜似的馬鈴薯薄片、醬料、小麵包和乾燥蔬菜倒掉。同樣令人擔心的是船上所有的火柴也已被浸濕，所有的打火機都已失效。第三天夜裡，我們見到愛爾蘭西北角的托瑞島時，已經精疲力盡，強風在此時止息，至少讓我們稍感高興和安心。只不過我們划了半小時，發現無啥進程，白費力氣。我們躺了下來讓疲憊的身體稍微休息，並讓「布倫丹號」藉著潮水和海浪慢慢往岸邊漂移。

「你能把醫藥箱拿出來嗎？」彼得在剛過半夜之後把我叫醒。「我的手臂簡直痛得要我的命。」

「怎麼回事？痛處在哪裡？」我一邊問，一邊掙扎著坐起來。

「我也不知道。我的手臂不對勁，有時像被火燒到一樣痛，有時麻痺到毫無知覺。」

「一定是在我們划船時扭傷了。」我說：「拿著，吃兩粒止痛藥，盡可能放鬆。在有足夠的風力將我們吹到岸邊之前，大概也沒有其他的辦法可想。上岸後我們替你找名醫生。」

彼得吃了藥後，痛苦的倚著槳手座而坐。他的臉色蒼白，眼皮下垂。一個小時後，他又喊我。

「沒有效。疼痛更嚴重了，而且蔓延到我半邊胸部，連呼吸都非常痛。請你試試無線電求救。」

我看著航海圖，「布倫丹號」現在停在距當戈爾郡海岸二哩的地方，但我們要把彼得弄上岸治療的可能性何止百哩。彼得必須即刻接受治療，但我們卻無法逆著潮水划船。我打開了無線電。

「瑪林岬（Malin Head）台。瑪林岬台。布倫丹圓舟呼叫。」

「布倫丹圓舟。布倫丹圓舟。瑪林岬收到。請說話。」

「瑪林岬，這是『布倫丹號』。我們在林伯諾岩（Limeburner Rock）外，沒有風力可以前進。我們有一名船員受傷需要醫生治療。能請你安排嗎？」

瑪林岬要我待命，十分鐘後極端抱歉的回報找不到救生船。「我們可以呼叫船隻救援。」

「不，我想最好的辦法的是找一艘本地漁船將受傷的船員載上岸。」我建議。

「那好，布倫丹圓舟。請保持這個頻率。」

瑪林岬斷了訊，並在半小時後有了回音。「有艘鮭魚船正由一個叫巴利霍利斯基（Ballyhoorisky）的村子前往載運你的船員。請顯示辨識光。布倫丹圓舟，祝好運。通話完畢。」

「謝謝你，瑪林岬。我們會保持聯絡。」

大約一小時後，我們見到一艘小漁船的燈光朝向我們而來，並聽到了有節奏的引擎聲。那艘船駛近我們，引擎跟著停止，在安靜的海面，我們聽到了濃濃的愛爾蘭腔。船上開了手電筒，我隱約見到上面有兩個男人和一個男孩。「這裡，抓住！」一條繩子飛落我們船上。「我們拖你走。」那艘漁船的引擎再度啟動，我們開始朝向那個看來多岩石的海岸前進。就在我以為我們要撞上礁岩時，船上的聚光燈亮了。他們嫻熟的將「布倫丹號」拖在後面，駛入一處小灣。「你們在這裡很安全！」其中一個叫著，在黑暗中見不到的手幫助「布倫丹號」停泊在那艘漁船旁邊。很快的，一輛閃著藍燈的救護車由那條寂靜的路上開過來，將彼得載走。「實在很感謝！」我對那些拯救我們的模糊身影說。他們一直耐心的在一邊守候著。「沒什麼，」比較年長的一個說：「你們最好睡一下。明天早上到我家來，讓我太太替你們弄點早餐。」彷彿拯救中世紀皮革船的事兒天天發生，無啥稀奇似的，他們靜靜轉身踏上回家的那條路。這就是「布倫丹號」的第一段航行，我想著。歷史學家說中世紀的生活不但清苦，有時甚至危險。他們一點也沒錯。

6 赫布立群島

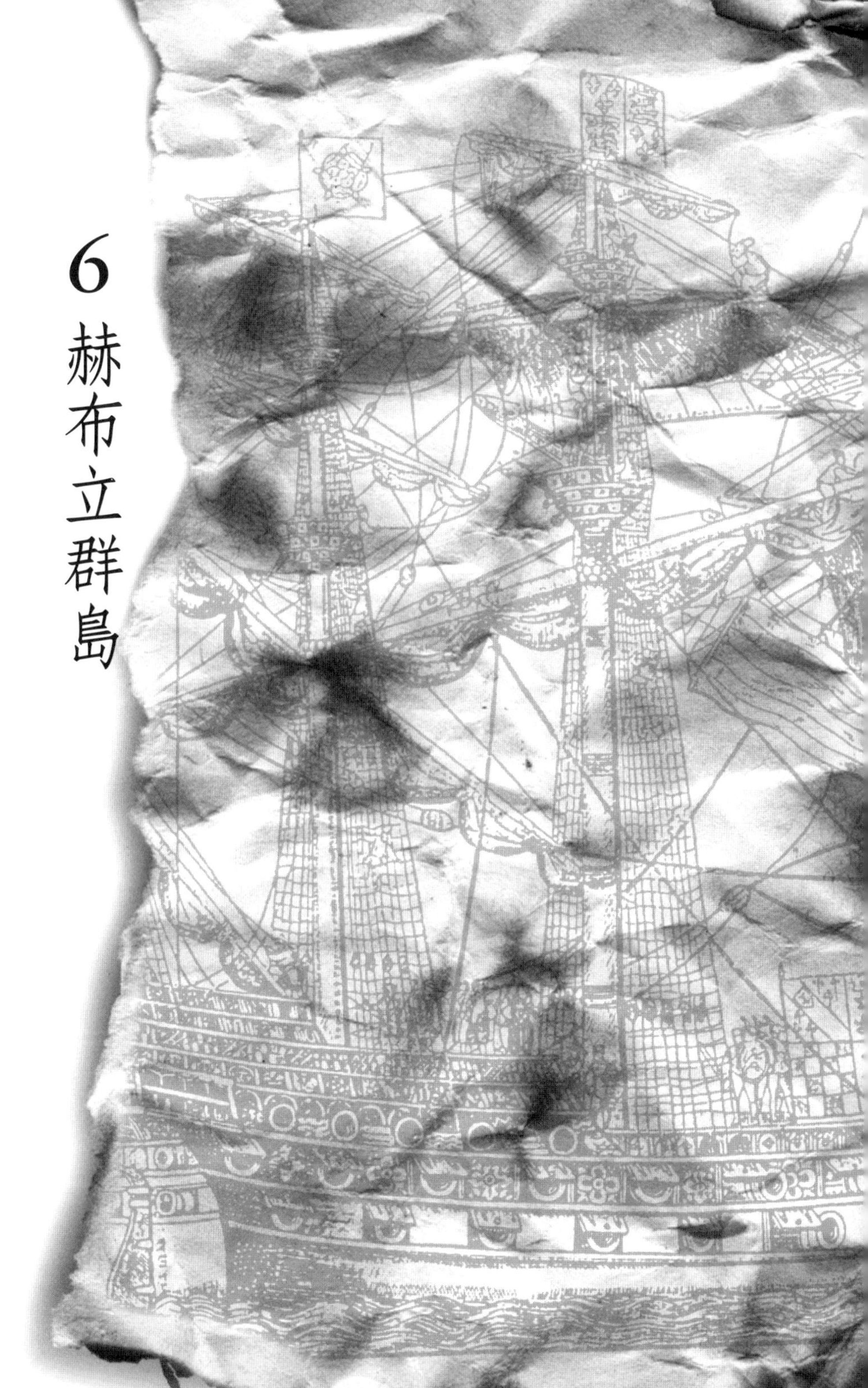

接下來兩天我們都待在巴利霍利斯基，讓自己喘口氣，也把船上需要修護的地方完成。拯救我們的弗瑞爾（Freil）一家，真應了「四海之內皆兄弟」這句古老諺語。他們替我們準備食物，洗滌泡水衣物，留了房間讓我們休息，並帶我到附近的市集補充物資。我在那兒見到彼得。他正由醫院大門出來，一臉垂頭喪氣。

「診斷結果如何？」我問他。

「醫生說我拉傷右胸的肌肉，得休息兩週才能上船。」

「那還不算太糟。我們幾個可以先到赫布立群島（Hebrides），等你休息夠了，到史鐸諾威（Stornoway）或更北邊的港口和我們碰頭，然後一起前往較遠的法羅群島。」

彼得看來更沮喪了。「我想那不好。醫生說如果我又拉傷同一個地方，還是會出問題。而且如果再發生，情況會比現在嚴重。下次也許不像這次一樣能到得了醫院。」

這簡直是迎頭一棒。當有緊急狀況發生時，我需要所有的船員保持良好的狀況；彼得自己承認一旦再度受傷，必然無法全心和我們一起繼續航行。很清楚的，我和彼得都不願冒這個險，事實上，我們沒有別的選擇。彼得退出航行，收拾了他的東西，難過的離開我們。

運氣還算不錯，我們找到愛爾蘭遊艇俱樂部（Irish Cruising Club）的前會長華萊士・克拉克（Wallace Clark）暫時替代了彼得的工作。住在離巴利霍利斯基僅有數哩遠的華萊士自願協助我們駕駛「布倫丹號」由愛爾蘭到蘇格蘭。就這麼一通電話，華萊士就來報到了。他穿著兩層寬大的羊毛長褲、數層毛衣、一頂可以拿來當枕頭套的陳舊長帽，以及帳棚似的防水布工作服。那樣的打扮反倒令亞瑟看來小巧多了。

記取暴風雨的教訓，我們先把「布倫丹號」的壓艙水往前段移，讓船頭下壓，產生較強的抓水力，而上翹的船尾則較能和船後的海浪互動。上次洛夫把主船艙後面烹飪和吃飯的地方搞得一團糟，一直到現在看來還像是中世紀的貝塚，每次有人挪擠著身子到舵槳一帶，防水大靴子總是要踩碎個杯子，或一腳踩入下一餐的泡水食材裡。結果洛夫用一片不起眼的木板和繩子，巧手搭了一座食物櫃和幾個架子，放置每天要用的茶葉、咖啡和糖，免得它們又受到蹂躪。由於「布倫丹號」船身是皮革製的，任何堅硬的固著物都可能使船身立刻破裂，因此他只能用繩子代替釘子。

五月三十日下午，唐·弗瑞爾（Dun Freil）的「法納星號」（Realt Fanad）趁著潮水將「布倫丹號」拖到他們拯救我們的地方，放我們獨行。海上又是無風無浪，「布倫丹號」在海面靜止不動，只能等待風起才能揚帆出發。但這次船上的氣氛截然不同。「布倫丹號」的船員得到了足夠的休息，個個精神飽滿，而我們也藉由上次暴風雨的教訓做了很多調整。「布倫丹號」已在一次足以粉碎小型船隻的暴風雨中逃過一劫，她讓我們堅信，她必能載著我們安全的通過巨浪和惡劣的天氣。這樣的氣息，讓我們對「布倫丹號」和自身都有無比的信心。當然，「布倫丹號」絕對不是一艘舒適的船隻，而且極難駕御。就以我們少數幾個船員，駕駛這條船有如操縱一頂熱汽球一樣。一上了船，只能聽命於風和天氣擺布。糾正錯誤的彈性極小，一旦風力轉為惡劣，除了心中抱持希望，無法可想。簡單的說，我覺得我們現在已經開始讚佩那些中世紀的水手；他們放諸大海，一切憑藉風和氣候的悲憫，而他們擁有的不過是耐心和信仰而已。

抖擻的信心具有感染力。我們已經調整了壓艙水的位置，隔天一早吹起中度強風時，喬治對於「布倫丹號」的航行能力躍躍欲試。在他那對專家的眼中，傾斜的帆將令「布倫丹號」快速的順風而行。不過她現在仍在海面上滑行，實在稱不上順風而行。但不能否認的，我們的進展極為順利，而且並未因順風行駛而被海浪追逐，反而是和海浪平行，並輕易的越過浪頭航行。那一整天，我們試著保持這樣的航線，不理會浪頭在海面上翻覆和破碎，急急的朝西北方往蘇格蘭前進。在舵槳邊，看著海水快速的滑流過巨大的梣木舵葉，或在駕駛台上感覺船隻精確的回應舵柄動作，都是種全新的感覺。「布倫丹號」終於在海上航行，我這麼感覺。她有些笨拙，那是事實，但她航行得有如一艘真正的船隻。

艾歐那島

但是……轟然一聲；我真是感到震驚！承掛主帆的十字木桁鬆脫，猛的倒下，連帶的把主帆也零亂的扯下。捆綁帆桁的亞麻索斷了，整個結構挾著全部的重量直削而下。要是下方剛好有人，必須會受重傷。喬治快速的有如猴子上樹般爬上桅桿，換上一條新的繩索，我們跟著把帆升起，繼續前行。家中數代都經營亞麻生意的華萊士檢查了磨損的帆索，表情非常嚴肅。「這玩意糟得很，難怪要斷掉。線股不純，挾雜了許多劣質的東西。你在哪兒弄到的？」

「那是我僅能找到的，」我回答，「現在沒有人製作亞麻繩，我是用唯一找到的材料製作的。一開始航行，它就帶給我們不少麻煩，在強風下幾無用武之地，我們每隔幾小時就得修補一次。」

「我認為我最好幫你找些好一點的，」華萊士說：「我會和經營亞麻業的朋友聯絡，看看他們能不能幫上忙。『布倫丹號』應該擁有比這些爛貨還好的東西。」

第二天早上，我們來到愛爾蘭艾歐那島，划了三小時後，進到了殉道灣（Martyr's Bay）。襲掠的維京人曾在這裡屠殺了三十名艾歐那修道院的修士，並將他們的屍體丟在海灘上任其腐爛。當時的艾歐那已在愛爾蘭海外教會中頗負盛名。聖哥倫巴在西元五六三年曾乘坐圓舟由愛爾蘭渡海來此。他上岸的第一個地點仍然叫做「圓舟港」（Port na Curraich）。根據傳說，聖哥倫巴要他的修士們埋藏圓舟，以免他受不住誘惑返回故鄉。在他堅定不移的領導下，這些愛爾蘭修士建立了歐洲最重要的塞爾特修道院之一，並派修士前往蘇格蘭西部和北部以及英格蘭北部，艾歐那也成了大英帝國北部疆域改宗耶穌基督的跳板。聖哥倫巴及其後繼者在本土和各離島按照艾歐那最早的教會樣式建立了教會。其後維京人到來。首先在西元七九五年襲擊艾歐那，其後在八〇二年和八〇六年又二度遭襲。在這樣不斷的騷擾下，修士們離開這座小島，回到愛爾蘭，另立下不少建樹，《凱爾書》（*Book of Kells*）就是他們輝煌的成就之一。（*Book of Kells* 為西方偉大的拉丁文獻，約完成於八世紀，使用大量的精美圖繪和字體述寫福音書，被喻為「天使撰寫之書」〔work of an angel〕，現存於都柏林三一學院〔Trinity College〕——譯注）

現代的艾歐那島上仍有一座修道院。這座修道院建於十二世紀聖本篤修會（Benedictine Abbey）的遺址上，為「艾歐那教會」（Iona Community）所在地，擁有一百三十多位來自世界各地的兄弟，以共尊基督教派祈禱和行動為主，成員包括英國國教、浸信會和天主教等教徒，並深入英國各個現代城市中傳教。每一年，所有的成員都盡可能回到艾歐那進行為期一週的靜修，再度誓約明志。教會的院長親切的邀請「布倫丹號」所有成員在修道院餐廳中共享中飯，並在餐後送給我們一項珍貴的禮物。那是一座仿照修道院大門的十五世紀環圈愛爾蘭十字架，一般稱為聖馬丁十字架（Cross of Saint Martin）。這真是再適合不過的禮物，因為聖馬丁十字架正是我們用在「布倫丹號」風帆上的十字架。

新成員伊登

艾歐那同時也提供了一名新成員，遞補在週末後回工作崗位的華萊士·克拉克。華萊士剛乘坐小渡輪離去不久，一艘改造過的藍色陳舊拖網帆船就駛進殉道灣下了錨。大約一個小時之後，我在海灘上遇到一個很不錯的傢伙。

「嗨，」他興奮的問，「你是那艘奇特船隻的船長嗎？那艘船看來可真不是蓋的。有人告訴我你在找船員。」

「沒錯！」我觀望的回答，瞧著這個人。他身材高大，長髮老是由帽子裡竄出來蓋住他的眼睛，又在焦躁的動作下被甩掠回去。他臉上最明顯的特徵是高挺的鼻子，加上他老是揮動著的長臂，看來有點像樣子奇特、拍著翅膀的肉食性海鳥。他的衣服更有趣。他戴著軍隊的貝雷帽，我認出那是預備軍官部隊的帽子。他寬闊的臂膀上搭穿了件陳舊的海軍毛衣。毛衣很長，幾乎碰到磨損的牛仔褲膝蓋。牛仔褲上有自家繡上去的船、花和動物圖案。他腳上沒穿鞋、襪或靴子，很顯然的，他剛赤腳站在冰冷的水中。這可真令人印象深刻！

「我是那邊那艘藍色船隻的船長，」他手臂大幅度的揮著，指著那艘不在我們視線之內的船隻方向。「我們專門載客到赫布立群島。但如果你願意，我很想加入你的行列。」

「但你的船怎麼辦？」我說：「你的乘客怎麼辦？」我想像有一批可憐的觀光客因這樣一位鹵莽船長而困在這個島上。

「噢，沒事兒，」他回答。「我有兩個兄弟。他們可以在這個夏季接手。」他彷彿突然想到，問道：「對了，你們要航行到哪兒去？」

伊登・克尼爾（Edan Kenneil）就這樣懷著熱切的心情加入我們，並成為「布倫丹號」的開心果和充滿精力的伙伴。他是一個個性莽直，憑著一股蠻幹的精神，度過生活困境的人。他能駕駛船隻，不畏寒冷和潮濕，而且願意輪流燒飯——真令我歡喜。他唯一的「惡習」是似乎永遠填不飽的胃口。他的飢餓毫無停止的時候。他彷彿可以吃下任何東西，哪，實際上幾乎是所有東西，我們很快的發現盤子裡的剩菜都逃不過他快速的叉子。他持續不斷的飢餓感和那巨大的臂膀很快贏得「塘鵝」的綽號，以彰顯他和鳥類遠親的吃食能力。

伊登加入我們之前需要兩天處理私事。我們說好在附近的提雷島（Tiree）會合。當我們滑出艾歐那島進入海灣（The Sound）時，「布倫丹號」只有四名船員，更顯人手不足。行經修道院之際，院裡敲響大鐘為我們祝福，我們可以看見院長站在水邊不斷的揮手，直到船隻繞過岬頭，努力的航向提雷島。天空的雲層似乎越來越低，最後，我們航行在小雨和陰鬱之中。我們是海洋之中唯一的船隻。

海霧中的暗礁

大海馬上就要教授我們一課中世紀航行。我急切地瞥著航程儀上顯示的航行里程數。我望向前方，只見一片朦朧，目前的能見度低於一百碼。我看著航海圖，計算艾歐那和提雷島之間的距離不下二十次。我要洛夫放下測錘測量深度，但他發現其下深不見底。航程儀顯示我們已經由艾歐那航行到提雷島，這令我難以置信。我心想，也許是潮水減低我們的速度。也許是潮水讓我們偏離了航道，我們就在提雷島附近，只是見不到它而已。按照航行指南上的資料，我們正朝向滿是岩石的海岸航行；收音機也傳來另一個強風特報。我心裡盤算著，最好先替「布倫丹號」找一個避風港。

突然，我聽到亞瑟的喊叫。

「陸地！陸地！就在正前方！」陰暗之中，在大海和海岸之間出現了一道隱約的線條，在我們的船頭延展，看來不遠。風正有力的將我們吹向海岸的方向。

「轉舵！」喬治大叫。洛夫蹣跚的前去調整船帆，好調整航向。亞瑟將下風板放在海水中，連結的鏈條隨之發出聲響，此舉可以減少偏航。「布倫丹號」的船頭朝向北方，陸地線也依隨在側。我們仍然朝向海岸衝去。

「喬治，你有沒有辦法轉頭面對風向？」我問。

「除非我們減速漂流，」他回答，「看來我們有麻煩了。」洛夫將測錘放入水中。

「四噚！」他向我們叫著。我看著航海圖。四噚……四噚……陸地在我們的正前方。我們到底在哪兒？突然，我找到答案：因為大霧的低能見度，加上潮水湧流，「布倫丹號」已經行駛到了提雷島東南邊的海灣。前方沒有港口，但多的是可以刺破皮革船身的岩石，若不立刻採取動作，我們將會被困住，但要划進港灣，又人手不足。

「洛夫！『靴子』！」我喊著，「就划槳位置。一人一邊，保持方向。喬治，如果運氣好，我們可以讓船勉強脫出海灣的北邊。但那表示我們得通過外圍礁石。盡量頂著風。我到前面警戒。」

站在舵槳處會被前帆擋住視線，無法看清船頭之外的情況。我艱難的走到浮力甲板，抓住一根繩子，讓自己站直，並努力穩住，在「布倫丹號」搖擺在岩石之間時，向後面的喬治發出指示。時間千鈞一髮。我們必須極端小心的在數灘岩石之間找路，一邊依靠風力，一邊靠洛夫和亞瑟輪流操槳控制方位。喬治則忙著調整舵槳。我們像初學滑雪的人笨拙的往崎嶇的山坡滑下，一路閃避障礙，掙扎著保持平衡，不屈不撓的搖晃前進。在「布倫丹號」上面的感覺正是如此。風、海浪、偏航，加上無止境的潮水和尾流，稍一出錯，船身必然擱淺在岩石之中，後果不堪想像。

「穩住！前行時保持穩定！」穿行過第一灘岩石時，我對喬治喊著。

「右舷！右舷！洛夫，右舷盡量離開岩灘！」「布倫丹號」適時繞過一堆礁石。我們急急穿行而過時，一頭受驚的海豹跟著筆直跳離岩石。海面上飄旋著海草，顯示礁岩就在水面下方不到一碼處。沒有任何具有龍骨的船隻敢越過這種地方，但「布倫丹號」吃水不到一呎，也許不會有問題，我暗暗祈禱老天保佑。那些駕駛小圓舟的漁民都是如此穿梭於愛爾蘭岩石海岸。這種刑罰即將過去。前方僅剩最後一灘石頭，由此望去可以見到海水在覆滿海草的岩石上激盪。

「喬治，再偏右舷一點！」

「不行，」他喊著，「角度已經切到最頂風的位置了。」洛夫快速的划著槳，八、九、十下，但仍然不夠。「布倫丹號」開始左右搖晃，朝著岩石移去。只消一分鐘我們就要撞上了。

「我們得冒險進入岩石堆，穿過那些海草，」我大叫，「『靴子』，左舷，用你所有的力氣。」

「布倫丹號」開始轉向。風灌滿船帆，她在那些深色的海草堆中筆直的往前奔騰。下方多深的地方有礁岩？一有了速度，我們衝向那個岩石堆的縫隙。海草打在「布倫丹號」皮革船身上，發出輕撫的聲音，船蠕動優雅的進入安全水域，沒有任何損壞。「靴子」和洛夫放下船槳，一身虛脫的樣子。我由船頭下來，走到操舵槳的喬治旁邊。

「真是千鈞一髮，」我喃喃的說：「另一個教訓。我絕對不能讓『布倫丹號』再在海灣裡遇到這種險境，否則遲早會把她毀了。」

提雷島

提雷島是赫布立群島中另一個愛爾蘭修士隱修的地方。在聖布倫丹的時代，它已是艾歐那建立分院的地點。有些人說這裡的修道院是聖布倫丹本人創立的。基督教傳統的信仰力量也表現在使用蓋爾語的島民身上，他們會指著新碼頭中的一塊岩石，說它是「受咀咒的岩石」（Mollachdag）。根據島民的說法，聖哥倫巴到提雷島時，將圓舟繫在這塊石頭上面的水草，但是海草斷了，圓舟也漂走了，於是聖哥倫巴咀咒這塊岩石將會永遠光禿，長不出水草。據說碼頭內所有的岩石都長著茂密的水草，只有「受咀咒的岩石」一直光禿著，直到最近才有少許水草生長。

島上還有許多這類發脾氣的老故事。看來這些愛爾蘭聖者脾氣都不太好。在提雷島的海灘上，有人說聖哥倫巴在淺灘踩到一條鰈魚而滑倒，於是責難這條魚，要牠的眼睛都長在頭部的同一側，以免以後又發生這樣的事。在巴利霍利斯基時，有一名老漁民告訴我為什麼在整個沿海的小灣裡，只有穆爾羅伊灣（Mulroy Bay）捕不到鮭魚。他說有一位聖人駕船進入海灣，並向村民索魚，村民拒絕他的要求，於是他將所有的鮭魚趕離那個水域。

我們準備離開碼頭時，伊登到了提雷島和我們會合，他拿起槳用力的划了幾下。我在牛津校隊當過八年舵手，一看就知道是不是槳手。

「嘿，你以前划過船。」我對他喊著。

「是啊，為什麼問？」他回答，一臉驚訝的樣子。

「希望能有現成的槳手。以前替誰划？」

「哦！我以前是伊頓公學船隊（Eton Boat）的隊長，還贏過瑞士的世界學生冠軍賽。」

我心想，也只有伊登才會忘了要提及這麼重要的資歷。

由提雷島，我們在壯麗的夕陽下向北前往明奇海峽（Minches Channel）。這條海峽隔開外赫布立群島（Outer Hebrides）與沿海群島、蘇格蘭北部本土。這是個絕佳的航行地點，不但有赫布立群島環護，避開來自大西洋的強風，在強風肆虐外圍時，我們仍然可以不太受到干擾的航行，並多出一些認識我們這艘奇船的機會。

我有些擔心「布倫丹號」船身牛皮縫合處是否夠牢靠。亞麻繩斷裂是個可怕的警告。如果船身的亞麻繩其強度和索具差不多，我們駕駛的將是個死亡陷阱。「布倫丹號」很可能毫無警訊的分解開來。我試驗性的掐了掐牛皮上的線。它們似乎很柔軟，甚至指甲都可以在上面留下壓痕，不過看來並不脆弱。我知道這是比索具品質還要精細的纖維，但仍不禁猜想這樣的強度必然另有原因。我們在建造「布倫丹號」時，一位亞麻線製造商曾將亞麻繩樣本送到實驗室，和橡樹樹皮鞣製的皮革一起進行測驗。實驗室發現一個有趣的現象，就如一般預料的，亞麻線潮濕的時候韌性比乾燥的時候強，因此在縫入皮革後比較不會腐爛。原因是皮革的鞣酸浸入亞麻線中，同時鞣製了亞麻線。這是漁民早在數個世紀之前就已經知道的效果；而且在現代纖維發明之前，愛爾蘭的漁民將漁網和漁線浸在丹寧液中，好讓它們更耐用。但實驗室仍然解釋不出為什麼亞麻線在縫入皮革後，韌性會變得更強的原因。這個事實於科學家來說如此神秘，當我搔刮著「布倫丹號」的潮濕牛皮時，暗暗希望這個無法解釋的現象會持續下去。

明奇海峽上的完美演出

我對於愛爾蘭亞麻的信心，在到達北威斯特島（North Uist）的瑪地灣（Loch Maddy）

碼頭時更為堅定。碼頭管理員替我們送來一捆新的強化亞麻繩。他說有一艘愛爾蘭遊艇急速的由烏爾斯特（Ulster）帶著這捆亞麻繩趕來，要求以最快的速度送給「布倫丹號」的船員。後來我才知道，華萊士·克拉克由艾歐那返家後即告訴那家替「布倫丹號」製作亞麻繩的工廠有關這些品質不佳的產品。工廠廠長金姆·漢歇爾（Jim Henshall）即刻委託貝爾法斯特繩索工廠重新製作我們需要的亞麻繩。這家工廠能否馬上製造「布倫丹號」所需的加紗線繩索？二十四小時後，這些繩子已經製妥，並以遊艇急速北送交給我們。這些繩索完全不同於原有的亞麻繩，光滑而堅固，抓在手上的觸感極好。我們高興的替「布倫丹號」裝上了新索具，再也不必那麼擔心船帆會掉落到我們頭上。

我們離開瑪地灣時，每個人都因為在短時間喝了太多威士忌、聽了太多風笛音樂而頭痛欲裂。北威斯特是著名的蘇格蘭風笛發源地。不過良好的航行天氣讓我們頭腦頓時清爽起來。穩定的風令明奇海峽能見度極佳，「布倫丹號」幾乎甚少偏航。

「喬治，這可是試試『布倫丹號』能跑多快的好機會。」

他愉快的笑著，「不擔心主桿會斷掉？」

「不擔心。這是我們進入無際的大西洋前最後一次測速的機會。」

「太好了。我們把所有的帆都掛起，包括輔助帆和側帆，再用後支索固定桅桿，以防萬一。」

伊登大聲歡呼。

「讓我們瞧瞧她能跑多快！」他說，一邊還摩拳擦掌，準備和洛夫繫上輔助帆。輔助帆在每一片帆的底部，可將船帆的功能發揮到極致。

一開始，我們是在島的下風處，不太受到風力影響。等一切就緒後，加大的船帆開始將「布倫丹號」往前推送。船逐漸加速，皮革船身兩側的海水向後翻湧。

「把下風板拉上來！」喬治發號命令，下風板嘩啦啦、濕淋淋的上了甲板。拉力減少後，加上沒有龍骨的阻力，「布倫丹號」順暢的前行。我看了一下航程儀，速度達六到七浬，有如特快列車。在喬治手中的舵柄因為穿流而過的水壓而發出聲響。即使他只是輕輕轉動舵柄，也會激起如尾浪般的浪花。洛夫高興得手舞足蹈。

「看哪！『布倫丹號』開跑了。」

海浪開始湧入島嶼之間的水道，我們和海浪對上頭時，船身開始隨海浪上下搖晃。那感覺有如在遊樂場乘坐雲霄飛車。「布倫丹號」宛如雪橇似的滑行於浪上，時速高達八到十浬。偶爾，她脫開了海浪的吸力，開始衝升到浪頭上，並急速前行。此時的航程儀指針指到極點的十二浬後停止不動。這樣的航程令人興奮極了。這艘來自中世紀黑暗時期（Dark Age）的船隻速度和許多現代遊艇一樣快，那感覺真是特殊極了。亞麻繩和皮帶因為承受壓力而作響，舵槳巨大的H型叉架在每道海浪通過後收縮和發出聲音，鼓脹的船帆也在風壓下合鳴。這樣急速航行二小時後，我不太情願的下令減速，擔心要不就是船隻解體，要不可能沉船。稍後，我才知道有一名海岸巡邏警察使用望遠鏡看著「布倫丹號」由海灣快速衝出，在狂風疾雨中進進出出。於是他打電話給總部，報告我們的大約速度，同時預計「布倫丹號」會在六小時內到達史鐸諾威港口。但當他看著「布倫丹號」滑行而過海面的測標時，幾乎不敢相信自己的眼睛。他重新檢查估測，然後再度打電話給史鐸諾威。

「『布倫丹號』還在視線內，」他報告，「但取消我上一次的估計。她在三小時內就會到達史鐸諾威。」

我們已經證明「布倫丹號」在適當的情況下可以像一艘海洋圓舟般航行，而我們在明奇海峽的行程極為完美順利。風力把我們一路送到了史鐸諾威。我們瀟灑的繞過燈塔，放下艏斜帆，超過渡輪，渡輪船尾站著向我們揮手的乘客與船員。有個人在漁船碼頭上向我們招手，我們朝他的方向駛去。我們輕輕放下了主帆，亞瑟用力划了幾下槳，然後舵柄輕搖，「布倫丹號」俐落的進入停泊處，順暢的過程彷彿我們已划了一輩子的中世紀船隻。

「唉，你們太讓我們失望了，」碼頭上一名不苟言笑的蘇格蘭人說：「救生艇的傢伙們原本想運動一下把你們拉進港。不過，」他往下看著我們奇怪的船隻，語調帶著蓋爾人慣有的悲觀，「你們要出發前往法羅群島的時候，也許會讓他們忙上一陣。是我的話，我可不願和你們同行。」

7 綿羊島

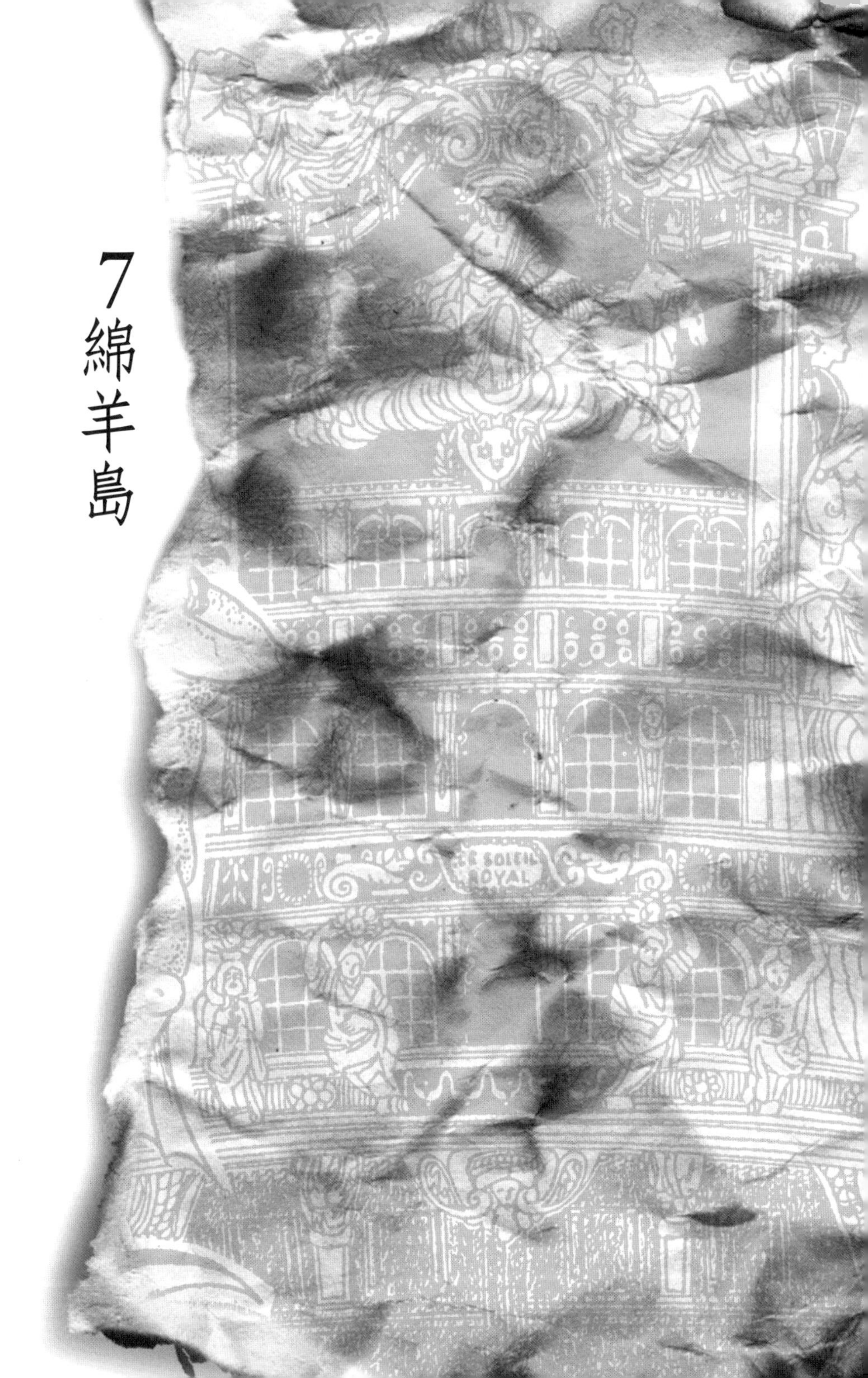

由史鐸諾威到法羅群島最南端的島嶼距離僅二百多哩。這兩百多哩的寬闊水域全部暴露在橫掃大西洋的風中。法羅群島十八座島嶼皆位於蘇格蘭和冰島之間，有如海面山脊。這是歐洲最偏遠的地方之一，一切事務都和海洋息息相關。島民依靠海洋為生；在大多數兒童學習騎自行車的年紀，他們已經懂得如何駕駛小舟來往於島嶼之間；他們的日常生活則受制迴旋於上空的巨大大西洋氣壓。這些氣壓幾乎四季為小島帶來密實的雨雲層，三天兩頭總下著雨。不論是聖布倫丹或我們這些「後代布倫丹」，法羅群島都是航程中的關鍵地點。若《航行》果真將古代愛爾蘭修士前往美洲之路喻為「踏腳石航線」，那麼法羅群島則堪稱為這條長途航線上的第一個據點。

這些潮濕而長期受到雲層遮蔽的島嶼遠在赫布立群島的地平線之外，《航行》上描寫聖布倫丹等人見到了一座遠方的島嶼，在和風吹送下上了岸。他們上岸後開始探索這個地方，找到了魚類豐富的大溪流，以及無數肥美的白色綿羊群。他們抓了一頭羊做為踰越節（Paschal）的食物。在準備耶穌受難日（Good Friday）儀式時，一名島民為他們帶來了一籃新鮮的麵包。他走到聖布倫丹面前，虔誠的鞠躬三次，請他接受這些麵包；稍後，他又帶了更多新鮮的糧食到船上，並向這些旅者說明下一段航行的方向。當然，我們只能假設他們用的是相互可以溝通的語言。他回答聖布倫丹有關肥美羊群的疑問。他說島上的自然環境溫和，羊群日夜都可以在外面放牧，加上不擠羊奶，因此這些羊長得極為健壯。

許多學者指出，這樣的描述和法羅群島的綿羊島（Isle of Sheep）極為吻合。受到海灣洋流（Gulf Stream）的影響，法羅群島的冬季溫和，不論氣候或牧草地都適合養羊，因此島上歷來以綿羊及羊毛享有聲譽。事實上，此島的名稱從來沒有改變過。它似乎源自古斯堪地那維亞語（Norse）中的「Faer-Eyjaer」，意謂「綿羊島」。維京人到達法羅群島時，也沿用愛爾蘭人或古代居民使用的舊名，做為此島的名稱。前來和聖布倫丹見面並奉獻麵包的島民，不但了解聖布倫丹的語言，也了解基督教派的曆法，他很有可能是一個漫遊的愛爾蘭教會事務人員。《航行》一書稱此人為「Procurator」，這是個專指修道院神職管理人員的名詞，通常譯為「庶務」（Steward）。另外有個有力的證據證明愛爾蘭修士在很早以前就定居在法羅群島。西元八二五年，一位名叫迪丘爾（Dicuil）的飽學編年史學家，曾受聘於法蘭克宮廷，並著手編纂一本地理書《世界測繪》（*The Book of the Measure of the World*），想要將古代人提過的已知地點都條列出來。迪丘爾閱讀了大量的古代著作，但他仍覺得對於英國西部和北部的島嶼所知甚少。然而他曾居住考察過一些地方，並探訪過比他航行到更遠地區的愛爾蘭修士，閱讀這些修士的航行記述，因此他的記載仍有一定的權威。

「在不列顛北部的海洋中有許多島嶼，」迪丘爾寫道，「由不列顛北部島嶼乘船，只要風向適合，約二天二夜即可到達。一位虔誠的修士告訴我，他曾在夏天以二天一夜的時間，駕駛一艘雙槳手座的船，前往其中一座島嶼。

「那兒還有另外一群小島，中間隔著狹窄的水域；在過去近一百年間，有不少來自祖國

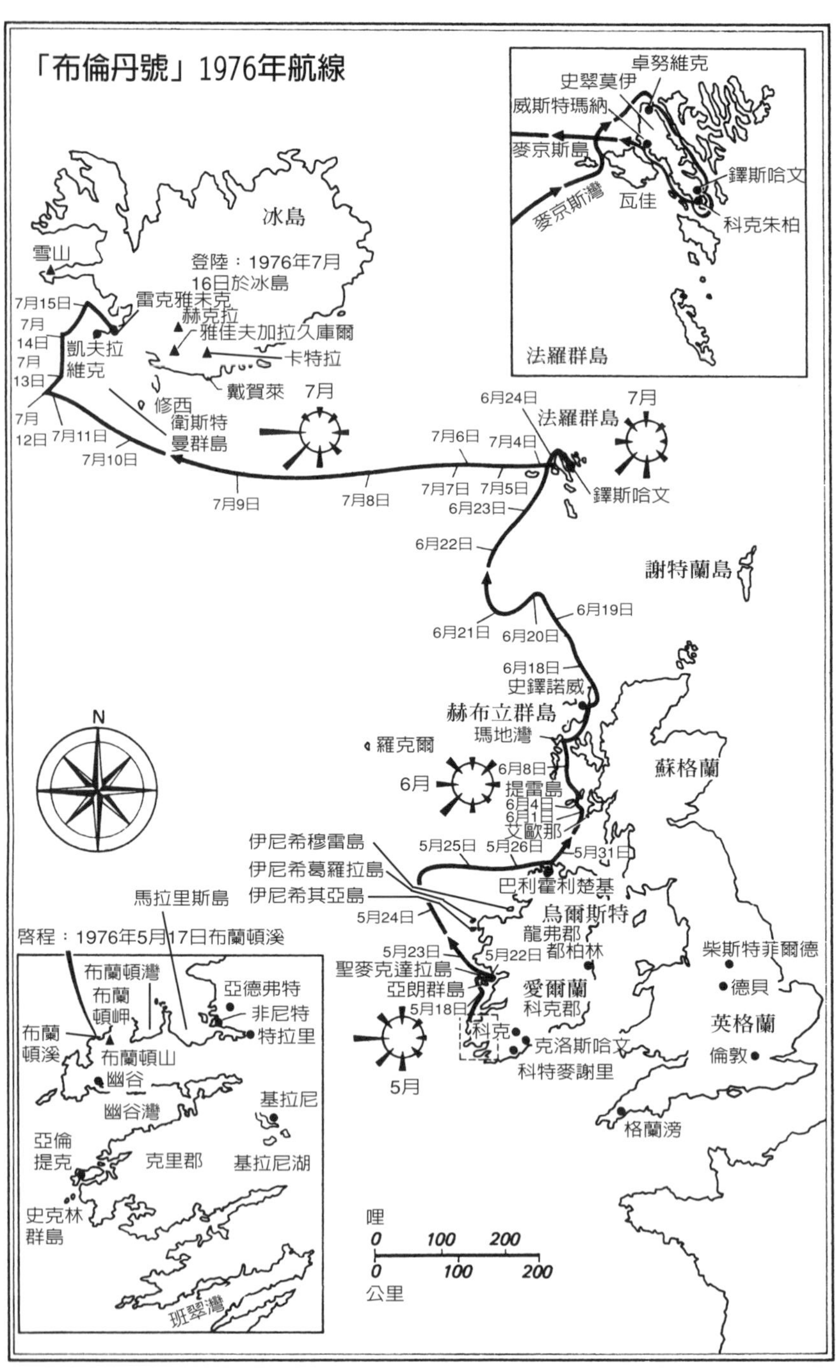

「布倫丹號」1976年航線
冰島
雪山
登陸：1976年7月
16日於冰島
雷克雅未克
赫克拉
雅佳夫加拉久庫爾
卡特拉
凱夫拉
維克
戴賀萊
修西
衛斯特
曼群島
7月15日
7月
14日
7月
13日
7月
12日
7月11日
7月10日
7月9日
7月8日
7月7日
7月6日
7月5日
7月4日
6月24日
6月23日
6月22日
6月21日
6月20日
6月19日
6月18日
法羅群島
鐸斯哈文
謝特蘭島
史鐸諾威
赫布立群島
瑪地灣
羅克爾
6月8日
提雷島
6月4日
6月1日
文歐那
5月31日
5月26日
5月25日
巴利霍利楚基
伊尼希穆雷島
伊尼希葛羅拉島
伊尼希其亞島
馬拉里斯島
5月24日
烏爾斯特
龍弗郡
都柏林
5月23日
5月22日
聖麥克達拉島
亞朗群島
5月18日
愛爾蘭
科克郡
科克
克洛斯哈文
科特麥謝里
蘇格蘭
柴斯特菲爾德
德貝
英格蘭
倫敦
格蘭滂
5月
6月
7月
N
卓努維克
史翠莫伊
威斯特瑪納
麥京斯島
麥京斯灣
瓦佳
鐸斯哈文
科克朱柏
法羅群島
啓程：1976年5月17日布蘭頓溪
布蘭頓灣
布蘭
頓岬
布蘭
頓溪
布蘭頓山
亞德弗特
非尼特
特拉里
幽谷
幽谷灣
基拉尼
亞倫
提克
克里郡
基拉尼湖
史克林
群島
班翠灣
哩
0 100 200
0 100 200
公里

愛爾蘭的隱士到這些小島居住。他們慣常的與世隔絕，但因為北方的海盜驅逐了所有的隱修者，現在這些島上只留下不計其數的肥羊，以及各種海鳥。我從未在任何官方檔案讀過這些島嶼的記載。」

迪丘爾的描述有許多點和法羅群島吻合，例如，各島嶼間的「狹窄的水域」指的應是法羅群島之間峽灣狀的水道；由蘇格蘭東北方的奧克尼或蘇格蘭北部的謝特蘭群島出發，只要風力適當，在距離上是可以駕駛輕舟前往；法羅群島以各種野生鳥類聞名，包括了大量棲息在各島外圍陡崖上的海鳥。這些海島生態圈延續到迪丘爾提到的北方諸島及《航行》提到的綿羊島，因為《航行》中描述那位「庶務」向聖布倫丹指引方向時，曾告知他們可以停泊在附近一座名為「鳥類天堂」（Paradise of Birds）的島嶼，並要他們停留到聖靈降臨節（Pentecost）前夕。

離開史鐸諾威港

如何證明綿羊島、鳥類天堂就是法羅群島一事，在我們停留史鐸諾威進行「布倫丹號」的各項航行準備期間，不斷在我腦海浮現。前往法羅群島是我們的第一次海洋長途航行，雖然二百哩在航海圖上看來就那麼一點兒距離，如果「布倫丹號」逆風而行，被迫迂迴航行，航距上可能會加倍。難怪在古代，赫布立群島的漁民將法羅群島稱為「遠方群島」（The

Faraways）。萬一我們被風困住，我們也很可能去不了法羅群島。要是開闊的西面吹來強風，就足以讓「布倫丹號」掠過法羅群島，直接前往挪威。在帆船時代，受到暴風雨吹襲的奧克尼或謝特蘭群島漁民，被吹往挪威海岸，他們受困在和「布倫丹號」同樣大小的無頂蓋船上數日之久，而且船隻更不易駕駛。然而，相對於在狂猛暴風雨中喪生的人，他們算是幸運了。

史鐸諾威那些表情嚴肅的漁民站在碼頭上俯望「布倫丹號」，相互不苟言笑的低聲交談，並沒有要幫忙的樣子。一名「懷疑的多馬」在我們一到達時，不斷前來詢問各種問題，令我們有些不堪其擾。最後他總以重複的一句話作結。

有一次他問：「你們的壓艙物是什麼？」。

「水。」

「唉，石頭比較好。石頭裡有生命。但水……那不好。我才不會想和你出海。」

另外一次：「她可以藉風航行？」

「不全然，」我高喊回應，「我們運氣一直不錯，都和風切到不錯的角度。」

「不能藉風航行。噢，那可不好。」他又從齒間迸出那一句：「我才不會想和你出海。」

我背後傳來一陣輕柔的聲聲。亞瑟的愛爾蘭腔轉成蘇格蘭語調故意學著那名嘲弄者：

「我們完了！唉，我們鐵定完了！」

伊登可絲毫沒有感到沮喪。我們正準備由史鐸諾威啟航時，他突然用力拍了一下自己的額頭，大叫他忘了件事兒，然後跳上岸，急速的沿堤防跑去。我們疑惑的在船上等了接近一個小時。然後他又全速跑著回來，揮動手中的褐色紙包。

「什麼東西這麼重要？」喬治問他。

「沒它不行的，」伊登跳上船，喘著氣說，「無法想像。不好意思，耽誤時間，我問遍所有的地方，終於在史鐸諾威找到最後的存貨。」

「是啊，但究竟是什麼東西？」喬治又問。

「一瓶甜酒（Pimms）！」伊登綻出笑容。「我想我們會需要點東西調酒，好在船上享用雞尾酒。」

可不是，我們這位塘鵝先生不但找到了史鐸諾威最後一瓶甜酒，甚至還在他的休息區設了一個秘密菜園子，種了一盤水田芥（watercress）好點綴我們的雞尾酒。但是老天，不幸的是第二天他不小心踢到了那瓶甜酒，酒全都灑了出來，流到船底，然後不久又來了道海浪，把他的苗盤打翻，溺斃了「布倫丹號」上未來的菜園子。

駛回史鐸諾威的拖網漁船，在「布倫丹號」駛離碼頭調頭往北開航時拉響汽笛，和我們愉悅的道別。六月十七日早上，我們已經離開赫布立群島最外圍的路易斯岬（Butt of Lewis）。

我們船上又再度只有四個人。洛夫因為緊急事件，由史鐸諾威直接返回挪威。我要求喬治重新規畫一份輪值表，因為他幾乎一個人承擔了過重的工作。值班警戒是我們的安危所繫，也是我們每日最重要的生活架構。每個人都非常自律，並準時在值班時出現。怠惰不但不公平，最後必然發生齟齬。我們每個人都了解大家在艱苦的環境中緊密相依。我們像被關在一座三十六呎乘八呎的小房間，僅有不到四分之一的空間可以遮風避雨。可能導致紛爭和憎惡的潛在因素無所不在，我們都很清楚小摩擦也有可能發展成仇恨。我們都知道這些危機，外面的人也不難看出我們在這樣一條小船上共存共榮、不相干擾的態度。我們盡力自律，不干涉他人。我們一起討論如何改善船上的狀況，或在技術層面上提供私人意見。但私人的問題，除非當事人願意，我們決不涉及；同時所有會影響到航程的決定，都由船長最後定奪。這是自律的方式之一，在最糟的時候，也頂多是在個人心中留下一些疙瘩，不致於翻臉；好處則是在這麼一艘小船中，我們學會了不逞一時口舌，並且控制脾氣，這也是為什麼我們航行在大西洋時，「布倫丹號」全體船員能夠顯示效率和團結的原因。

船上的常態生活

我們的日常生活其實極為輕鬆。在一般的狀況下，舵手的主要工作是監視天氣的變化，特別是風向的改變，以及「布倫丹號」是否保持在航道上。不過這些並不需要過度精細。做為領航者，我只管航行方位是否正確，而舵手則將舵柄用皮帶繫住，固定方向，讓「布倫丹號」的航向誤差保持在二十度以內即可。「布倫丹號」保持航向的能力不錯，不值得因快速轉變的風向和小幅度的偏航，而多費精神在正確度上。船上的輕鬆氣息也表示在必要時得調整船帆的待命值班者，不需要老是費力的攀爬到船中央，或擠過那些堆積的物品，不時的和繩索纏鬥，或調整下風板。更輕鬆的是，我決定採用中世紀的耐心和悠閒，讓「布倫丹號」自行航行。若是在中世紀，這樣的航行多一週或少一週並沒有太大的差別，但我們這種悠閒氣氛的好處卻很顯著。

我們就這麼輕鬆的航行。伊登和我負責煮飯；亞瑟和喬治通常用桶子裝了海水洗盤子。沒人理會洗澡或刮鬍子的事兒，因為實在不必要，而且浪費淡水。「布倫丹號」的牛皮和我們的羊毛發出的氣味遠比我們身上的氣味濃厚，而脫了衣服用海水盥洗又顯然太冷了。我們的個人排泄習慣隨氣候改變，要不就是把自己懸在船尾，一邊提防冰冷的海水襲擊，要不就是在海象不佳時把桶子嵌在船中央使用。但在風勢強勁和浪花高濺時，沒有人願意使用這些方法，免得旁人遭殃。

每個人亦各有其責任範圍。喬治定期檢查帆具，特別是繩索和吊索這些容易損壞的設備。我們常找出針線修補裂縫，或將散開的繩端纏緊。所有的索具都需要經常調整，以亞麻繩為例，乾燥時鬆垮，潮濕時則緊繃的有如鐵條。我們發現最好的辦法是在乾燥時將它盡可能拉緊，再用水打濕。亞瑟是我們的繩索專家。他負責將繩索捲好後妥善收藏備用，船上這些繩索就夠他忙了。其他的時間，他勤奮的清理和維護記錄這次航行的照相機。彼得離去後，改由亞瑟負責攝影，我們這個最年輕的船員正逐漸成為一流的攝影家。那些精密的器材在他的巨掌中顯得格外脆弱，不過他不但有細膩的一面，還具有機械天份；這些照相機雖然老是因為鹽份使得快門卡住，但他都有辦法維護正常功能。

導航、拍攝影片和無線電通訊是我的工作。每二十四小時，我打開那個僅比小手提箱大一點的無線電，試圖和海岸站台聯絡，報告我們的位置。大部分時候，訊號雖然微弱，但收發正常。站台收到報告後，即轉告倫敦洛伊德情報單位（Intelligence Unit of Lloyds of London），並轉告我們的家人。偶爾我們無法建立連線，但就我們的設備，這種情況並不令人驚訝。無線電所需的電力大概和一個燈泡相同，訊號的傳收全靠用皮帶綁在舵架上的小型天線。即使海面和緩時，水花也會濺濕天線。無線電所需的電池是兩個小型的汽車電池，藉由兩小片綁在船艙上面的太陽能板充電。這些太陽能板只能充少量的電，因此無線電通話時間亦受到限制。如果無法在四分鐘內建立連線，我通常隨即關閉，隔天再試。大多數成功的通訊就靠這座耐用的小型無線電，以及海岸站台那些接線生，他們特別排班，好在大氣電波干擾不強時接受我們訊息，他們的耐心和技術兼具。

導航本身並不複雜。離開史鐸諾威後，我用六分儀按太陽定位，並和無線電顯示的方向重複核對。但同樣的，這些並不需要太精準，我們只需保持大約的航向即可，其他的就交給潮流和風向了。要替不容易操縱的「布倫丹號」設定精準的航線或準確的目標並不容易。沿著「踏腳石航線」，只要能在需要時找到登陸地點，我就很滿足了。

伊登是個毫不做作的人，為我們帶來了許多娛樂。我們都知道每天早上要叫醒他，最好就是高喊「食物！吃早飯！早飯的時間到了！」這樣的喊叫聲回盪到他棲身的前桅方洞裡，不消幾分鐘，「塘鵝」就會蹣跚的出現在我們面前，湊近食物櫃裡嗅著。他的服裝不超出兩天就會更換一次。有時候他載貝雷帽，有時候毛線帽，有時又拿手帕當頭巾。他的防水外套有時換成老舊的毛衣，或是讓他像個大嬰兒的毛皮裡襯潛水裝。有次他穿了粗呢運動外套和格子呢長褲，我們不禁叫好，又有一次他則是一身東方打扮，刺繡的印度薄棉上衣，衣襟在微風中飄飛，有如加爾各答的辦事員一樣。但他仍然打赤腳，我只能想像那必然冷如刀割。這些多變化的衣物都放置在他睡覺的那一小塊空間，真是令人難以相信。但是只見他還由裡面取出一包包他在史鐸諾威購買的免稅香菸。他拿香菸請他那些看來有些嫉羨的船上夥伴，自己則一付怡然自得，毫不受影響。

伊登當然常有創舉，只不過他興高采烈的宣告後，結果總和最初的計畫不太一樣。他每天都說要煮一些新的菜餚，但最後一秒鐘，不是缺乏主要的材料，就是在他邊煮邊品嘗後一點也不剩；後者是最常發生的。他一天至少二次為他孤零零掛在「布倫丹號」船尾的釣線發明新的魚餌，但唯一一次釣到的只有一條小梭魚，而且在他拉上來時已經奄奄一息，這倒是連他自己都感到驚訝。有一次他嘴裡叼著菸，手上要將淡水倒入水罐，但卻錯倒煤油，差點成了表演自焚的特技高手；又有一次他快樂的將他的自製睡袋襯裡掛在索具上晾乾，結果忘了這件事，最後只見那襯裡自索具脫開，有如降落傘般飛越波浪而去，令我們捧腹。這又是他的另一項創舉。事實上，伊登真是我們的活力來源。他的昂揚甚至為最令人沮喪的時刻帶來了活力。

「靴子」和「塘鵝」都熱愛賞鳥，「布倫丹號」則給了他們沉浸於這項嗜好的極佳機會。我們越往遙遠的北方行駛，鳥的種類也就越多。每天總有幾種不常見的鳥類出現，於是鳥類圖鑑成了大家爭先查閱的書籍。行進到法羅群島的半程上，我們就已經記錄了十五種不同品種的鳥類，我們還長時間觀察常跟隨我們的海鷗和燕鷗的習性。牠們在我們四周發出尖銳的叫聲和吱喳聲，並常盯著我們看了一會兒後逕自遠颺，留下「布倫丹號」靜靜的往目的地前進。管鼻鸌可以稱為最優雅的航伴，也是這些水域首席的特技飛行員。牠們不停的盤旋，繞著我們長時間飛行，剛硬的翅膀幾乎要碰到海浪，渾圓的身體則像是巨大的飛蛾。不知道什麼原因，有一對北極燕鷗一路停佇在我們的桅桿上，並在其他海鳥靠近時，焦躁緊張發出叫聲。有時候牠們會暫時飛到尾波上捕魚。有次我們見到了令人印象深刻的空中大戰。兩隻北極燕鷗飛開時，一隻笨重的賊鷗飛過來覓食。結果這兩隻小小的燕鷗勇敢的又叫又攻擊，把那隻賊鷗驅走，在牠們飛回桅桿前，我們可以聽到那驕傲的叫聲。不過這次勝利為時不長，不到十分鐘，一對賊鷗飛過來，但這次沒有交戰；兩隻北極燕鷗逃走保命，在賊鷗攻擊牠們時，敏捷的貼著浪頭飛行、轉彎而去。

令人憂心的船隻狀況

接下來的兩天，「布倫丹號」穩定的朝北行進。收音機不斷傳來強風特報，但當時的風力平緩，我們到達法羅群島也只剩一半路程。喬治和我每天檢查船身皮革，把手指穿過木質架構，試試牛皮是否開始敗壞。皮革已經被海水浸透，滲出些微的水分，流入船底，成為約一、二吋深的常態積水。皮革本身除了舵槳H型框架附近的兩塊外，其他的看來情況不錯。這兩片牛皮都縫在同樣的部位，分在船的兩側，緊沿著舷緣。我可以看得出來「布倫丹號」微翹的船尾已經開始下垂，船體變直，牛皮也開始有了皺紋。這可不太好，會減低船在暴風雨中的功能，這個部位的牛皮不再緊繃在船體上，反而像大象臀部的皮膚那樣鬆散。用手指頂著牛皮時，可以輕易的前後推動，有如沒有吹飽氣的汽球一樣，但即使如此，材質似乎仍未受損。我們的中世紀皮革整體看來不錯，我猜測天氣變冷有一定的幫助。「布倫丹號」現在航行於冰冷的水域，低溫可以減低皮革的分解速度，並使皮革僵硬，同時表面的羊毛油脂硬化後也加強了保護作用。我忍不住猜測為什麼愛爾蘭修士要選擇北方的「踏腳石航線」前往「上帝應許之地」：這裡的水域冰冷而多暴風雨，但是能延續皮革船航行的生命。若行駛於南方較溫暖的水域，保護性的油脂容易被沖刷掉，皮革亦容易腐爛。

在每天例行的檢查中，我們也發現海水對於木質船體造成影響。舵槳是由固定在反方向舷緣上的交叉索托住。這條繩索的張力太強，以至於厚達一吋半的乾燥橡木舷緣已被扯開，出現鋸齒狀的裂縫。喬治即時將繩索換繫到更牢固的地方，並在舵槳的托架上多加了一道繩索。後來我爬往檢查主桅部位，發現主槳手座上翹形成一個弧度，可能也肇因於船尾下垂的同一道力量。由於槳手座和桅桿之間的縫隙隨著船的晃動像巨大的鉗子般張張合合，這時把手指靠得太近並不聰明，很可能被夾碎。

我滿懷憂慮的爬回去，思考著我們現在面臨的問題。「布倫丹號」正在改變形狀。我不認為我們會有即刻的危險，但很清楚的，這些基礎建材的品質是我們安危所繫：木頭必須堅實到能夠承受船身收縮時的扭力，捆綁木質框架的皮帶也得牢固到能繼續將框架繫成一體。最重要的是，皮革必需要耐得住不斷增加的皺褶和船體下垂，而亞麻繩目前所承受的張力比過去還大，一斷裂就會產生大麻煩。我在心裡重複確認這些潛在的問題。它讓我想起：一個中世紀船隻製造者以精心挑選準備的材料造船時，可能缺乏的海洋知識。我們在「布倫丹號」上一點點的學到了這些知識。我們的現代化設備正一樣樣毀壞。那些閃亮、嶄新的現代金屬工具儘管表面上有油質保護層，但都已經開始生鏽。經過一個月的航行，那把強化處理過的鋸刃竟然像腐敗的紅蘿蔔一樣斷裂；我本來希望當做夜燈的礦工燈亦失靈了。這種品質好到可以讓礦工終生使用的燈具，金屬網已經嚴重腐蝕，鐵鉚釘也因生鏽而掉落。在這些現代器物中，只有最好的不鏽鋼、硬塑膠和合成繩索仍然保持良好狀況。每次我們得補充毀壞的器物時，就以木頭、皮革和亞麻等古老材料製作新品，並從中學到新知識。這也讓我們能夠按照實際所需，製作合宜的遞補品。這些東西的外觀大多粗糙笨拙，但卻耐用而且可以自行修護。當那些金屬器物斷裂，或是塑膠品裂開時，在缺乏修理工廠的情況，只有丟棄以減輕船身重量。

這些情況讓我不得不認為，聖布倫丹時代的水手不論設備或精神狀態，都比一般所知的來得好。早期的中世紀水手用的是耐久的材料，即使損壞也可用簡單工具修補。他們的衣物也是最符合當時的環境，一如我們在「布倫丹號」上的發現一樣。天氣開始變冷時，我們以散發著自然羊毛味道的老式羊毛衣物取代了合成纖維的服裝。我們看起來和聞起來可能不是那麼宜人，但這些散發著油味的羊毛線衣、航海長靴用的高筒羊毛襪、僧侶斗篷式的羊毛頭罩等，在材料上都和聖布倫丹時代的衣服材質相同。

六月十九日，風平浪靜。但這天卻顯示了更多現代設備的缺點。早餐過後，喬治取出當天的食物包。

「真噁心！瞧瞧這個！」他大叫著，手上提著一個塑膠袋，表情則是一臉嫌惡。那看來真像個腐臭的金魚缸，裡面是半袋濃稠的褐色汁液，由角落滴滲出來。袋子裡像稠湯似的東西上還浮著一團團的食物。「真是噁心，」「塘鵝」低聲的說，隨即重燃希望，「我們打開來看看裡面有沒有什麼還能吃的。」喬治把袋子扯開。即使袋子上有雙層封口，但還是有漏洞，灌入了大量的海水和雨水。喬治表情憎惡的把整袋泡過水的方糖、茶包、脆餅及麥片粥糊倒進海裡。那些全已腐敗。

「塘鵝」滿懷希望緊抓看來似乎較不嚴重的一包，「燕麥餅乾，」他欣喜若狂，拿了一片咬一口。「媽的！」他把整口燕麥餅乾吐了出來。「都被鹽浸透了。」他不甘心的叫著。

「哪，要是連你都吞不下，別人就更不可能了。」亞瑟下結論。

「嘿，船長，」伊登突然想起可能發生的事兒似的。「我們再打開另一袋好不好？我是說，剛剛那一袋裡什麼也沒有。」

我大笑。「好吧，『塘鵝』，我們還沒到得配給的時候。」

這是我們學到的另一個教訓。如果所有的補給品腐敗程度都這麼快，我們很快的就會短缺食物。我們又發現其他幾袋食物同樣進水，裡面的食物也已腐敗。受損最嚴重的是脫水食物。它們吸水快，迅速膨脹後成了一灘灘爛糊。逃過劫數的僅有罐頭食物。但是我們缺乏時間處理，它們的標簽都被水浸脫，現在只能猜測裡面有些什麼。

「我倒不擔心，」喬治看著速食什錦蔬菜湯料在大半包的大西洋海水裡游泳時下個結論：「反正這些脫水蔬菜一週吃個一、兩次無所謂，天天吃就不太能消受了。我的喉嚨裡盡是防腐劑的味道。」

六月十九日和二十日，我們的航程不快也不慢。有段時間，風朝向我們襲擊，「布倫丹號」不敵，只能迂迴前進，使得前往法羅群島的行程多出了三十哩。我們改變不了什麼，只能套用新近領悟的中世紀哲學去接受。最後，風完全停息，我們的下一步靜候天意指示。喬治向伊登挑戰西洋雙陸棋，贏了十五個籌碼。亞瑟爬回船艙小睡。我舒適的靠著動也不動的舵槳，聆聽著湧拍船身的海浪聲、偶爾發自桅桿的咯吱聲，或H型支架在托座中移動的聲音。我們徐徐在海面移動，測航儀的線條也不帶勁的抖動。

「有拖網漁船！由北邊駛來。」無盡的單調總算有了變化。大家都爬出來一探究竟。

「我打賭他們願意和我們換點威士忌。」伊登顯然又有了新的計畫。

「我懷疑，」亞瑟說：「他們可能使用自動導航，在冰島收網後準備回家。他們搞不好看不到我們，他們向來不會在這個海域期望見到什麼。」

拖網漁船穩定的向我們開來，將在我們前方半哩處通過，船上看不到任何人。我們可以清楚的見到船名：「費里科閣下」(Lord Fellicoe)。

「喬治，這兒。你來掌舵，我看看能不能用無線電和他們聯絡。」

我打開了我們的超高頻無線電。

「費里科閣下。費里科閣下。布倫丹圓舟呼叫。請回答。」

一陣沉寂，只有無線電的啪啪聲。我又呼叫了一次，再次沉寂。突然無線電傳來蹉蹉的聲音：

「費里科閣下。你是誰？」

「布倫丹圓舟。我們在你的右舷，大約半哩外。能麻煩你替我們定位嗎？」

「稍等。」費里科閣下在她的導航者處理這個突然的要求時繼續前行。就在她將要消失於地平線時，傳來我請託的資料。那晚稍後，我們聽「英國國家廣播公司」的新聞快報時，費里科閣下的無線電也切了進來。她正呼叫海岸站台，我們聽得出來船長有一口缺乏抑揚頓挫的約克郡腔。

「漢柏站（Humber Radio），能否告知訊息。我們下午的時候經過一艘奇怪的船隻，聽說上面有一群瘋狂的愛爾蘭修士，那是真的嗎？」

我們沒聽到漢柏站如何回答；因為我們全體前翻後仰大笑得掩蓋了無線電的聲音。

六月二十一日，這是一年中白晝最長的一天，也提醒我們已經到了高緯度地區。我們享受一天幾近二十四小時的天光，即使凌晨一點，我仍可以藉著自然光線讀航行紀錄。由那天開始，整季的航行時間我都不再需要導航燈，對我這個寶貝電池能源的小氣鬼來說真是好事。黃昏後，我們和瑪林岬站台那位親切的接線生最後一次通話。他以他特有的愛爾蘭口音祝我們好運，順利抵達法羅群島。風彷彿回應他的祝福似的，在此時轉向南方，「布倫丹號」也再度步上航程，朝正確的方向前進。

早晨六時，一艘大約五十呎長的捕鯨船發出隆隆巨響朝我們開來。它的魚叉在船首艙上看來虎視眈眈。

「可別把我們當成皮革鯨魚，一叉子就射擊過來。」捕鯨船繞過我們時，亞瑟低聲的說。她上頭的船員向我們歡呼揮手，並問我們需不需要什麼幫助。我們揮手道謝，於是他們逐漸遠去，尋找他們的獵物去了。他們的瞭望員可能也和我們一樣，苦惱於兩小時後靜悄悄靠近、籠罩我們的白茫茫濃霧。「布倫丹號」孤零零前行，濃濃的霧氣在我們的羊毛帽上和鬍子上留下水汽，有如晨間草地葉片上的露珠。

那一整天，風力輕緩，也僅下了一場大雨。我們由雨中試驗性的積存了幾吋深的淡水。我們用防水布盛水，然後倒入煮鍋裡。我預估，在潮濕的氣候裡，緊急狀況時我們可以靠雨水存活。

六月二十三日，我們解開了古代愛爾蘭修士如何在廣大的大西洋找出法羅群島的位置。那是此區典型的夏日，雲層極多，陽光時隱時現。「布倫丹號」距離法羅群島還有五十多哩，但我們藉由聚凝在群島上空高達數千呎的巨大雷雨雲，找到了群島的位置。吹掠過海洋的潮濕西南風碰到群島時轉向上吹受到壓縮，形成的雲層有如隱密高爾夫草坪上的標示旗那麼明顯。我拿起望遠鏡觀察雲層，見到驚人的景觀：那些雲層每隔幾分鐘就在向上移動的強烈氣流中翻動和改變形狀，有些雲層顯然正越過山頂朝「布倫丹號」而來。這是氣候猛烈改變的徵兆；我可不喜歡這股亂流。

黃昏時，我開始擔心。夕陽低沉，紅色的天空下隱約可見遠方法羅群島的紫色影子，美麗而不祥。我們已經近到可以分辨群島中的個別島嶼，我謹慎的查閱航海圖和航海指南。最好的航道是直取法羅群島的中央點，通過它們之中的任一條狹窄水道，然後試著迅速轉入下風面的避風處。但法羅群島周圍的潮流卻是一個意想不到的障礙。大西洋的每一道潮流都急速的經過法羅群島。潮水衝激島嶼之間的狹窄海灣，形成湍急的潮流和暗潮，有時強到連大型船隻都難以承受。「潮流的速度資料闕如……」航海指南上盡是謹慎無知的沉鬱文字。上面還提到，「……在島嶼之間的水道，潮流可能非常急促，船速可達八至九浬。」指南並警告船隻不應太靠近陸地，以免撞上群島西邊和北邊高崖外側的凸岩。我心想，中世紀船隻要是被這些潮流攫住，必然無計可施。

鳥類的天堂

在暴風雨襲擊我們之前，我剛核對過羅盤方位，並在航海圖上標示「布倫丹號」的位置。暴風自北邊吹襲「布倫丹號」，緊接而來的滂沱大雨使得能見度在數分鐘內由二十哩成為三哩。風力強勁得往上翻刮。雨勢發出猛烈的聲音，我們快速的穿上笨重的雨衣。

「所有的人都繫上救生索，」我發令，於是所有人皆將身上的救生索繫到船上。「『塘鵝』，你負責艏斜帆，『靴子』，你負責主帆和下風板。喬治，你是船上最好的舵手，掌舵交你負責。我來領航。這看來不太好應付。」

「布倫丹號」朝著法羅群島的大約方向前進，依據的是暴雨開始由地平線襲來之前，我最後一次讀取的羅盤方向。一個小時後，海平面的雲層上升，我們見到了島嶼，但時間極短。那一剎那，我知道必須放棄原來的計畫。主潮繞著群島環流，帶著「布倫丹號」順時鐘繞行群島，要進入群島的中央地區毫無可能。要是能順利登陸，不被強風吹到法羅群島西邊，運氣就算好了。最西邊，也最靠近我們的麥京斯島（Mykines）絕對不是上岸的好地點。島上只有燈塔管理員和少數幾名自耕農，上岸處也唯有天氣良好時才有可能進入。瓦佳島（Vagar Island）位於麥京斯島內側，兩者之間為麥京斯灣的狹窄水道；瓦佳島有一處峽灣形成良好的避風港，值得一試。

現在的風勢強度增加了一半，「布倫丹號」在雨中盲目前進，在船底潮流助長下以可怕的速度前進岬灣。

「盡可能利用風勢！」我告訴喬治。我們全在大雨中瞇著眼睛尋找陸地的蹤影。海面已成一片惡劣的灰色，厚實的浪頭也開始掀翻。我暗忖船隻必然已進入漩渦和倒流的潮水中。「布倫丹號」全速前進。若想前往瓦佳島，我們一點也不能慢下來，同時還要預防由側面撞上麥京斯島的高崖。強大的風力打斜了往東前進的「布倫丹號」，並迫使她轉向往北方前進。

「斷崖！」伊登喊叫著。就在前方約半哩處，海浪撞擊在岩壁上，產生一片激烈的濤天白浪。那必然就是麥京斯島。

「老天！瞧瞧那地方！」亞瑟倒吸了一口氣。那可真是驚人的景象。雲層低到天空和灰色的海面之間只有六呎高的空間，而高崖也被擠壓成雲層之中一片陰鬱的黑影。我們僅能見到拍岸海浪的水花。這時候「布倫丹號」被捲入反漩渦之中，受到牽制，前進的速度突然緩慢有如蝸牛。強風仍然迫使她側行，並朝著高崖推進。這簡直有如在惡夢中急速墜入隧道內。我們無計可施。雲層不斷下降，像對待無法抵抗的潮水一樣擠壓著我們。我們一語不發，很清楚這是慢速前進和側行撞崖之間的競鬥。我們眼見灰色的斷崖逼近，再逼近。眾人屏息。

「我看我們可以辦到，」我懷抱希望對喬治說：「我可以見到島嶼的一端。再過四分之一哩，我們就會脫離這裡，到達瓦佳島。」

喬治為了取得更好的視線，爬上了船舷，並努力設法讓「布倫丹號」往前一點點地前進。伊登和亞瑟裹著防水衣，沉著的坐在船的中段試著計算我們的行進速度。

「老天！希望桅桿撐得住，」喬治咕噥著，「否則我們必死無疑。」

我往上看。主桅被飽脹強風的主帆拉彎，比以前任何一次來得彎曲。而且它的下方還有一邊掛著輔助帆。

「我們得掛上所有的輔助帆，」喬治說：「我們需要更大的動力擺脫浪潮。」

「留意主桅，別讓它彎過槳手座的範圍，」我向「靴子」高聲喊著，「萬一主桅開始斷裂，用刀子割掉輔助帆。」

過了一會兒，我們的世界突然靜止不動。船隻和海浪的擺動都消失了。我們似乎進入一個真空狀態。雖然眼前可以見到波浪在海面隨風律動，但它們不是掃掠而過，而是上下起伏，彷彿在靜候什麼似的。「布倫丹號」旁邊激起一道浪，看來彷彿要由側面漫入，實際上卻垂直落入船艙底部。那道浪不大，也形成不了損害，但「布倫丹號」卻似乎動也不動的就承受了那道浪。她不再像原來那樣前後顛簸或左右搖晃。雲層又增高了約三、四十呎，我們看到大批的海鷗、海鳩、海雀、管鼻鸌、塘鵝、海鸚、賊鷗、燕鷗自麥京斯島的高崖紛紛飛出。牠們一群接著一群的在空中盤旋，並急速的朝向波浪起伏的海面俯衝。牠們的原始本能知道在風和潮水交會時刻，會將大量的魚群湧上水面，於是牠們開始衝飛出來覓食。

我被眼前的景象撼動。如果真有什麼地方可以稱為「鳥類天堂」，那可不就是這個地方。「太壯觀了！」我在呼呼作響的風中對喬治喊著。

他也喊著回答，並指著：「看！那兒。在船頭右舷。有個什麼東西，滿大的，在水中跳躍。」我順著他指的方向看去。大約在前方一百碼有個大漩渦，有樣什麼東西剛自那兒消失。水面有一個巨大的形體快速的移動。然後牠又浮出水面，在海浪中清晰可見。那個巨大移動形體原來是條鯨魚，有如鮭魚般不斷的猛衝躍出水面，灰色的身體沉重跌落水面時激起強勁的水花。

狂暴的麥京斯峽灣

「布倫丹號」終於在麥京斯島延伸的崖腳附近掙脫控制。在一個約僅十碼的空間，我們突然由反漩渦中脫出，跨入由瓦佳島流向麥京斯灣的二哩寬主潮流。「布倫丹號」有如衝入鋸木廠水道的木頭般快速進入水流裡。我們兩邊峽灣狀的海灣懸崖高達七、八百呎，風有如擠入細窄隧道般呼號作響，同時力道增強。幸運的是潮水和風方相同，否則「布倫丹號」必然覆沒於急流之中。

我一邊想著「布倫丹號」的航行狀況，一邊急急取出《英國海軍總部航海指南》(*Admiralty Pilot*)，看著我劃底線的部分：「麥京斯峽灣的深度不及其北方及南方的峽灣深度。」這些文字令人沉重，「水流激烈，在強風之下更為嚴重，海浪通常極高……航道的深度變化急遽；水流通常極為強烈，同時還有猛烈的亂流，颳大風時益形激暴，經常導致沒有甲板的船隻沉沒。」我們現在正位於其中，「布倫丹號」快速的朝海灣而去，卻無一點水花飛濺上船。測航儀上的指針不穩的指向六浬、八浬、十浬，然後停在十二浬的刻度上。穿過狹窄水道的水流在風中奔騰，至少也有六或七浬的速度，所以，「布倫丹號」的速度至少達到二十浬。我幾乎無法相信。「布倫丹號」打破了所有皮革船的速度紀錄。

狂風掃掠時，船身跟著傾斜，舷緣幾乎要觸及水面。海水漩流而過。喬治牢牢抓住舵柄，努力保持直線航向。如果「布倫丹號」突然打橫，我們將會立即翻船。

「把帆放鬆，少吃點風！」他對亞瑟和伊登喊著。「我們得把速度減低點。」但是我們放鬆帆索的時候，它們卻像生皮製的長鞭般冷不防的劈出並發出斷裂的聲響，我擔心要是有人被攫住了手或指頭，必然會被擰碎。突然，風中傳來一聲有如槍響的清楚爆炸聲。

「那是什麼？」我對喬治大叫。

「桅頂支索。斷了。」他喊著回答。

「沒時間修理，」我回答，「繼續走。我們得讓桅桿冒險，保持航行。我們經不起在這個海灣失速。」

主桅發出哀鳴似的聲音，並在基部支架移動時往前傾斜。伊登和「靴子」緊張的往上張望，小心的走到舷緣，以免桅桿落下時被壓到。

「布倫丹號」一路往前衝。我們看來不太可能進得了瓦佳島的港口。我們被急速的海潮控制，飛快的穿過航道。喬治輕輕的搖晃船隻，試著讓風帆鬆弛一些。但那還是不夠。另一陣狂風吹來，底下的輔助帆發出撕裂的聲音，脫離主帆。它一裂開，一組一百磅的鱈魚線有如棉線般的一條條蹦斷。伊登在脫開的帆布飛出船外之前，及時抓住。（codline，鱈魚線是一種十八股編的繩索，原為釣鱈魚用，亦用在船上不能使用粗繩的部位——譯注）

「放下主帆！」我喊著並伸手抓住帆索，主帆桁隨之滑下。亞瑟撲過去抓住，張開手腳將它撐住。

主帆功成身退。在它破裂之前，它幾乎已經把我們送進海灣。現在，我們再度見到遼闊的海洋出現在遠方，那一大片大西洋！

「其實我滿高興船帆在那個時候破裂，」我對喬治說：「時間真是恰到好處。早一點的話，我們就有大麻煩了。」

話才一離嘴，一陣山風掃過水面。精確的說，是山風颳平波浪，將浪峰捲離海面，成為刺眼的白色波濤。「布倫丹號」抖動了一下，彷彿有隻巨大的拳頭打在她身上一樣。她在僅存的那一小片前帆下，像匹受到驚嚇的小馬順風行駛，而她的船員則努力找地方抓牢。

「如果我們沒有把主帆放下，」我對著喬治大聲說，「那道大風鐵定把桅桿扯離船身。」

即使潮水把我們吐離海灣，「布倫丹號」仍然受制於南風。我決定在法羅群島的背風處下錨停泊。我們離開急流的水道後，喬治應急的用槳暫代後桅；伊登將前桅的輔助帆做成停泊帆；亞瑟則放下浮標。我們這樣靜靜的工作了約一小時，然後煮了些熱茶，在這一場衝激之後稍事休息。

「伙伴們，抱歉了，」我說：「看來我們失去停泊在法羅群島的機會。要是強風不斷，我們搞不好會一路被吹到挪威或冰島。」我這幾個同伴似乎不欣賞這個玩笑，連眼皮都沒動一下。

「太好了！」伊登說：「那咱們就到了比預定地還遠的地方，有更多的時間到雷克雅未克（Reykjavik）多參加幾個派對。」

喬治放下茶杯，凝視著地平線。

「看來又要下雨了。風似乎也開始颳了。我想，如果我們現在啟程，也許還能進入其中一個島嶼。但我們動作得快。」

沒時間浪費了。我們合作無間，亞瑟和伊登拉起浮標，升起船帆；「布倫丹號」啟程往法羅群島主島史翠莫伊（Streymoy）的高崖前進。這些高崖具有令人肅然畏敬的景觀；成排垂直的崖壁皆高達一千三百呎以上，部分的頂端還插入低垂的雲層之中。我們駛進時，發現此處有大批海鳥在氣流中盤旋。牠們的排遺在綿延數哩的崖壁上留下一道道白色痕跡。海鳥毫無畏懼的飛過來，在「布倫丹號」上方盤桓。

但差了半哩，我們錯過了史翠莫伊這一面唯一的避風港薩克修文（Sakshovn）。「布倫丹號」被無情的掃過史翠莫伊的北端，楔形高崖聳立在我們上方，崖面靠近峽谷口的地方有許多海蝕洞，小鷗鳥飛動的白色身影有如跳動的泡沫。我們試著學習那些鳥兒，借用崖腳斷續的氣流。喬治駕駛「布倫丹號」一直到距離崖壁不到五十呎處，然後脫離主氣流的牽制，以令人膽顫的方式滑入。我們來到此島的頂端，用力旋轉舵槳，往右舷來了個九十度大轉灣，並令人喪膽的切入衝著我們而來的渦流。這又是一次不可思議的經驗。「布倫丹號」的主帆和艏斜帆緊拉著桅桿，索具繃得極緊；船頭明顯的往後翹起；測航儀上的指標指在時速六浬上。但我們卻一吋也沒有移動！五十呎外的崖面仍在原處。急流仍以同樣的速度衝擊我們，抵消了我們的前進。我們無計可施。整整一小時，「布倫丹號」停佇不前，有如被魔法師施法固定在空中一樣。後來，潮水改變流速。回流減弱，「布倫丹號」彷彿自咒語中被釋放了，安詳的前行。

進入卓努維克灣

「我不知道你們覺得如何，」我對大家說：「但我從來不敢奢望會經驗到這樣的事：暴風雨和海鳥群、騰躍的鯨魚和眼前的急速潮流，所有的一切都在十二個小時內發生。」

過了一會兒，我們見到一艘小型拖網漁船由島嶼之間的水道出來。「這該可以吸引他們注意！」伊登叫著，爬上了帳艙的屋頂，一手揮著一條麻繩，一手揮著一瓶威士忌。法羅群島的漁民改變航道，幫忙將「布倫丹號」拖入附近的卓努維克（Tjornuvik）海灣。海灣後面的高崖上有一簇色彩鮮明的屋舍，看來有如兒童的積木。亞瑟和伊登划著橡皮艇上岸，好在陸地上舒鬆一下筋骨，結果引來一群驚訝的村民紛紛出現在高崖上觀看，氣氛霎時極為活潑。這時有一個法羅島民問我們有關在此上岸的事。

「我們經過麥京斯灣到達這裡。」我告訴他，他顯得很驚訝。

「在這種強風下？」他問。

「是呀，風在我們後面緊追不放，急流非常可怕。」

他又一臉震驚。「那是我們這個群島最危險的水域之一，」他說：「你們運氣好。如果風勢逆著潮流轉向你們，船一定會翻覆。」

法羅島民對「布倫丹號」極感興趣。在卓努維克，村子裡的兒童乘坐小舟在「布倫丹號」

四周打轉瞧著她；第二天，「布倫丹號」順著狹窄的桑迪尼水道（Sundini Channel）被拖入首府鐸斯哈文（Torshavn）時，幾乎家家戶戶都出來看她入港的過程。海灣上方的翠綠斜坡上，一長排車子沿著鑿蝕山丘的道路，和我們平行前進。美麗的山丘上一道道小溪不斷往下流淌。在水道中每轉一個彎，就有更多的山丘進入視線。它們前後層疊，山坡上大多為荒地和岩石。這個迎風面上沒有樹木，使得法羅群島看來光禿嚴峻。

鐸斯哈文的碼頭站了不少旁觀者，「布倫丹號」駛入停泊處時，一艘船身優美苗條的大型划舟由八個船員整齊快速的搖槳，自碼頭駛出。這艘船流暢的向我們靠近，然後轉彎，引領「布倫丹號」進入碼頭。那艘船上的每個地方都顯示出其祖源：她是法羅群島傳統的海洋船隻，是古代維京人航行到法羅群島，取代愛爾蘭人統治所使用之船隻的後代。這艘由鐸斯哈文划船俱樂部精細修護的船隻，正領著她的前輩「布倫丹號」入港。

我們一下子就被各種問題包圍，非關我們的航行，而是針對「布倫丹號」。每個問題無不顯示出島民強烈的航海傳統。船身是如何固定在一起的？船身架構的空間多大？「布倫丹號」的吃水量和排水量？船舵在順向流動的海洋功能如何？這像是被一群師傅交互盤詰，而非一群市民。戴著傳統長襪式帽子，並把帽尖或左或右瀟灑的斜置在耳邊的老人，蹣跚的跳上船來，並用手指戳著皮革，發出咯咯的聲音表示讚美。有人把一份法羅群島的潮汐表塞到我手中，並告訴我們若想繞行群島應該走那條水道。當地的廣播電台也要我詳細解說「布倫丹號」的建造過程，以及在海上的航行情形。法羅島民比任何我遇過的人還懂得海洋，而且不吝於表示他們對這項努力的激賞。又一次的，在這個嚴苛的北方海域，我見到了連結所有航海者和討海人的熱情。

當然，法羅島民的好客難以形容。「布倫丹號」的水手一上岸，「靴子」和「塘鵝」就被濃厚的親切所包圍。他們兩人開始熱中於洗早餐盤子時，喬治和我不禁感到懷疑。於是有一天早上，他們兩人用桶子帶著使用過的鍋、盤上岸時，我們兩人忍不住跟蹤他們到水手旅館。我猜的一點沒錯，他們兩人正坐在那兒吃免費的第二份早餐，一群仰慕他們的法羅女孩則忙著替他們洗滌船上的盤子。

布倫丹溪

聖布倫丹的名字為每個法羅島民所熟知。他們在學校學到他帶領的愛爾蘭修士是第一批定居在這些偏遠島嶼的人。不過到現在為止，尚未找到相關的實體遺跡，很可能是這些被稱為「帕巴」（Papar）的愛爾蘭修士所留的痕跡極為模糊，而之後的古斯堪地那維亞人又掩蓋了他們的印記。不久之前，法羅群島的考古學家開始在卓努維克考察，挖出一些穀物，足以顯示維京人到來之前此地即有農耕文化。群島上仍有不少文學和傳統，足以證明「帕巴」曾在島上住過。這些傳統在主島史翠莫伊極其明顯。一般認為愛爾蘭修士曾住在島上西南角落水質甜美的溪邊。一直到今天，這條溪仍擁有一個意義深長的名稱：布倫丹溪

（Brandarsvik）。

我決定要盡快一探布倫丹溪。有天早上我購物回來，發現船上有一男一女在等我，那個女孩子長得極為迷人。五官美麗，褐色的大眼睛，相較於皮膚白晰的法羅島民，其淡黃色皮膚帶著一股吉普賽人的氣質，而那一頭烏黑長髮和寬鬆長裙更增添韻味。然而，最令我注目的仍是她的同伴。那個男的有如從格林童話插圖中走出來的人物，長相剛毅，身材壯碩，一動不動的坐在舷緣上。他穿著結實的靴子、厚實的燈芯絨長褲、自家編織的褐色毛衣，還有一雙屬於工匠的強壯大手。但真正令我印象深刻的是他那頭及胸的濃密頭髮，豐華堅實的髮層厚達三吋，在頭皮外形成一道圓弧。那是海神才有的頭髮。在濃密的頭髮下，那雙褐色眼睛正盯著我看。

「兩位好，」我說，一面爬到船上。「有事嗎？」

「海神」沒吭聲，打量了我足足有五秒之久，然後冷靜的轉頭看著那位女孩子。她代他發言：「昨天你接受電台採訪時，說你還需要一名船員，並希望能在法羅群島上找一個。這個人想要加入。」

老天，我心想，即使那些突襲的維京人要讓他加入恐怕也得三思。

「沒錯，但我找的是對船隻有經驗的人，如果可能的話，最好能幫我打理攝影。」

「他會的可不止那些，」她驕傲的說：「他是藝術家，而且是很好的藝術家。他曾經駕駛自己的船到過地中海，也是個隨船到格陵蘭捕魚的法羅群島漁夫。他可是一個嚴肅的人。」

這點我倒是看得出來。我瞄了這個鬍子濃密的人一眼，他甚至連動都沒動過一下。

「也許他願意讓我們看看他的作品？」我技巧的問。

「海神」對他的女朋友低聲說了幾句話。

「他叫圖龍杜爾（Trondur），他不好意思講英文，」她說：「但他請你們明天到他家。」

「那真是太榮幸了。」

「那好。我們明天早上過來接你們。」

隔天，他們開著一輛陳舊的小車子過來。「布倫丹號」的成員都擠了進去，車子費力的越過史翠莫伊島的山脊。「海神」仍然沒吭聲，皺著眉頭盯著擋風玻璃外專注的開車。老舊的車子在下坡急轉彎時，手剎車偶爾傳來一聲低嚎。

「剎車不太好，車子太舊了。」他女朋友說，這不用說也看得出來。我們來到一條蜿蜒到海平面的窄路。我們順著小路轉入一座水邊的小村子。這個村落裡最醒目的建築是一間壯觀的維京式房屋，以巨大的古老原木建築，漆成褐色，但窗戶和門則特別漆成紅色，屋頂上厚厚的草皮則有如山頂的牧地。房屋的一端加蓋了一座協調的現代廂房。由我們下車的地方望去，這棟原木房屋是道地的古斯堪地那維亞式。

「這是圖龍杜爾的老家。」女孩說。

我看著這棟房子，然後把目光轉到碼頭邊一座潔白的教堂。附近的草地上有一座更高大的無頂教堂遺跡，由建築上看來應該屬於中世紀晚期。這時，巧合的事情發生了。

「這個村子叫什麼名字？」我問。

「科克朱柏（Kirkjubo）。」她回答。

「還有別的叫法嗎？」

「有的。有時候叫做布倫丹溪（Brandarsvik）。」

啊，原來這裡就是！這位不愛吭聲的自願者來自法羅群島的布倫丹溪。

也許是被圖龍杜爾的羞怯天性所矇蔽，也許是無人對他想加入「布倫丹號」感到奇怪，事情的來龍去脈慢慢的才搞清楚。圖龍杜爾姓巴圖森（Patursson），屬於法羅群島最古老的家族之一。在法羅群島居民的心目中，他家那棟原木房屋和國家級紀念物沒有兩樣，是群島上最古老的一座老宅。房屋原屬於群島的主教所有，後來巴圖森家族世代傳承，至今已是第十八代了。在布倫丹溪這個神聖地點有三座教堂，除了那座無頂大教堂、碼頭邊有木質尖塔的白色教堂外，還有一座遭到山崩掩蓋，只剩東面殘垣的老教堂。

巴圖森一家人和他們的原木房屋一樣傳統、有趣。巴圖森的小孩們跑進跑出；威嚴而優雅的祖母則聽從波鐸（Potl）的話。他是圖龍杜爾的雙胞胎哥哥，比圖龍杜爾早出生十五分鐘，現在是一家之主。原來穿著一般耕作衣服的波鐸，親切的歡迎我們。半小時後他重新出現，一身傳統法羅群島盛裝：銀釦黑色無帶輕便鞋、飾有紅色垂帶的深藍色及膝襪子、藍色毛料及膝馬褲、刺繡背心及三排銀釦外套。他穿著這套十八世紀風格的華服，態度從容自若，昂首闊步的領著我們走到小教堂，並敲鐘召集村中會眾，領著大家跟隨樣子莊重、穿著白色襞領神職服裝的路德教派牧師祈禱。教堂肋狀建構的木造屋頂在強風中發出聲響，有如航行海上的船隻一樣。

其後，我們在主廳和牧師一起喝茶和咖啡，並吃些了糕餅。接待廳的擺設全是巴圖森家族各代的航海人由不同地方帶回來的家具，牆上還掛了幾幅圖龍杜爾的畫作。過了一會兒，牧師先行告辭，「布倫丹號」船員則受到邀請，享用了一頓令人難忘的法羅群島式傳統盛宴。巴圖森保留了法羅群島的傳統，其餐桌傳統也為他們世代增光。我們面前的食物，由牛奶到奶油，由大黃醬到馬鈴薯，無一不是自種自製的。最令人印象深刻的則是他們的法羅群島傳統菜餚。其中的羊腿是羊宰殺後，慢慢自然風乾，肉質堅硬，顏色有如義大利帕馬火腿（Parma ham），具有特別的風味。水煮管鼻鸌蛋是圖龍杜爾和波鐸由崖壁採集而來。這是個危險的活動，必須將人用繩子垂吊到二百呎下方的崖壁。桌上還有鯨魚肉乾，以及一塊有彈性的厚實鯨油脂，外面一層黑色硬皮令人想到高級輪胎的橡膠。所有食物都採用巴圖森家族烹調法，包括那條鯨肉；鯨魚是巴圖森家人將鯨魚趕上岸後以魚叉擊斃。

「老天，看看這些東西！」伊登看著滿桌的菜餚，深深的吸了口氣。餐桌本身是用一塊巨木做成。據說這塊木頭是由海浪衝上卓努維克，木頭上還趴著一名奄奄一息的水手。巴圖森一家救了這位船難者，並留下木頭做為大餐桌。

我見到圖龍杜爾拿出一把銳利的刀子時，眼睛閃現興奮的閃光，他二話不說，切了一長片鯨油脂，遞給伊登。伊登毫不猶豫的咬了一口。

「噢！」他的下巴突然僵住，睜大的眼睛滿是恐怖。「噢！像浸到油裡的橡膠一樣！」他把嘴裡的東西全吐出來，一臉沮喪。

「繼續吃，『塘鵝』，把東西吐出來很不禮貌！」喬治說。伊登強打精神把臉抬起來，用力的吞了一口。這是他在航行中第一次沒有要求第二盤。

吃過飯後，我們到圖龍杜爾改建過的小農舍參觀，並看了些他的素描。那位美麗的代言人柏妮（Borgne）是他的未婚妻，一心一意認為圖龍杜爾應該和我們出海。她說，這樣可以為他帶來素描和雕塑的新素材。她又說，圖龍杜爾就像所有真正的船員一樣，把個人東西收一下，就可以隨時出發。

我們當然歡迎圖龍杜爾加入「布倫丹號」，而且這也是整個航行中最好的決定。他由上船開始，英文一天比一天進步。他幫我們準備「布倫丹號」的下一段航行——迎著西風前往冰島的長途航程。我們完成了數項小調整：在亞麻繩上塗了厚厚一層鯨油，使它們更具防水性；圖龍杜爾和伊登把船頭的帳艙做了一些改變，以減少海水和雨水的威脅；喬治和亞瑟則更換了船尾舵槳框架的梣木支柱。我們由史鐸諾威出發時，這些支架即有些搖搖欲墜，令我不時擔心它們會斷裂，我們用三吋厚的結實橡木取代，並用皮帶牢牢固定。波鐸．巴圖森用船將我們拖到布倫丹溪，儘管伊登抗議，我們仍然補充了圖龍杜爾最喜歡的乾魚、鯨魚肉乾，以及更大塊的鯨油脂。這些食物大部分都掛在索具上，散發出比船上任何東西還強烈的氣味，也令「布倫丹號」更具有中世紀的氣息。於是，裝載了新的補給，我們準備進入另一個階段的冒險。

8 由法羅群島前往冰島

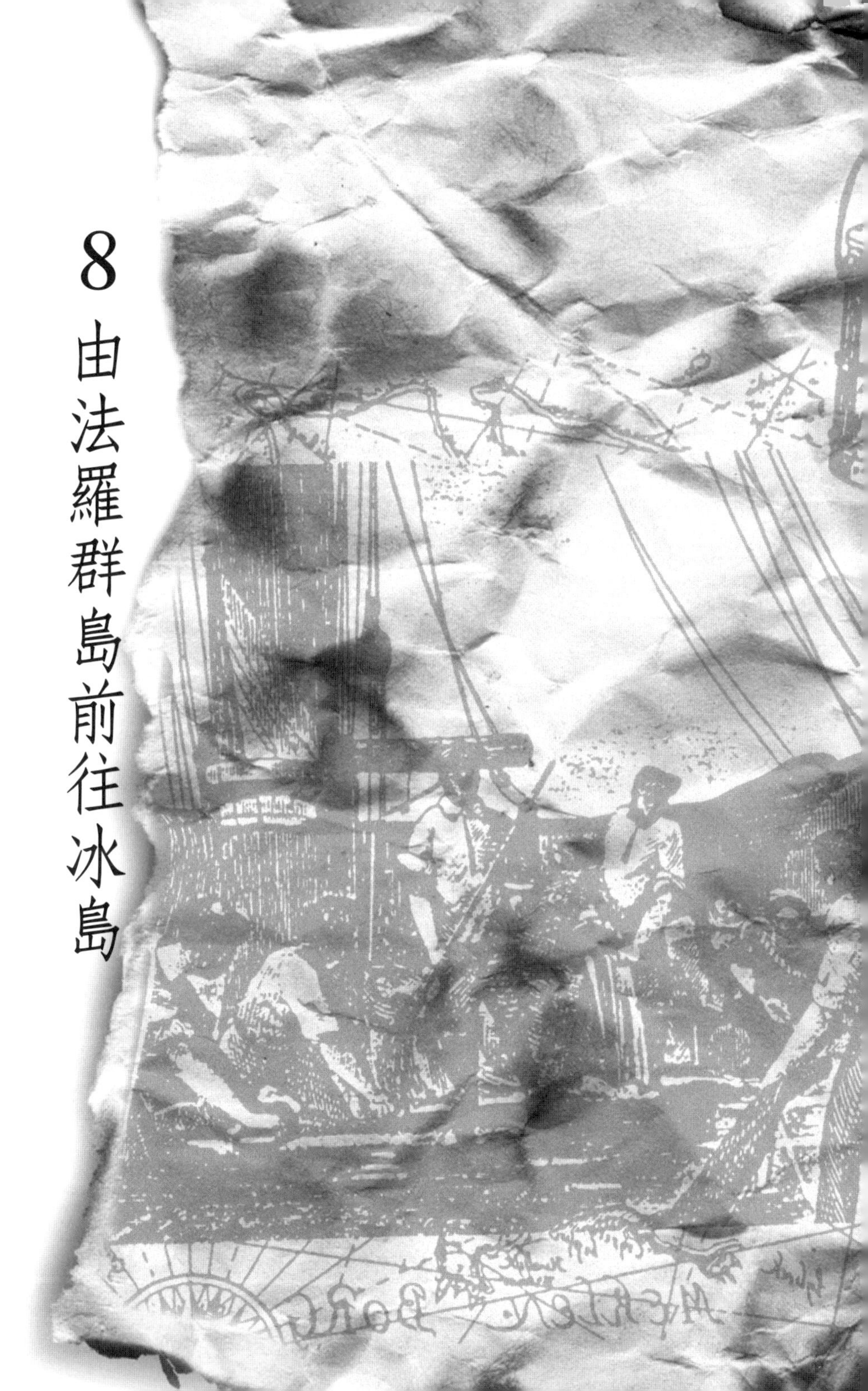

巴圖森一家站在布倫丹溪的碼頭邊，背對著他們的古斯堪地那維亞式原木大宅及白色教堂，不斷的揮手向「布倫丹號」道別。他們的形影逐漸變小，法羅群島壯麗的海岸景觀則在我們的兩邊延展，峭聳的高崖直探海面。正是夕陽西落的時刻，陽光由雲層中射出，勾勒出西邊島嶼的剪影，岩石崖壁上飄著浮雲。波鐸以巴圖森家的漁船拖著「布倫丹號」前行，我們航行在沉靜的黃銅色黃昏海面，朝向威斯特瑪納（Westmanna）港口。威斯特瑪納在維京語中意謂「西方之人」（West Men），指的是來自歐洲最西邊的愛爾蘭居民；也許威斯特瑪納真是古斯堪地那維亞—愛爾蘭人（Norse-Irish）定居的地方。但對「布倫丹號」來說，它只是一個暫時的停泊處，隔天即得再度啟程。那是七月三日，我們必須離開法羅群島，進入前往冰島的航道。

再一次，我們航行到麥京斯的外海，那是我們最早見到的野鳥島。只是現在不像當時遭遇強風，而是在沉靜海面的輕波裡緩緩搖行。圖龍杜爾很快的證明了他的才幹：他教我們如何才能釣到魚。他自五歲開始就在岬灣學了法羅島民世代遠赴格陵蘭和紐芬蘭大岸灘（Grand Banks）捕魚的技術。當然，想在深海捕到魚，必須明白其中的訣竅。圖龍杜爾先由他的工具袋裡拿出一塊約四、五磅重的鉛錘，將鉛錘綁在他用來當捲線器的奇特木框架的長線上，誘餌則是三個簡單的鉤子上繫上彩色的布條。他猛力一拋，巨大的鉛錘發出聲響，飛越舷緣。這裡的海水深度達三百呎。鉛錘觸及海底後，圖龍杜爾緩慢而順暢的收線。然後，大約在離水面十呎的地方，一陣抖動，他快速的扯了一下釣線，臉上露出滿意的表情，然後開始將整條線拉到船上。

「抓到一條了？」「塘鵝」問。

「兩條！」圖龍杜爾簡潔的回答，那些滴著水的釣線一圈圈捲落在他的靴子邊。一點也沒錯，兩條肥美的鱈魚跟著浮出水面。然後，鉛錘「咻」的再度飛出。拉線、扯線，圖龍杜爾又開始收線。

「這次幾條？」伊登問。

「三條！」圖龍杜爾回答。就這麼一次又一次，他不斷捕到魚，我們無法明白他是怎麼辦到的。我抓著線時，即使圖龍杜爾告訴我有魚上鉤，我仍感覺不到一點動靜。伊登試的時候，只是提起線，手上已然拉上了一條肥美的魚。很快的，「布倫丹號」上面多了一些裝飾品，鮮魚像掛在晾衣繩上滴水的衣物。我們也開始嘗試用不同的方式烹煮這些魚——水煮鱈魚、油煎鱈魚、油炸麵糊裹鱈魚、燉鱈魚、鱈魚配飯或馬鈴薯、芫荽鱈魚，甚至美味的鱈魚義大利麵條。

瓶中信

第二天，東南風和緩吹起，我們的航程大有進展，前進了五十哩。海面如此平和，我們甚至有足夠的時間聊天和休息。夜裡八點，海上起了霧，當時天光仍然明亮，我們見到了無數珍珠般的小水珠。這些小水珠由船帆到我們衣服上的羊毛纖維可說是無所不在，在圖龍杜爾濃密的頭髮上更是明顯。他坐在船尾，在他的筆記本上畫著，風帶著霧氣不斷從他身上吹拂而過，以至於他身體迎風的一面水珠特別濃密。

伊登如往常一樣，又有新主意。這次是在一些瓶中放入紙條。這倒是讓他有藉口喝完我們最後那小半瓶威士忌，也讓他有練習寫散文的機會。

「你永遠也不知道誰會撿到我的瓶中信，」他說，一臉的興奮和希望。「我敢確定撿到的人一定會回信。」

喬治走到船邊，偷偷拿起沿著「布倫丹號」皮革船緩緩起伏的其中一個瓶子。

「來自皮革船『布倫丹號』，法羅群島西邊海面，」他大聲的唸著伊登的字條。「親愛的收信者，很高興你撿起了這封信。它是皮革船『布倫丹號』行駛在法羅群島及冰島之間所放流的。請回信告訴我，你在何時何地撿到這個瓶子。」信的最後則是伊登的簽名和地址。

「值得一試，不是嗎？」伊登一臉興高采烈。「說不定是個美麗的女孩子，穿著比基尼在海灘漫步，在沙灘上見到這個瓶子，順手撿了起來，讀了我的信。我知道她一定會回信。到時你就知道我說的一點沒錯。」

「我對比基尼這事兒有點懷疑，」我說：「你把你那些瓶子丟到海灣潮流的水域，看看這樣的西南風，我看這些瓶子最有可能漂到北極圈的北角（North Cape）。」

「十比一賭唯一會回信的金髮者是寂寞的挪威討海人，」亞瑟說：「六呎高，十五石

（stone，相當於六點三五公斤——譯注），全身散發著沙丁魚工廠的味道。」

鯨魚現蹤

「嘶嘶——」就在這節骨眼兒上，有個巨大聲響，像大氣球正在放氣，隨後跟著溫和的撕裂聲。「鯨魚！」圖龍杜爾高興的叫出聲，我們都站了起來，察看聲音來自何處。「嘶嘶！」又來了，我們看見巨大、光滑、潮濕，有如黑色小島般的東西浮現在「布倫丹號」二十碼外。「太棒了，大鯨魚！」圖龍杜爾發出驚嘆，我們都為之屏息。那條鯨魚的確巨大，約有六十呎長，估計重量至少有「布倫丹號」的八到十倍。「布倫丹號」相形之下變得嬌小，這時不難想像，在這頭龐然大物眼中，船小桅低的這艘船是如何微渺。在那瞬間的感覺之後，我們全無想到「危險」這個字眼，一心被這頭自我們右邊深水中浮現的龐大生物所迷住。

「牠湊近過來瞧我們！」喬治說，故意壓低了聲音。

「可別湊得太近了，」伊登咕噥著：「這傢伙推我們一下，我們就得游泳了。」

「不會的，」我說：「它也許只是對停泊在海上動也不動的『布倫丹號』感到興趣。我們可能看來像一頭鯨魚，而引起牠的好奇心，我們的體形和鯨魚差不多，弧度也和鯨魚相仿；就像牠一樣，『布倫丹號』的皮革撐在骨架上。我想那就是牠看我們的樣子。」

那頭鯨魚快速的游到我們旁邊，和緩而故意的噴著氣。然後，牠沉入水中，當牠再度浮出水面的時候，已經在四分之一哩以外的地方，並朝向北方緩慢的游去。

我回想起去年秋天，我到倫敦自然史博物館的鯨魚研究部拜訪一事。那次拜訪是因為我寫信給自然環境研究委員會的科學家，詢問「布倫丹號」航程中有否任何環境研究是我們幫得上忙的？是的，回信說，你們可幫忙計算鯨魚數量。他在嘲笑我，讀信時我這麼想。他知道聖布倫丹登上一條鯨魚背上的傳說，因此來個惡作劇。但是當我到了鯨魚研究部時，發現這個主意是認真的！「我們挑選遊艇駕駛者和船員在日誌上記錄他們在航行中所見到的所有鯨魚，」那位負責的科學家說：「因為我們對全世界鯨魚的習性知道得太少了，牠們洄游到哪裡？在不同的時間、不同的水域會出現哪一種鯨魚？諸如此類的。」

「但是『布倫丹號』要怎麼幫呢？」我問。

「哪，你的船隻將要前往我們對於當地的鯨魚所知甚少的水域。我祈望你能見到鰭鯨和獨自洄游的藍鯨，這是世界上體積最大的兩種鯨魚；還有巨頭鯨，而在格陵蘭外海，你還可能見到真正的北極鯨魚。我們對於比較小型的海豚也非常有興趣。」

「你認為我們有可能近到足以辨識牠們的種類嗎？」

「這，我可就不太清楚。但是……」他停頓了一下，「一般來說，小鬚鯨非常好奇，也許牠們會主動靠近你們一探究竟。鰭鯨有時候會捱近小船摩擦身體。」

這可好，我心想，那些身體發癢的鯨魚在「布倫丹號」的皮革船身上摩擦，不把她給弄翻了才奇怪。

但在航行途中，「布倫丹號」船員沒有人能夠預料旅途中會發生什麼事，即使對於鯨魚和捕鯨非常有經驗的圖龍杜爾也是一樣。日復一日，在航行中常常有鯨魚前來一探究竟，有時候單頭，有時候成群結隊而來。這倒是有點不可思議；但是情形大約都是一樣的：如果天氣良好，風平浪靜，我們幾乎必定會看到鯨魚由附近浮出海面，氣孔中噴出水氣，在我們附近停留半小時甚至更久。我們不了解的是，這些鯨魚似乎非常容易被「布倫丹號」吸引。經驗豐富的圖龍杜爾沒有見過這樣的情形。這些巨大的動物對於「布倫丹號」的著迷，和我們對牠們的著迷是一樣的。即使在鯨魚非常靠近我們的時候，我們仍然覺得牠們像同伴一樣，甚少聯想到危險兩個字。有一件事情值得注意：當我們進入船運繁忙的地區，鯨魚見到水面有船隻，可能是受到引擎聲驚嚇，就會潛入水裡；但是那些船隻消失以後，鯨魚又會再度出現四周，像「布倫丹號」在冰冷的海域一樣，不斷的搖晃身體，並且懶洋洋的游動。

鯨魚第一天靠近我們的時候，因為新奇的緣故，我們心裡充滿了興奮。第一頭來訪的碩大鯨魚可能是一頭鰭鯨。其後大約兩小時，伊登正在前桅附近幫助圖龍杜爾修理防水護圈，好防止水繼續滴入船艙中。他身體不穩的站在舷緣上，當他往下看時，突然大喊。「喂，你們看！船底下有許多海豚！不，不是海豚，是鯨魚。好大一群，就在我們下方！」即使他高聲大喊，我們又跟著衝到「布倫丹號」的舷緣邊上，那頭無懼的小鯨魚黑色的鰭和閃亮的背部仍然浮出水面；就在伊登的腳邊，大概只有三呎到四呎遠，牠的噴水孔不斷的發出空氣斷聲，並在浮出水面的時候激起一陣漩渦。我們可以看到水裡面一大片移動的黑影構成的圖案；那是一群在皮革船底下游動的鯨魚，一大群動物在上升下降之際改變隊形，一群活生生的海洋動物，就在我們的船身底下不到六呎的地方游動！鯨魚的數量很多，但是我們還是可以瞧見牠們中間有兩隻海豚，在翻身時顯現出白色的腹部；牠們似乎正和這一群鯨魚一起旅行，而且像斥候般為牠們前導。這些鯨魚跟著浮現在「布倫丹號」的四周，浮現之際空氣中充滿了持續的噝聲和鯨魚呼吸聲。一次大概有十到十五頭鯨魚浮出，等牠們下沉，另一批又輪著上浮，有如跳著某種奇特的水中芭蕾舞一樣。「太美了！太美了！」圖龍杜爾大叫，他平時沉默冷靜，現在則是雀躍三尺。那些鯨魚是巨頭鯨，屬於小型品種，身長大約為「布倫丹號」的一半，體重應該和「布倫丹號」差不多。牠們不但不怕生，而且移動非常緩慢。圖龍杜爾指著其中一條鯨魚，談著鯨油脂。「這個很棒，」他說：「非常美味。」

「老天，幸好你沒有帶魚叉，」伊登說：「要不然我們就得從現在開始吃鯨油脂，一路吃到耶誕節。」

「不然就是被摩比・迪克（Moby Dick）拖著走。」亞瑟又加了一句。（摩比・迪克是美國小說家赫曼・梅爾維爾〔Herman Melville，一八一九～一八九一年〕名著《白鯨記》中的那頭大白鯨——譯汗）

我們計算了一下，這群鯨魚大約在一百頭到一百四十頭之間，同一天稍後，又有一頭更大的鯨魚靠近我們。這頭不知名的巨鯨魚靠近「布倫丹號」，在船頭前方激起了強烈的浪花，並刻意的向我們的船隻靠近。也是那個時候，我想起了有關聖布倫丹和鯨魚的故事。當然，那只是迷信，一個虛構的海洋探險故事：要是有人真的把沉睡的鯨魚背部當成陸地登陸，那還真是荒謬！根據《航行》一書，那些修士還在鯨魚背上生火烹調食物，鯨魚被背上的灼熱弄醒，突然開始移動。那群修士恐懼大叫，跌跌撞撞的爬回皮革船，而那頭鯨魚一直游到遠方，背部的火光還繼續燃燒著，像座活動的烽火台。

不過，「布倫丹號」和鯨魚的關係倒是帶給我們不同的想法。毫無疑問的，我們這艘航行在寧靜北方水域的皮革船，具有某些吸引鯨魚的特性；說「布倫丹號」將鯨魚由海中吸引上來並不為過。在鯨魚已經非常稀少的二十世紀，這樣的事情還會發生，那麼在西元六、七世紀的情形又如何？在那個時代，法羅群島、冰島和格陵蘭外海應該游棲著更多的鯨魚，依賴當地漁場的魚類維生，或是聚集在浮游生物和魚蝦眾多的潮流交會處。以古代維京人的航行方位為例，冰島和法羅群島之間的鯨魚常被用來當作方向指標，以確定某一座島嶼或凸岬的方位。對於那些愛爾蘭修士來說，他們寧靜的航行過這些巨大動物的棲息場所時，見到的景觀會是何等壯觀！在那之前，那兒應該不曾出現過船隻和人類，鯨魚更應該能平靜的生息。我心中看見了一項事實：愛爾蘭修士的皮革船隻應該是鯨魚在這個海域見到的第一艘船，那些身為探險家的愛爾蘭修士情況也一樣，他們是第一批進入處女叢林者，見到了許多不怕人類、甚至對人類有著好奇心的動物。在那個早期年代，鯨魚龐大的數量、鯨魚的好奇心，以及鰭鯨在船身上摩擦的習性，使得愛爾蘭修士回鄉後渲染鯨魚的生態，講述怪物和巨大生物的故事，甚至船隻如何和那些動物接觸就變得不足為奇了。由這個角度看，再加上「布倫丹號」的經歷，《航行》中提到的鯨魚故事又比中世紀文本要多了幾分真實性。

但也不是所有《航行》中敘述過的海洋怪物都這麼友善。聖布倫丹的船隻曾被鼻孔噴出泡沫的巨大動物追逐，並在皮革船後面攪動大浪，就在這頭巨獸要吞沒船隻時，另一頭怪物由另一個方向出現，在千鈞一髮之際攻擊第一隻怪獸。於是海上展開驚人的戰事，第二隻怪獸殺死了第一隻怪獸，後來修士們發現第一隻怪獸的屍體被沖上岸，還切下一些肉做為食物。

殺人鯨

七月七日那天，我發現這個故事也可能有合理的解釋。那天也是典型的「鯨訪日」，「布倫丹號」行駛在油亮的微波海面，天空的灰色雲層似乎要和遠方的金屬色地平線連結在一起。圖龍杜爾對於鯨魚的行蹤似乎有著過人的敏銳。他坐在船尾的槳手座上，安靜的在他的本子上畫著。突然，他抬起了頭朝北看去。他看來有點緊張，這倒有些不尋常。在船上各處安靜休息的我們都意識到他的動作，一起回頭看著他。我依稀聽到一頭鯨魚由肺部猛力噴氣的斷聲。圖龍杜爾這時早已用手擋著天光望向鯨魚所在。

「Spaekhugger！」他冷漠的說，我們聽得一頭霧水。「Spaekhugger！」他再一次重複。「我們法羅人不喜歡這種鯨魚。牠不夠大，但有很大的……」他一下子找不出適當的字，於是張開嘴，指著牙齒。為了更清楚些，他在速描本上用碳筆畫了鯨的輪廓。

那很傳神。他畫的是逆戟鯨，也就是殺人鯨，有特別的形體和斑駁斑點。我倒是不很驚訝。由計畫這次航行開始，我聽到了無數有關鯊魚和殺人鯨的笑話和諷語，多到連我自己都不想記得。在科克郡科特麥謝里老家的捕鯊漁民，曾經語帶揶揄的說，「布倫丹號」的皮革會成為鯊魚最美味的點心。他們說「布倫丹號」的濃厚羊毛油味道會引來鯊魚。「就像在海裡綁了一條橡膠尾巴一樣！」他們開玩笑。在這麼北方，我個人並沒有把鯊魚想得太嚴重，但是殺人鯨我可就不太敢說了。在過去幾年，曾經有不少船隻因殺人鯨撞破船身而沉船。就在去年夏天，一艘大型的快艇在巴西外海也受到類似的攻擊。這樣的攻擊無法解釋，因為那些船身都屬於金屬和玻璃纖維，不是可以食用的東西。但是「布倫丹號」的情形不同。殺人鯨是肉食動物，很明顯的，「布倫丹號」的皮革可能會被牠視作食物。殺人鯨食慾非常旺盛，牙齒巨大而尖銳，上下顎左右兩邊各有十到十三顆粗達二吋的利牙。這些牙齒有利於撕咬，要把「布倫丹號」扯碎絕非難事。「如同其名稱所示，」來自自然史博物館的鯨魚小手冊寫著，「這種鯨魚以習性殘暴著稱，是唯一捕食其他溫血動物的鯨魚品種。」我曾經讀過這樣的資料，殺人鯨的胃部可以一次容納十三隻海豹；亦有不少紀錄指出，一大群飢餓的殺人鯨可以捕殺並且吞食比牠們更巨大的鯨魚。牠們會不會把「布倫丹號」當做是一頭漂浮在水面已經死亡或者受傷的鯨魚？

順著圖龍杜爾所指，我只能見到遠方微微浮出水面的黑色魚鰭。一會兒之後，牠呼吸的嘶聲已經穿過平靜的水域到達我們附近。接著我們又聽到另一陣嘶聲。圖龍杜爾指向另外一邊。在距離我們右邊數百碼處的第一個發現點，另外一道魚鰭也浮出海面。我們聽到了雙重的嘶聲。我現在可以看到牠的形狀，我往右邊更遙遠的地方看去，又見到了兩道魚鰭。「四——不，五頭。」觀看的喬治在我右耳邊說。「第六頭在那兒！」亞瑟大叫。

那一大群殺人鯨正以典型的捕獵方式聚集，牠們並排，每頭相隔一至二百碼，包圍了大約四分之三平方哩的海面。我記起來了，難怪西班牙的漁民稱呼牠們為「海中之狼」（lobo del mar）。野狼就是以這樣的陣式狩獵。

這一群殺人鯨往南移動，然後幾乎同時再度出現，並發出沉重有力的呼吸嘶聲。他們第三次浮現海面時，我們可以清楚的看見其中五頭比較小，另外一頭體積非常龐大。這一頭是公的，也就是這一群殺人鯨的領導者。牠在隊伍兩端距離我們最近的地方來回游動。根據海洋知識，雄殺人鯨是一群高智慧動物狩獵隊伍的指揮者。隊員則跟隨領導者行動；領導者通常是隊伍中最有經驗的狩獵者。現在，這一群殺人鯨正逐漸通過「布倫丹號」的船尾。

這頭公的殺人鯨感覺到我們的存在了。牠離開隊伍往前調查，鰭明顯的朝向我們而來。我們凝視這頭雄殺人鯨，為其沉著的領導風範感到不可思議。嘶聲，海面出現漣漪，牠巨大的身體正對著「布倫丹號」浮出水面，然後又潛入水中。牠在浮出水面之前，開始清除鼻腔中的水，往空中噴出高達數呎的水氣。牠再度浮出水面呼吸，這次距離我們不到五十碼，牠巨大的體型我們看得一清二楚。這是一頭已經發育成熟的殺人鯨，體型已達極致，只比「布倫丹號」短個五、六呎，是其他殺人鯨的三、四倍大。牠在那一群殺人鯨之中看來特別邪惡，身上的黑白兩色可不會令人聯想到那些調皮可愛的海豚，而是象徵凶殘的老虎斑紋。讓人最感到陰森的是牠的鰭，每當牠浮出水面時，那道薄鰭就如切割水面刀刃，由於鰭尖往後彎曲，看來像鯊魚鰭而不是鯨魚鰭；鰭高達六呎，大到無法在水面上直立，因此往單邊傾斜。這讓我聯想起戰鬥機停在跑道時，像刀刃一般尖銳的下垂機翼。

那頭雄殺人鯨最後一次出現在「布倫丹號」旁邊的時候，鰭距離我們只有二十碼。鰭在水面的高度比我們任何一個人都還高。我們聽到了這頭龐然怪物鼻孔中噴出的嘶聲，看著噴出的水霧覆蓋到船上，我們在空氣中聞到了這頭殺人鯨的腥味。然後，那頭巨大的殺人鯨又沉入水中。當海水自兩邊淹沒牠的身體時，我們看到身體兩側的黑白圖紋；海面上的漣漪擴散，輕輕的撞擊在「布倫丹號」的皮革船身上。這頭重達八到十公噸的殺人鯨完全鑽到船身底下。牠不但好奇，聰明，而且掌控一切。我們無計可施。我四周搜巡牠的行蹤。每個人皆沉默無語。我看到喬治將他身上的安全索繫在舵槳的支架上。萬一「布倫丹號」翻覆，至少還有一個人與船同在。

我們屏息不敢出聲，時間彷彿凍結。

呼！巨大的黑色背鰭由「布倫丹號」的另一面竄出水面，牠不斷的噴出水氣，然後開始懶洋洋的往那一群殺人鯨游去。我們這時候也跟著鬆了一口氣，伊登驚魂甫定的嘟囔，「媽的！」我們被檢閱，結果不合格。我們很高興有這樣的結果。

下午稍後，圖龍杜爾告訴我們為什麼法羅人不喜歡殺人鯨。他說，問題大部分出現在獵捕巨頭鯨的季節。每當成群的巨頭鯨靠近群島，島民就開始獵捕行動。漁船快速出海，在海面上形成一個半月型的船隊將巨頭鯨圍住，並將牠們驅趕到退潮之後足以困住牠們的海灘。一直到最近幾年，巨頭鯨的肉仍然是法羅島民重要的食物來源。有時候，殺人鯨也出現在附近，更糟糕的狀況是牠們和巨頭鯨混成一群。在這種情況下，殺人鯨常常會鑽到船隻底下，擊碎船隻，船員也隨之落海，許多人因而重傷。而且，殺人鯨聰明到會搶走漁網裡的漁獲當食物，在漁網上咬出大洞不說，還對船隻造成重大的損害。幾年前，請來美國空軍丟炸彈驅逐在格陵蘭外海洄游不去的大群殺人鯨，但這些動物太聰明了，當牠們發現飛機來臨時，就全部潛入水中避難。圖龍杜爾還告訴我們一個這種聰明動物最令人驚懼的故事。他說，曾經有一個法羅島民爬下斷崖解救一隻掉落在海崖上的羊，突然，一隻殺人鯨由深海中竄出海面，把他當成是一隻曬太陽的海豹，殺人鯨一次又一次的想要咬住這個人，迫使他困在崖壁動彈不得，最後是殺人鯨放棄游走，他才得以脫險。

四天之後，我們親眼見到了殺人鯨的殘暴。那天波浪起伏，照理說很不可能，但是一大群巨頭鯨卻突然環繞在我們四周，看來焦躁不安。牠們不像慣常那麼寧靜，反而看來蠢蠢欲動，一會兒浮出水面，一會兒潛入水中。一部分往同一個方向急速游動，其他的則調頭朝來向而去，一下子就不見蹤影，有幾隻甚至還完全跳出水面。牠們彷彿突然失去了慣有的群聚習性，好像受到驚嚇一樣分成數個小群。「我想一定有殺人鯨在追逐牠們！」圖龍杜爾說，我們看著這些受到驚嚇的鯨魚，我想起了《航行》所描述的海洋怪獸之戰鬥。會不會是那些愛爾蘭修士曾經面臨一頭大鯨魚游到船隻附近，並且在船頭激起海浪？在千鈞一髮之際，這頭鯨魚被一頭殺人鯨殺死？這些細節似乎不難解釋：一頭向他們游來的大鯨魚在船頭湧起大浪，往上空噴射的水霧則是來自殺人鯨，這樣，也許就和中世紀的描寫吻合了。然而，什麼樣的「海洋怪物」被殺死之後會漂浮到海岸上，變成修士的食物？當然，一定是鯨魚。再一次的，剝除這些真相的神話色彩，聖布倫丹時代的故事在瞬間找到了合理的解說。

冰島南部海岸

七月八日，我們終於遇上了好天氣。風自東邊吹來，「布倫丹號」也開始加速前進。這正是我們所需要的，因為可以讓我們駛離綿延而危險的冰島海岸。「冰島南部海岸是整個海岸線最危險的一段，」《英國海軍總部航海指南》記載：「若風向轉向西南強力吹送，可能將船隻急速吹往岸上，在此著陸必然受損……最好和南岸保持一段適當的距離。航行至此進行春季漁業活動的法國船隻，不少在此失事，顯示在這個地區航行必須極端小心……在暴風雨季節不慎駛近海岸的船隻，罕有能全身而退者……航海家經常受矇騙……附近的濤浪巨聲可視為第一道警訊。」

西南強風可能將「布倫丹號」吹向冰島致命的南部海岸，此說令我將「布倫丹號」的航向幾乎調向正西，和南岸保持數哩的安全距離。幸好，這道強風除了讓「布倫丹號」往前加速航行之外，沒有增加額外危險。第一天我們航行了七十哩，第二天甚至超過這個數字。當天，我在記錄航行日誌的時候，留意到「布倫丹號」在二十四小時之內航行了一百一十六哩，儘管我們那功效不彰的航行儀，遇到強浪時葉片常常浮出水面。也因此，我們實際的航行哩數應該比航行儀所顯示的還多。一百一十六哩的成績不算太差，其實就算是現代化的遊艇，也算是非常有效率了；更何況我們並沒有讓「布倫丹號」全速前進。畢竟，冰島外圍的北大西洋海面，不是一艘皮革船應該嘗試打破航行紀錄的地方。

風力幾乎加強了一半，海面開始激起高達十五呎的灰冷巨浪。我們把主帆降低了五呎，強化支架連接船身的地方，並將艏斜帆全部收起。「布倫丹號」開始費力的前進，船身木架發出呻吟的聲音；巨大的H型舵槳支架隨著不時變換的壓力前後移動；固定舵槳的繩索也因不斷增加的壓力而緊繃，並發出高頻的急促咯吱聲。

我們知道這些索具遲早會出狀況。第一個斷裂的是我們在法羅群島安裝在H支架的嶄新橡木柱的一根。隨著一聲巨響，它在穿過槳手座的部位應聲斷裂。我急忙加了一道皮帶將它固定。我們又學了一課：橡木木質太硬，會抵抗船身律動，也無法承受壓力。接著出問題的是桅頂以皮帶固定十字帆桁的地方。帆桁持續如翹翹板似的律動，磨損了縫合處，最後導致皮帶斷裂。於是我們忙著使用針、皮革錐和亞麻繩在海上直接進行修理，好讓「布倫丹號」能繼續前行。在主帳艙內部由於海水持續打到艙頂，問題也開始顯現。角落裡的水漬開始往中間延伸，日復一日緩慢的侵浸毫無保護的無線電設備。在我們必須讓「布倫丹號」逆風而行的時候，水漬的延伸速度有了巨大的變化。由東面吹來的強風急速推動我們前進，如果這時無法調頭往北，我們很可能會被吹離冰島海域。但是如果馬上調頭，又得面臨右舷完全暴露在大浪之中的窘境，「布倫丹號」脆弱的角落和破裂處的積水，勢必要蔓延到我們的休息區。水漬已經蔓延到架上的航海書籍，而我那個屬於船長特權的休息區兩端也經常潮濕一片。

還好我們已經習慣於這樣的中世紀環境，而且士氣非常高昂。要是在六個星期之前，簡直難以想像如何在這樣大風大浪駕駛「布倫丹號」。我們現在倒是毫不畏縮，甚至很少正眼瞧瞧那些呼嘯的海浪。我們已經明白，在嘯浪捲起和水瀑濺進船上的空隙，當我們感覺到大浪重擊「布倫丹號」船尾的霎時，我們仍有機會趕緊把身體壓低，或把肩膀拱起以免海水灌入脖子內。我也留意到我們優先處理的事項改變了。有一天下午，我正在用乾杏子和碎餅乾製作我們最喜歡的布丁，一道大浪打來，一團巨大的太平洋海水灌頂而下，每個人都忙著搶救布丁，忽略了其他的東西，等到我們開始要吃布丁的時候，才發現抹刀早就被沖刷到船的另一頭去了。

似乎也沒什麼事情會破壞我們的幽默感。颳起大風的第二天晚上，我和掌舵的喬治交班，問他情況如何。

「還不算太差，」他回答。「進了一些水，但沒什麼好擔心的。」

「船底需不需要抽水？」

「要，有時候積水還不少。曾經有一道捲浪直接打在船尾。」

「就是那道賊溜溜的把水打在我臉上的浪頭？」

「噢，不是，還要早一點。你現在站立的地方那個時候大約有一呎深的水，我當時還想每個人是否裹著睡袋漂浮在水上。晚安。」

他說完之後，兀自進入帳艙。我打算點燃可以讓掌舵人稍微取暖的煤氣燈。我費力的往燈裡灌氣，但一打開氣閥，裡面竟然發出流水的聲音。原來這盞煤氣燈曾經完全淹沒在水裡。我聽到向來討厭這盞燈的喬治，在帳艙中發出咯咯的滿足笑聲。

我們每個人都各有一套應付環境的方法。亞瑟對抗惡劣天氣的方法，是將自己蜷曲在睡袋裡。但是他的身體蜷曲，喬治就沒有辦法好好躺下來。於是他們兩個人時常互開善意的玩笑。喬治常常計算，除了值班和吃飯，亞瑟一天能夠這樣假寐幾個小時。除了曾經抱怨海水把他的香菸打濕了，惡劣的氣候倒是影響不了伊登的快樂生活。他仍然喜歡在黃昏之後獨自喝上一點兒威士忌。不論他盡多大的努力想要說服我們加入，我們這幾個人早就對飲酒和抽菸不感興趣。圖龍杜爾仍然一貫的不急不徐。他總是準時的像一頭大熊一樣，由前面的帳艙出現，過來和掌舵的人交班。第一次起風的那個晚上，他教了我們一個有用的技巧。他從他的口袋中掏出一付抹過油的陳舊羊毛連指手套。出乎我們的意料，他在戴上手套之前，靠在船舷將乾燥而溫暖的手套放到水中，然後拿起來盡量擰乾，才把半潮濕的手套戴上。「這樣比較好，」他說：「一會兒就不會那麼冷。」他說的沒錯；手套經過處理，就像保溫潛水服的手套一樣，可以減低冷風帶來的寒氣。

食物成了我們最常討論的話題。喬治每天早上由貯藏區找出一包當天的食物包；我們每天都要留意經過海水灌覆，加上我們老是在那區走動，可供食用的還有多少包。他檢查裡面的材料，壞掉的全丟到海中，還可以利用的則帶到船尾的烹調處。我們發現我們貯備的食物過多。我們有無數乾燥的湯料包，都是沒有人想吃的，還有許多包餅乾、糖，以及味道已經被海水掩蓋、樣子落魄的茶包。在裝貯食物的時候，為了省錢，我買了不少便宜的粉狀咖啡，現在倒是證明了這種錢根本沒省著。沖煮過二、三十杯後，再也沒有人能夠忍受這麼可怕的東西；並重新體會到熱麥芽牛奶、熱巧克力和肉汁等兒時飲品是多麼美味。鹽醃的牛肉和牛舌，或碎肉等主菜都很受喜愛，而且每次都令我們有些意猶未盡，船長特餐則是杏子、果醬和碎餅乾做的粥，不但受到歡迎，而且可以幫忙消耗我們多餘的食物。

布倫丹海鳥特餐

七月十一日是我們駕駛「布倫丹號」急速往西航行最擔心的一天。東風已經逐漸減弱，但仍然極有勁兒的推著船隻向西行駛，我不由得擔心，我們可能因此而錯過冰島。我再度檢視了一次大比例的航海圖。如果風勢繼續，我們也許可以直接到達格陵蘭。但這也表示我們將錯過那些在冰島等著我們的商店了。我計算了一下剩餘的食物。如果嚴格管制，補給應該足夠讓我們到達格陵蘭。但是我隨後又想起了海面的結冰層。許多資料顯示，冰島外圍的海面這一年的結冰期超乎尋常的長，東部海岸海面現在可能還有一層厚冰。這可能不太讓人期待，於是我下了一個決定：不論如何，「布倫丹號」必須在冰島上岸。

於是我們奮力向北方前進。我們重新調整船帆的方向，以增加航行的效率，也數度調整下風板。然而「布倫丹號」仍然不斷向西偏航。我們再度放下海錨，降下方形船帆，並在用來代替桅桿的船槳掛上輔助帆，好協助「布倫丹號」把船頭抬高頂風而行。只不過我們仍然向西前進，越過衛斯特曼群島（Westmann Islands）和冰島西南端。我心想，我再也不會懷疑許多海洋大發現是船隻受到暴風雨和惡劣氣候改變方向的時候意外產生的。任何像「布倫丹號」這麼容易受到氣候影響的船隻，在經過一個星期的暴風雨之後，就已經偏航目的地五、六百哩。

然後，很突然的，東風驟減，我們終於可以鬆一口氣。我們見到海鸚飛越而過，因此知道我們距離陸地不遠了，因為這種鳥類很少遠離牠們的棲息地。這個時候，圖龍杜爾又有新秘訣要教我們。「咯！」一隻海鸚快速的飛越我們，圖龍杜爾發出一聲低沉的喉音。「咯！」那隻鳥繞了一圈調頭飛了回來。「咯！」牠被圖龍杜爾的聲音所吸引，飛得越來越近，不斷的在船的上方盤飛。圖龍杜爾看見我們深為著迷的樣子，指著「布倫丹號」上方兩隻盤旋的燕鷗，告訴我們，「這兩隻鳥也會過來。」他拿起一塊白布綁在船鉤的尾端，然後在空中揮舞著。一點兒也沒錯，兩隻燕鷗飛過來一探究竟。圖龍杜爾又繼續揮動白布，兩隻燕鷗跟著飛得更低，其中一隻最後還停到船帆上。

「可惜牠們太小了，」伊登說：「連吃一口都不夠。」

「牠們不好吃。」圖龍杜爾說。

「你們在法羅群島都吃些什麼鳥類？」我問他，順手拿出了鳥類圖鑑。他指著海鸚、小塘鵝和海鳩。「這些都很好吃，」他說：「我們爬到崖壁上抓鳥巢裡的小鳥。」

「吃起來味道如何？」

「很好吃。曬乾或用燻的。」

「那這種鳥呢，管鼻鸌？」伊登謹慎的問，翻到正確的那一頁。

「白色的鳥都很好吃，但黑色的鳥不好。」圖龍杜爾說。

「為什麼不好？會讓人生病嗎？」

「我不知道。法羅群島的漁民都說黑色的鳥類不好。」

伊登一臉飢餓的回頭看著「布倫丹號」船尾寧靜海面上那群聒噪的管鼻鸌。牠們正試驗性的啄著安全索尾端在海面沉浮的塑膠罐。「我們可以抓到這種鳥嗎？」他急切地問。「吃了這麼多脫水的垃圾，要是能夠來點兒新鮮的食物，那該多好。每次吃過飯後好幾小時我嘴巴都還是那些硫磺和防腐劑的味道。」

圖龍杜爾拿下一塊掛在舵槳支架上的鯨油脂。伊登一臉緊張。「不，不。我沒有那麼餓！」他說。圖龍杜爾微笑的切下一塊鯨油脂，掛在魚鉤上，然後取下了鉛錘，「釣鳥用的。」他向伊登保證，然後輕輕的將魚線放到船外。那塊鯨油脂在水面上朝管鼻鸌漂去，水面上跟著泛起了一些油光。其中一隻鳥試驗性的啄了一下，發現鯨油脂的味道不錯，開始吃了起來。瞬間，整群鳥都過來搶食，空氣中充滿了憤怒和失望的尖銳叫聲。牠們不斷的爭奪那塊小小的鯨油脂，深怕被其他的鳥兒奪走。但是那塊鯨油脂韌性極強，鳥兒的爭奪對它似乎毫髮無傷。過了一會兒，一隻好吃的鳥想要獨吞；只見牠身體一彎，把整塊鯨油脂啣在嘴裡，拍著翅膀飛過水面，想要獨享奪來的戰利品。牠的貪吃帶來了毀滅。釣魚線一陣抽動；鳥兒往前急飛的速度使得魚鉤牢牢的鉤住牠的嘴；我們聽到了一聲驚懼的尖叫，圖龍杜爾快速的收線，抓住了獵物。五秒鐘之後，那隻管鼻鸌已經被剝除了皮毛；而另一塊鯨油脂正悠悠晃晃的繼續漂向那一群水鳥。兩分鐘之後，圖龍杜爾又捉到另外一隻管鼻鸌。「哇，太美了！」伊登發出滿足的聲音。

這些管鼻鸌也跟著學乖了。圖龍杜爾花了五分鐘才抓到第三隻鳥，抓第四隻的時間則更長。然後，那些鳥兒對鯨油脂根本不聞不問，牠們在它四周游著，保持六吋距離，但是就是不肯啄食。

圖龍杜爾向伊登示意，要他慢慢的把釣魚線拉回來。這群管鼻鸌跟著釣餌，緊張的拍水游過海浪，還不時盯著那塊鯨油脂，以及奇怪的船隻。「噗！」圖龍杜爾拿起船鉤往下一打，正好打在離得最近的那隻管鼻鸌的頭部後方，把牠的脖子打斷了，其他的鳥類瞬間振翅飛走，只留下槳手座上的五隻獵物，四隻白色和一隻灰色的北極管鼻鸌。「誰要吃灰色那隻『有毒的』？」亞瑟懷疑的問。

「把牠們的毛全部剝乾淨，」我說：「然後全部丟入鍋裡一起煮。這樣就看不出來誰會吃到哪隻。」

我用小火煮了這些海鳥，並用刀子戳動牠們。牠們看來很瘦，像長腿林鴿，不過肉質看來很硬實。「我們要不要把牠們掛上幾天，讓肉稍微軟一點？」喬治說。伊登一聽到可能不能馬上享用，一臉痛苦。經過兩個小時的烹煮，這些管鼻鸌看來可以吃了，我加了些深色的調味醬和一點鯨魚肉乾製成肉汁。每隻海鳥配上一些馬鈴薯泥上菜。有那麼一刻的停頓，加上一點懷疑。然後伊登吃了一口。「美味，」他說！「太好吃了！」「還是有點太硬，但好吃極了！」「棒！」「我還擔心會有腥味兒，但一點兒也沒有。像鴿肉，或是松雞。」「布倫丹海鳥」這道菜，看來好歹值得三顆星。接下來那幾分鐘，我們忙著大嚼大嚥，沒有人有空說話。收盤子時，盤中的骨頭都是啃得一乾二淨的。沒有人覺得不舒服，不管是誰吃到那隻灰色的。我們一致認為應該補充海鳥當食物。這真是最好的現成食品。又是一個在千年之後，足以說明那些愛爾蘭修士或許不需要攜帶大量食物，即可以在長程航行中存活的證明。憑著一些肉乾、燕麥片、莖類蔬菜，加上也許可以取得的鯨油脂，他們可以在北海中抓到豐富的魚類，並由不時環繞他們飛行的大量海鳥中取得肉類。淡水必然是最難以解決的問題，不過在潮濕的副極地氣候帶，他們應該可以在不幸被吹離航道時，貯存足量的雨水應急。

我們對於獵殺和食用野生動物並不感到難過。對我來說，這純粹是狩獵的技巧。我們以最原始的器具打獵，我們也不可能會使得大量繁殖的管鼻鸌在這個海域瀕臨絕種。事實上，在所有的海鳥中，管鼻鸌最不引人憐憫。在赫布立群島和法羅群島，管鼻鸌的數量急速超越其他海鳥。牠們將較小的鳥類趕離棲息的岩壁；在海鳩或海鸚的身上吐綠色黏液，這種黏液會破壞鳥類羽毛的防水性，使得牠們停在水面時淹死。但奇怪的是，當我們捉到牠們時，牠們既沒有吐出黏液，我們也沒有在魚鉤上發現這種東西。

冰島在望

我們花了六天的時間，小心的將「布倫丹號」駛過乖戾的北風和東風，緩慢的回到冰島海岸。這幾天倒不令人感到無聊。我們逐漸見到冰島漁船，這倒是令人鬆了口氣，因為從法羅群島至南岸的長途旅行中，我們只見到兩艘船。冰島漁船的船長們常駛近「布倫丹號」，看看這群奇怪的訪客，魚夫們則成排站在甲板上向我們揮手。一艘拖網漁船搖晃的駛過大浪，海浪打上船的中段甲板。「那樣討生活可不怎麼好玩，」我對喬治說：「瞧瞧漫過船身的海水。」我想起了一件事，並大笑起來。「不知道他們見到我們這樣會說些什麼。可能也是差不多的話吧。乘坐那樣無頂的船是多麼瘋狂。但是你看看那艘拖網漁船和『布倫丹號』行過海浪的樣子。我們的船上幾乎沒有什麼水。」

第二天，冰島海岸巡防隊的偵察飛機轟隆隆的飛越我們，離我們的桅桿不到五十呎，我們的無線電這時又開始發出聲響。

「哈囉，布倫丹。這是冰島海岸巡防隊，洋基山的羅密歐。船上的人都好嗎？」

「是的，都很好。」

「你確定？」

「當然。事情順利，船員們士氣高昂。」

「我們由報上知道『布倫丹號』漏水。我們能幫上忙嗎？」

「不用，謝謝，」我回答。「我想必然是那些記者自己出紕漏。如果你們需要一架皮革飛機，我們一定幫你們建造。」

我們一哩一哩的接近冰島海岸。我們忙著捕管鼻鸌，那些鯨油脂為我們帶來更多的燉海鳥。有一天下午喬治心血來潮，朝氣蓬勃的穿著全套防水服跳入海中戲水。他高興的繞著船邊，在水中浮游了半個小時，還把腳往上翹，看來像個服裝店的鮮紅假人。此時我們位於北緯六十二度時，海水非常冷，但當他爬上船來時，他只感覺有點涼。當時我們還不知道，這些色彩鮮紅的衣服在格陵蘭的冰層海面上，扮演著求生的重要角色。

冰島西邊的大陸棚是大鰭鯨活動最頻繁的地區。我們越靠近陸地時，牠們的數量也明顯增多，並好奇的游到「布倫丹號」附近，有時一群高達六或十隻，有些小鯨魚還在母鯨的尾浪中跟行。有一次，一頭幼鯨和「布倫丹號」平行而進，相較之下體型比船身小一些。我們還見到冰島捕鯨站的捕鯨船在附近巡視，但從來沒有見過他們實際捕鯨。每次這些捕鯨船一出現，環繞我們四周的鯨魚似乎都得到警告似的潛入水中。等捕鯨船加速駛過，半個小時後，這些鯨魚才又露出水面，在「布倫丹號」四周噴著一陣陣的水氣。

我們終於見到遠方的陸地，那是雄壯的雪山（Snaefellsjökull），一座矗立在西灣、高達四千七百呎的火山錐。山頂終年覆蓋冰雪。白色的頂峰有如指引我們到來的燈塔，當我們逐漸看清連綿的山脊朝東連接到主陸塊時，雪山也帶來我們需要的風力。七月十七日，「布倫丹號」目標更明確的往雷克雅未克前進，我們為到達時刻下了賭注。當雷克雅未克港口進入眼簾時，有那麼一點兒時間，我感到有些失落。真的有必要進入充滿麻煩、人群和責任的陸地嗎？在「布倫丹號」上的生活極為悠閒、寧靜、與世無爭，我幾乎為這段航程即將結束而難過。

但這也是一閃而過的念頭。「布倫丹號」經過港口外圍的浮標時，興奮感覺油然而生。

當然是圖龍杜爾猜測的抵達時間最為接近，於是贏得了賭注。雷克雅未克的領航船由碼頭噗噗的向我們駛來；我回頭一望，一艘大型的貨輪朝我們逼近，彷彿在強調陸地的新壓力似的。這艘滿載貨物的三萬噸重船隻急速的要進入港口。

「我來加速，好讓貨船過去，」我對已經靠近的領航船船長說：「但我們恐怕不太靈活。」

「噢，不，」他大喊：「那艘船可以等，我們是來導引『布倫丹號』入港的。這就是我們過來的目的。港口中有一個特定的停泊位等著你們，但港內風很強，讓我們將你們拖進去吧。」

「不用了，謝謝，」我喊回去，「我們應該可以辦得到。但也許請你把拖繩準備好。」

我將舵槳交給喬治，他再勝任無比了。「布倫丹號」優美的進入防波堤之間，和堤防近到幾乎十字帆桁要擦到堤上那些觀看群眾的腳。她轉了個S彎，伊登降下了船帆。圖龍杜爾和亞瑟無話的拉起纜繩上岸，就像平常走在陸地上一樣，絲毫不受到長時間海上顛晃的影響。「布倫丹號」順利的入港停泊。穿著制服的冰島海關關員走上了油膩的舷緣，白帽夾在臂下，他快速的遞給我一個夾板和一枝筆。我一看，原來是健康申報書。我在表格上的其中一欄，毫不猶豫的填了「不」，那個問題是：船上是否有老鼠或在航行中是否在船上看到老鼠？

9 鐵匠島

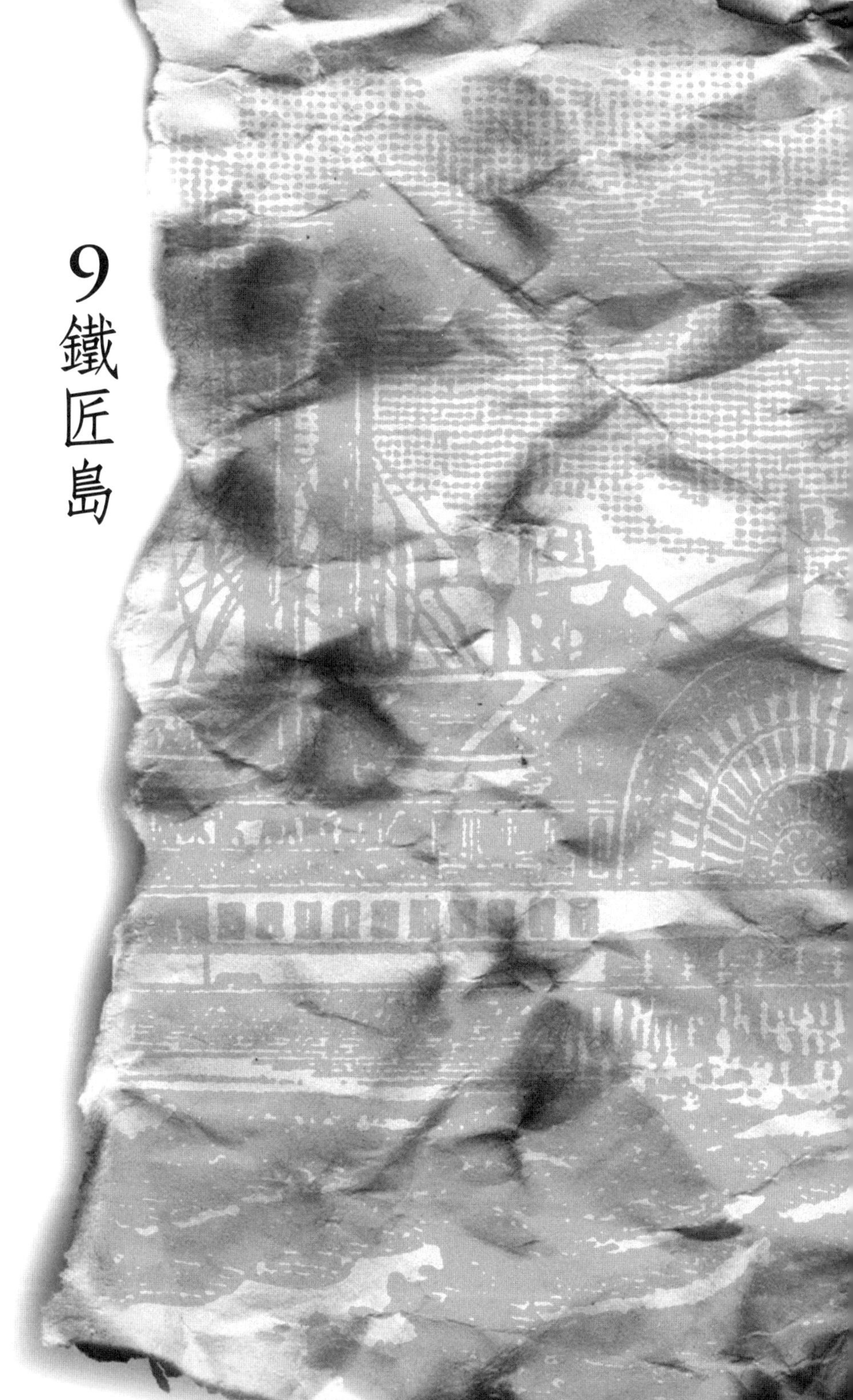

《航行》書中寫道：有一天，聖布倫丹等人被南風吹到了一座多岩的小島，島上「非常崎嶇、多岩，滿覆礦渣，而且有很許多鐵匠。極受敬愛的聖布倫丹對他的兄弟們說：『這座島令我擔憂。我不想登岸，也不願再往前靠近。但風卻不斷的把我們吹向它。』

「正當他們沿著海岸行駛時，大約在投石距離以外的地方，傳來如雷的風箱鼓動聲，以及一陣陣鐵槌敲在鐵和鐵砧上的聲音。聖布倫丹聽到這樣的聲音，以手臂分別對著四方畫十字架，嘴裡唸著，『主耶穌基督，請引導我們離開這個島嶼。』

「他一說完，即瞧見島上有個居民走出屋外，似乎要做什麼事的樣子。這個頭髮蓬亂，樣子苦難陰鬱的人一見到這些基督的僕人正緊挨著島嶼而過，即刻回到熔鐵爐邊。聖布倫丹再度祈求上帝賜福，並對著弟兄們說：『孩子們，把帆升高，用力划槳，我們要以最快的速度逃離這個地方。』

「他話還沒說完，剛才那個野人已走到離他們不遠的海岸，用火鉗夾著一大塊燃燒的高溫熔鐵，快速的拋向上帝的僕人。那塊熔鐵越過他們飛行了二百多碼，沒有打中。它落入海中時，海水開始翻騰，海面也冒出有如熔爐般的濃煙。

「當這些上帝的僕人駛離熔鐵落海處約一哩的地方，更多的島民跑到岸邊，每人都帶著一塊熔鐵。有些人開始朝著上帝的僕人丟擲熔鐵，然後一個個又回到熔鐵爐繼續燒炙鐵塊。整座島嶼有如一座巨大的熔鐵爐般燃燒，海面則像一個盛滿肉類的大鍋般沸騰。那一整天，他們不斷聽到那座島嶼傳來的喧鬧聲響，即使看不到小島了，耳中仍然傳來那些島民的擾攘，同時聞到惡臭。『噢，基督的戰士，憑藉堅貞的信仰和精神的武器堅強起來，我們正在地獄的邊緣上。要機警而勇毅。』」

大多數的學者都同意，《航行》所描寫的可能是一座火山島爆發的情景，伴隨著火山口噴發的熔岩和火山灰，隨風四處吹送的火山爆發硫磺臭味，地下爆炸的隆隆聲，以及地表噴發的沉重巨響。但關鍵問題是，《航行》的作者是否只是重述所聽來的故事，或是愛爾蘭修士曾親眼目睹火山爆發。而知識廣博的愛爾蘭修士可能閱讀過古代作家有關火山爆發的敘述，或者在他們航行途中親眼見到冰島的火山爆發，因為這些火山正好位於通往北美洲的「踏腳石航線」上，足以做為《航行》上所描述的場景。

位於火山地帶的冰島

「布倫丹號」接近冰島時，我心裡思考著一個很實際的問題。冰島的地理景觀和故事中所提極為吻合。《航行》裡面描述聖布倫丹是由南面駛近爆烈的鐵匠島。冰島南岸有不少火山活動的證據。航海圖的海底等高線顯示海底散布著不少火山錐，而由凱夫拉維克（Keflavik）往西南延伸的雷坎斯山脈（Reykanes）極可能也是火山活動的產物。在歷史上，沿著這座山脈，至少有六次海底爆發。例如在一七八三年，附近大陸上的人們曾經見到一座小島浮現水面，在立下上刻皇家圖紋的碑石以宣告其為國土之前，這座新生的小島已被海水沖走。一九七三年，在稍東邊的海岸外，火山島威斯特瑪納爆出一條裂縫，冒出的巨大岩漿流幾乎席捲島上唯一的城鎮。

有一座島特別吸引我的注意，一座叫修西（Surtsey）的小島，大約位於威斯特曼佳群島（Vestmannaeyjar）西南西方三哩半處。一九六三年十一月，這裡的海底火山抬升爆發。我讀到了不少有關那次激烈爆發的狀況：三萬呎高的熱氣圓柱、噴發的飛屑高達八千五百呎，然後落回海中；海中的火山口在海水灌浸時不斷發出隆隆的悶響，最後形成一座新生島嶼，一如《航行》所描述的一樣。威斯特曼佳群島在布倫丹時代即已存在，只不過當時有個奇怪的名字：「西方人群島」或「愛爾蘭人群島」。名稱也許只是另一個巧合。既然到了冰島，我一定要去拜訪見證了修西島誕生的人士，特別是西格鐸．索拉林遜（Sigurdur Thorarinsson）。他是冰島權威的火山專家，曾在修西島升出水面後不久到島上考察。

「我記得當時乘坐橡皮艇登上那個新生島嶼時，心想，聖布倫丹文字中所提到的還真精確。」當我到雷克雅未克大學拜訪他時，西格鐸．索拉林遜說：「當時島嶼才由海中浮現不久，還噴發著火山屑。修西的情形和古代愛爾蘭修士描寫的非常相似。就我所知，再也沒有其他古代的作家曾經記述過海底火山爆發產生新島嶼的事。」他停頓了一會兒。

「還有一點是常被忽略的：聖布倫丹的描述非常清楚的顯示，這些修士當時極為靠近火山爆發的源頭。這很明顯是指海底火山爆發，因為任何人不可能乘船靠近陸地上正在噴發的火山。對我來說，我很確定這些修士的描述僅符合海底火山爆發的情況。」

現代的修西島雖然已經是座休火山，但仍然不難看出《航行》中「鐵匠島」的情景。修西的地勢頗矮，顏色黝黑，上面覆蓋了熔渣和火山灰，基本上除了少數掙扎存活的低矮植物外，沒有其他植被。完全是聖布倫丹當時所見的「無草無樹的石島」。而且一座新生島嶼必然是熔渣噴發，海中冒出濃煙，空氣中充斥著硫磺味，並有著中世紀作家生動描寫的，發出嘶嘶聲響的炙熱海水。

古代愛爾蘭人所見到的噴出海面的海底火山，可能早在很久之前即隱入水中，成為海床上的圓丘，或是被海浪侵蝕掉了。這些都有可能。可以確定的是，一直到修西火山噴發之前，即使是最有經驗的火山學家也沒有機會可以如此貼近的研究海底火山。他們進行研究時，曾有人建議應該將它命名為聖布倫丹。最後，這座火山是以冰島詩集中的古斯堪地那維亞巨人蘇鐸爾（Surtur）之名命名。

幸運的，《航行》提供了火山地點的另一條線索。上面的文字說，有一天聖布倫丹和修士們見到了「北方不遠處的海洋之中有一座高山。高山雖然被雲霧圍繞，但很清楚的，山尖上冒著煙。風急速的將他們的船往那座島上吹去，直到靠近海岸才停下來。不遠處有一座見不到頂端的斷崖。斷崖顏色如煤，崖壁則陡峭似牆。」書中還記述，剛剛抵達的一名修士跳下了船，涉水前往崖腳，卻嚎叫著他被推著向前，無法回頭；惡魔捉住了他，並當著同伴的面被丟進火焰中。其他的修士倉惶推著圓舟回海上。當時風向已變，他們於是調整船帆向南駛去。他們回頭望去，那座山已經不再冒煙，而是朝著天空噴出火焰，火花隨後散落，整個島嶼猶如一座火葬壇。

很明顯的，這些愛爾蘭修士再一次見證了火山活動，但這次是陸地火山，應該位於鐵匠島北邊不遠處。地理再一次證實了他們的故事。冰島海底火山活動地區的北邊和東邊，噴發的火山形成主島。以赫克拉（Hekla）、雅佳夫加拉久庫爾（Eyjafjallajokul）和卡特拉（Katla）這三座火山為例，全都位於南岸。赫克拉和卡特拉是冰島最活躍的火山；而且，冰島南部海岸是綿延和緩的斜坡海灘，缺乏港口或海灣，如果圓舟被風推向陸地，必然像《航行》所描述的一樣，在淺灘擱淺。由鐵匠島的北邊行駛時，這些愛爾蘭修士必然會見到遠方的火山，並受制於強烈南風的驅使，朝向海岸駛去。如果是這樣，他們上岸的地點必然是在雷坎斯半島（Reykanes Peninsula）龜裂成煤塊狀的陡峭黑崖下方，要不然就是這平坦海岸唯一的地標——高三百二十呎的戴賀萊（Dyrholaey）高崖下方。今日《英國海軍總部航海指南》亦形容戴賀萊為「陡峭崖壁，在鄰近海岸往南延伸二錨鏈長。」（cable 為錨鏈長，英國海軍定為一八五點四公尺——譯注）。至於「惡魔」抓到的修士遭火燒一事，可能是這名修士被熔岩流燒到，或是不慎踩裂岩石薄殼，而墜入底下的熾熱蒸氣中。

研究「帕巴」的冰島總統

還好，《航行》並非唯一一本描述早期愛爾蘭教會航海鼎盛期的書籍。查理曼大帝時代的博學修士迪丘爾，亦記述了古代的愛爾蘭修士經常在夏至前後前往遙遠北方的一座小島，「黃昏西沉的太陽彷彿只是將自己隱藏在一座小山丘之後，因此在那個地方幾乎沒有黑夜，人們可以依賴天光隨心所欲，甚至由衣服上抓出虱子；如果他們爬到山頂，很可能永遠都可以享受到陽光。」迪丘爾所描寫的北方之島必然和冰島同緯度，而且仲夏的太陽只微微沉落山後形成永晝，同時就像迪丘爾猜測的，那些喜歡賞景者爬上冰島的山峰北望，可在地平線見到子夜的太陽，並舉行子夜野餐。

早期愛爾蘭人造訪冰島的證據也顯示在古斯堪地那維亞人的著作裡。《移民紀》（*Landnamabok*）為十二世紀的冰島古籍，其中描述第一批古斯堪地那維亞人如何由斯堪地那維亞半島前往冰島，並發現那兒早已住著「北方人稱為『帕巴』的居民；他們都是基督徒，遺留下的書籍、鐘鈴和牧杖，一般認為他們必然是越過西邊的海洋來此……」

「帕巴」這個字是古代斯堪地那維亞語的「神父」，指的是基督教派的修士，根據編年史家「博學者亞瑞」（Ari the Learned）在一一三三年撰寫的《冰島居民紀》（*Book of Icelanders*），當北方海盜出現時，這群隱士即逃離這些偏遠的島嶼，因為身為基督徒，他們不願和異教徒混居。令人興奮的巧合來自冰島學者克里斯占恩·艾爾德賈恩博士（Dr. Kristjan Eldjarn）。他是冰島的總統，不久之前完成了有關「帕巴」的研究。他曾任國家博物館（National Museum）的館長，花了很長的時間尋訪冰島東南海岸的帕匹島（Papey）

古代遺址，並有不少重要的出土文物。他也是在「布倫丹號」停泊後，第一個在雷克雅未克碼頭上歡迎我們的人。

「我們相信愛爾蘭隱修者曾經住在此地，」他告訴我，「但我們尚未找到任何和他們必然相關的證據。《冰島居民紀》仍是極為可靠的歷史線索；許多地名也透露了其歷史，如帕波斯（Papos）、帕匹島（Papey）和帕巴峽灣（Papafjord），還有一些實際地點是我們還不清楚的。我們相信這些名稱都是以一度住在此區的愛爾蘭隱修者，也就是『帕巴』而命名的。」

我向艾爾德賈恩總統提到我們行經法羅群島時的體驗。「『布倫丹號』證明了那些修士以皮革船航行的可能性，」我說：「我認為您提到這些和『帕巴』有關的地名都集中在冰島東南岸，並且面對法羅群島，是有其重要意義。在一般情況下，以最短的航線至冰島，那延伸的海岸必然是駕駛『布倫丹號』上岸的地點。看來，這又證明了地理上的吻合。」

艾爾德賈恩總統看來有些惋惜。「很可惜我沒有時間繼續進行這項研究。我們才剛開始在冰島尋找愛爾蘭人的遺跡，要進行的事還很多。在這節骨眼上，有個問題要特別注意：在所謂的維京人時期，冰島和愛爾蘭之間往來密切，要證明在冰島發現的愛爾蘭工藝品到底是古斯堪地那維亞人或是之前的帕巴人帶入，一點也不容易。由古老的文學裡，我們知道不少古斯堪地那維亞人經由英倫三島進入冰島定居。同時，現代血統研究的結果顯示，有相當比例的冰島原住民源自愛爾蘭和蘇格蘭，他們若非古斯堪地那維亞人的妻室，就是各家的奴隸或僕人。冰島和愛爾蘭在整個中世紀毫無疑問的有密切的往來。」

熱情如火的冰島人

也許是因為這種愛爾蘭—冰島的古老連結傳統，「布倫丹號」和船員受到了冰島人的親切歡迎。我們在雷克雅未克停留期間，協助和熱情招待紛紛湧至。位於雷克雅未克碼頭隔鄰小灣內的巴譚納斯特（Batanaust）小船塢也說，如果「布倫丹號」需要離水上岸檢測，可以免費使用他們的船台。我高興的接受了他們的提議。「布倫丹號」已經連續在海上航行了八週，比一艘不加塗油脂的皮革船還久。我急切的想知道皮革船身的現狀。於是我們把「布倫丹號」拖行繞過巴譚納斯特，拉到岸上。她看來情況頗佳。皮革上唯一的損傷是在靠近船頭的地方，顯然是早先碰撞尖硬的漂流物所致。我們細細檢查了每一道縫線，發現所有的縫合處都完好如初。「布倫丹號」和我們由布蘭頓溪出發當日一樣堅固。不過她的體型倒是有些改變。在船尾兩側的牛皮上可以見到兩道深刻的皺紋，而船尾已有些下彎。在右舷的地方，由於在愛爾蘭艾歐那時這面曾經置放在沙灘上，導致砂子被擠入船肋之間的皮革，因此皮革表面呈現一些波紋。不過羊毛油仍然完好的緊覆在皮革上，令我們感到欣喜。這表示我們的船隻防水性良好，而認為皮革船必須每週上岸一次重新塗脂的理論則是錯誤的。除了被漂流物刮去塗油的少數小地方，「布倫丹號」船身上的防水油脂雖然長了些綠藻，攀附了一點藤壺，防水性仍然極佳。我們小心的用木片把附在上面的東西都清除掉，並檢查船底的皮革。情況完好。我們的船隻繼續長程的海洋航行毫無問題。第二天，一群冰島兒童熱忱的替「布倫丹號」的船身塗上了一層熱油脂，把自己也弄得一身黏糊糊的。

我們也在船塢徹底搜查了「布倫丹號」，這是最老式的方法，將船上所有東西移走，並清理所有設備檢查船身。幸好我們保留了原來的梣木舵槳支架，可以代換已經產生裂縫的橡木。接著，我們將其他的裝備扛到船屋內暫時貯存。東西都移走後，「布倫丹號」有如一條剛消化完食物的巨蟒一般，船身兩側的皮革往內縮陷了幾吋。船塢的貓看來可不太高興。讓那些船工大笑的是，這隻貓聞了聞圖龍杜爾的鯨油脂和乾羊肉，快速離開船塢，直到「布倫丹號」重新裝備出海航行後才又現身。

冰島通訊中心的主任也前來提供協助。

「我想我們可以幫你改善無線電系統，」他告訴我：「我建議你裝設飛機無線電頻率的晶體，這樣你就可以使用航空波段向飛過的飛機報告你的位置。由這裡到格陵蘭的航路上船隻不多，沿海無線電站台更少。事實上，一旦你出了雅克雷未克的範圍，在你到達加拿大之前只有南格陵蘭有一個站台。」

「但是船隻使用航空頻率不是違法的嗎？」我沉吟著。

他笑著。「可能吧，但是你通訊的對象大概也只限於冰島的飛機，或是我們在雷克雅未克的電子通訊中心，我們當然不會有異議。」

第二天，兩位穿著白色工作服的技師前來替「布倫丹號」的無線電重新調頻，主任又提供了另一項建議。「你將會需要一個呼叫代號，使用『安達』（ENDA）如何?它聽起來像愛爾蘭語，愛爾蘭人的呼叫代號都習慣以E開頭，而且這個代號是取自『布倫丹號』（Brendan）的中間字母。」

看來冰島官員很樂意讓法令有些彈性以協助「布倫丹號」。這是很難能可貴的，也是我們運氣好。冰島海岸巡防隊的指揮官彼特．西格遜（Petur Sigurdsson）是一位溫文高雅的人。他熱愛海洋歷史，多年來對於愛爾蘭修士使用的船隻也非常感興趣。在他親自指揮下，海岸巡防隊的協助不成問題。他們在海岸巡防隊基地提供一個停泊處給「布倫丹號」，我們也由巡防隊的商店補充了一具較好的錨、備用的拖船索、供無線電使用的備用汽車電池，和一個可以在暴風雨中將油灑到水面的油袋。「凡事都說不定的，也許會有用得上的地方。」貝倫．史文遜指揮官（Commander Berend Sveinsson）說。他是海岸巡防隊官員，負責照管「布倫丹號」的補給。「我們的救生筏都放置這樣的油袋，也許在暴風雨中會派上用場。」我把油袋拿回「布倫丹號」上時，圖龍杜爾很肯定的點著頭。「這個好，」他說。「我們會需要魚油，但最好的是鯨油。」二十四小時後，他由城外的捕鯨站取回了一大油罐的鯨油。幸好他做了這件事。這個油袋後來在「布倫丹號」面臨格陵蘭的暴風雨時產生極大的用處。

「如果還有任何我們可以幫上忙的，請不用客氣。」我到海岸巡防隊總部致謝時，彼特．西格遜說。在他們的控制室，我看著一面巨大的玻璃運作屏幕，上面標示巡邏船的活動。「布倫丹號」至冰島的虛線仍在屏幕上。每天中午更新位置的時間，隊上即有人在上面畫下「布倫丹號」的小型草圖，以及我們遇到惡劣天氣、或是巨浪打上小船的地點。「你們往冰島來時，我們一路都留意著……萬一有需要的時候，我們可以前往協助。」彼特平靜的說。我心裡充滿感激。

「布倫丹號」冬眠

冰島人唯一無法幫我們的是改變有利於我們的天氣。我們在一週內完成「布倫丹號」所需的補給，然後準備出發前往格陵蘭。然而風向卻與我們作對。強風由西南狂吹過來，那正是我們要前往的方向。我們在碼頭足足等了三週。我每天下午步履沉重的前往氣象站查看天氣圖。每個下午的預報都一樣，全是西風和西南風，通常是強風特報。為了安撫我們的焦躁，彼特安排我和喬治乘坐海岸巡防隊的飛機前往格陵蘭的外海。

飛機往西下降幾百呎後，我看著下方的格陵蘭海（Greenland Sea）。那是令人看了會沮喪的情景。多日來的西南風在海上掀起翻騰的巨浪，遠望至地平線皆是一道道白色的泡沫。海水的顏色呈現沉沉的灰綠色，冰冷而嚴峻；海面上一望無際，「布倫丹號」必須要走的航道上，既無渡船，也無貨輪，甚至見不到漁船。相反的，大約在距離格陵蘭海岸一百哩處，我們見到了一座巨大的冰山脫離了陸地，朝北極方向漂去。由天空下望，那座冰山與兇猛的海洋相比顯得清爽而可親。但是在冰山和水面交界的地方，我可以見到海水如何波動和漩動，白色的冰山表面突然在海水衝刷而過時顯現出冰冷無情的藍綠色。毫無疑問，這不是一個適合中古世紀皮革船闖盪的地方。

我們回到雷克雅未克時，我做了一個決定：我們最好是把船留在冰島過冬，等到來春再回來繼續未完的航程。這個時節西航太遲也太危險了，等我們到達格陵蘭南端的送別岬（Cape Farewell）時，秋天的強風很有可能會令「布倫丹號」覆沒。此外，在登陸格陵蘭時，海面也已經積結不少冰面。我以愛爾蘭修士當年也應該是如此調整航程安慰自己。《航行》上清楚的提及他們按季節出航，由一座島嶼前往另一座島嶼，共花了七個季節才到達西方。

我知道將「布倫丹航海計畫」延遲到第二季會帶來實際的困難，但是我告訴自己，「布倫丹號」不是參與橫渡大西洋的競賽。最重要的是，我們不應該冒不必要的風險。我將決定告訴彼特·西格遜，他聽了彷彿鬆了口氣。「我很肯定你是對的。『布倫丹號』順利的到達這裡，但就航行季節而言是太晚了點兒。讓海岸巡防隊在冬天替你照顧船隻，等春天吹東風的時候你們再回來繼續航行吧。」

我將船員都召集到停泊於雷克雅未克碼頭的「布倫丹號」上，我懷著無法預知這項計畫是否能繼續進行的沮喪和擔心，向他們解釋當前的情況。「當然，我非常希望能在明年請你們每一位都回到『布倫丹號』上。我們是一個優秀的隊伍；我們相互了解；我想我們都會同意『布倫丹號』已經證明她有足夠的能力到達新世界。」喬治、亞瑟、圖龍杜爾和伊登都毫不猶豫的說他們明年一定會回來。

第二季航行

冬天幾乎使得我們的探險暫時中止。我們各自回到自己家中——喬治回到布萊頓（Brighton）的辦公室，亞瑟回到愛爾蘭，圖龍杜爾開始在科克朱柏附近的農場建造一座自己的房子，伊登則幫他的兄弟檢修那條包租船隻，以備下一季營運。「布倫丹號」孤獨的停在雷克雅未克海岸巡防隊的機棚裡。然而第二季的計畫出現困難。預先支款促成這次行程的出版商同意增加資金，不過計畫的基金仍然嫌少。為了購買補給和較好的裝備、續約保險金，以及其他開銷，我賣掉了那艘二十七呎長的帆船「普瑞斯特約翰號」；我的車子早就已經賣掉，積蓄降到谷底。一九七七年航行季節到來時，如果我們果真到達北美，我幾乎沒有足夠的錢可以替船員們買回程的機票。

五月初，到了召集船員回來的時候。我打電話給喬治和亞瑟，告知見面的時間。伊登是透過一蘇格蘭小港口的港務局長，由他搖船到伊登的船上傳遞訊息；結果伊登需要照顧包船生意，他可以到冰島幫我們準備，卻不能和我們同行。圖龍杜爾二話不說；我打電話到他在法羅群島的農舍找他，圖龍杜爾來聽電話時，我扼要的說：「圖龍杜爾，我是提姆。請搭週二的飛機到雷克雅未克，並請帶一些鯨油脂來。」

「好！」他簡單的回答，掛上了電話。五天後，來自英倫三島的船員排隊通過雷克雅未克機場的海關。喬治和去年一樣輕快有效率；伊登穿著陳舊的粗呢夾克、牛仔褲和自製鞋子，還是沒穿襪子；亞瑟戴了頂破舊的愛爾蘭帽子。海關人員質疑的看著亞瑟。

「你由冰島回去的機票呢？」他問。

我插話：「他是『布倫丹號』皮革船的船員。」他馬上了解情形。「那他就不需要回程機票了。」海關人員說：「祝航行順利！」並微笑的將亞瑟的護照還給他。隔天，圖龍杜爾到達，還是像過去那麼毛茸茸的，一手抓著一個褐色紙包裹，裡面大約有四十磅的鯨油脂和羊肉乾，另一手則是一支魚叉。

我們立刻動身到海岸巡防隊的機棚探看在那兒過了一個冬天的「布倫丹號」。我最擔心的是她遭到大野鼠和家鼠咬傷。我聽製革廠說過皮革放在倉儲中受損的事件，特別是上了油的皮革更為嚴重。大野鼠和家鼠似乎喜歡咬噬脂肪當食物。冰島的冬天出奇的和暖，因此大野鼠和家鼠在野外覓得足夠的糧食。牠們遺留的痕跡僅有一些排遺和雙層舷緣之間的一堆碎紙；看來曾有幾窩老鼠在這裡築窩過冬。

「布倫丹號」的情況好極了，甚至不需要再塗上油脂，就可以裝載物品，推入水中。基於去年夏天的經驗，我們做了幾項調整。由於海面的浮冰可能會讓我們無法在東格陵蘭上岸，我計畫一次長程直航到北美，因此這次我們裝了一百六十加侖的淡水，幾乎是上次的兩倍。我們同時也在船上增加了兩台小型超高頻的無線電，好在可能的狀況下直接和飛越上空的商用飛機對話；我們也更小心的包裝日常食物，以雙層塑膠袋裝好後，採用熱封口。我們的食物也有些改變。經歷上一季脫水食物被海水浸濕的問題，我決定盡可能改為中世紀食品。我們棄置了大量的脫水存貨，改用燻香腸、燻牛肉，以及冬天我在倫敦期間一位波蘭肉販特別為我準備的醃漬豬肉，然後再加上大量的榛子、燕麥糊和一大塊圓形切達乾酪（cheddar cheese）。這些是愛爾蘭修士最有可能食用的食物，我的理由倒不是想仿照古代的生活條件，而是覺得這些東西適合這樣的行程。圖龍杜爾稱燕麥粥是「最好的工作食物」，燻製和鹽漬的肉類則適合航行中的任何狀況。不論雨淋浪打，這樣的食物都不會敗壞，也不需要特別保存，而風味依舊。這些中世紀食物在後來幾週果真通過認證。

我們的衣著也隨著所學到的教訓而有所改變。一九七六年的航行中，已經證明了羊毛衣物在高緯度駕駛無頂船隻的優點，因此我們各自多帶了額外的羊毛長襪、連指手套、羊毛長褲和圍巾。親切的冰島船塢送我們每人一件品質極好的冰島羊毛衣。這會兒，圖龍杜爾又由機場取回一個神秘的包裹。「冰島送毛衣給『布倫丹號』，」他說：「法羅人也送衣服。他們直接由工廠送來這些。這是法羅漁夫穿的。」他由包裹中取出五套灰色的羊毛內衣褲，比我穿過的任何一件都暖和，而且厚上一倍。

由零散到完成出海準備，我們只花了五天的時間。重新裝備一條中世紀船隻並不困難。我們僅僅只是把桅桿架好，放好船槳，用皮帶繫好舵槳，將水和食物存放妥當。五月七日，「布倫丹號」一切就序，準備進入第二次，同時也是長途漂航行程中的主要階段。下午五點一過，雷克雅未克港務局長用拖船將我們拖出碼頭，鬆了拖索，並向我們揮手道別。輕暖和風緩緩的將我們朝西邊推進。我們由新的貯糧中取出一瓶愛爾蘭威士忌，各倒了一些到杯中。我舉杯祝福：「順風！」「順風！」其他人附和。我們知道在前方等著我們的是航行計畫中最困難，也可能是最危險的處境。

10 一髮千鈞

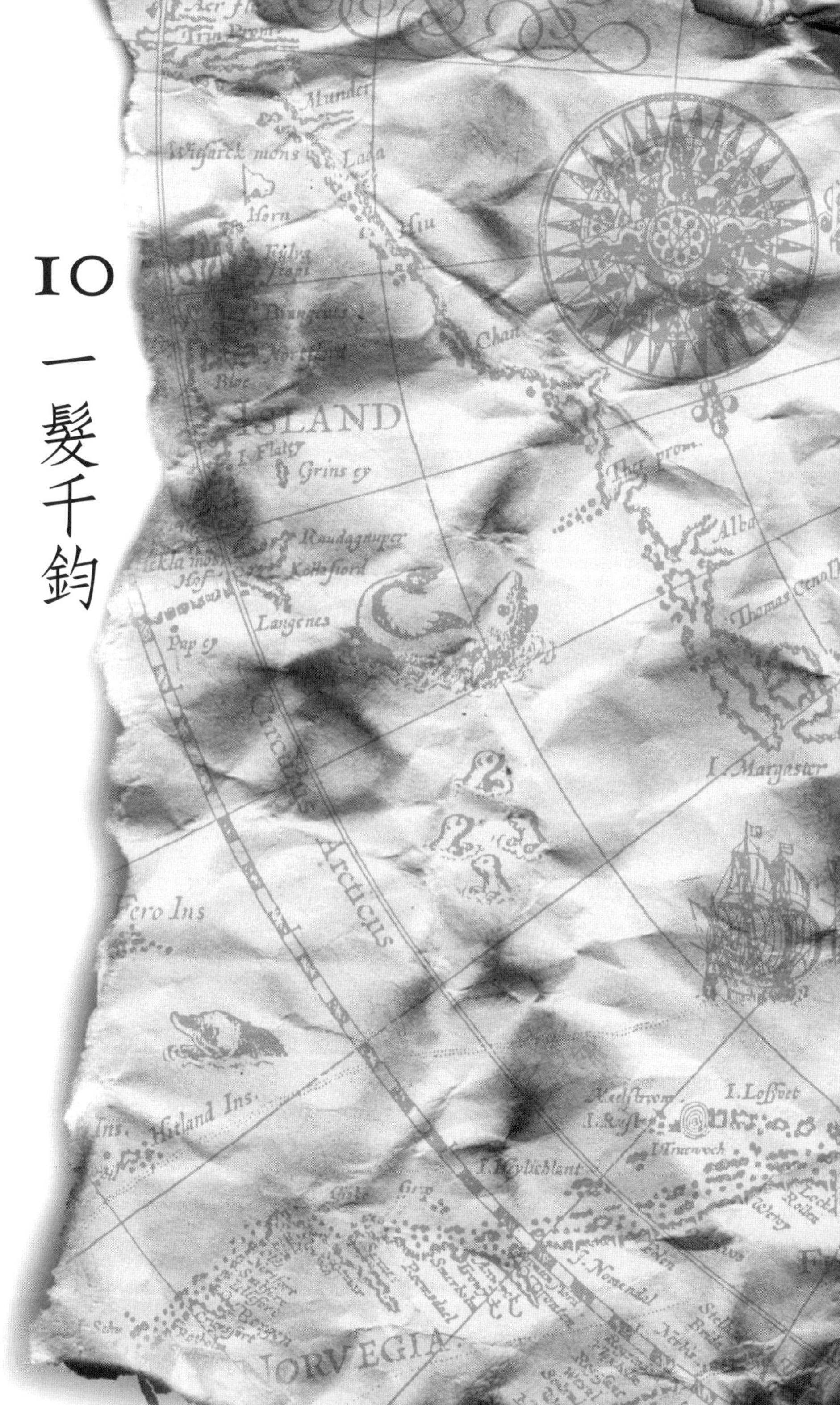

ISLAND
Grins ey
Langenes
Pap ey
Arcticus
Fero Ins
Hetland Ins.
I. Margaster
Alba
Horn
I. Lofoet
I. Heylichlant
J. Nomendal

氣候對待我們簡直厚愛有加。第一週，海面風力和緩，波平浪靜，「布倫丹號」緩緩的離開冰島水域，往西邊前行。這是個極佳的時間，讓我們重新安定下來，適應中世紀的生活方式，也回顧前一季的教訓，在北方海域重拾無頂船隻的特別生活步調。圖龍杜爾建議我們採用法羅群島漁民的輪班看值方式。我們分成兩組，圖龍杜爾和亞瑟一組，我和喬治一組；每組一次工作四小時，接著休息四小時，如此不斷輪替。這樣的好處是可以讓值班的人決定自己要做的事情。天氣好的時候，每班的其中一個可以掌舵，另一人則可以休息、閱讀，甚至煮點點心吃。如果天氣惡劣，兩人可以輪流掌舵，只要相互協調即可。就像在不久後我們就會面對的，在極惡劣的天氣下，掌舵二十分鐘就會有一個人精疲力盡，非得換人不可。但中午是我們打破值班四小時制的時段。此時我們一輪值班二小時，然後準備當天的熱食，四個人一起進食。這趟行程中，我們輪流烹飪，在安排上要比上一次的航程好多了。

由某些方面，我們感覺不到我們的行程曾因冬天停止過。那些鯨魚伙伴很快的出現在視線之內。我們還在雷克雅未克的法薩弗洛依灣（Faxafloi Bay）時，一群小鬚鯨噴著水氣浮出水面，一條長約三十呎的幼鯨好奇的在「布倫丹號」四周二十呎處外上下游動了十五分鐘左右，不時的噴出水氣，並一度潛到我們下方。兩天後的早晨，海面依舊平靜，一大群海豹露出水面檢視著「布倫丹號」，這些海豹好奇的盯著皮革船時，在水中沉浮的頭部有如光滑的足球。然後，牠們突然潛入水中，消失在我們的視線中。

我們的訪客還包括了人類。一位航行而過的漁夫給了我們一些他捕來的魴鮄；這些魚經由圖龍杜爾剝皮後，煮成了美味的燉魚。還有一群乘坐快艇的獵人。他們獵了不少準備做為捕蝦籠誘餌的海鳩，並給了我們一些獵物。這可讓圖龍杜爾樂歪了。他動手拔毛、水煮、油煎，然後使用酸酪調味，煮出了可以媲美法國廚師的美食。他用杓子舀出我們的份量時以決斷的口氣說：「一隻海鳩，等於兩隻管鼻鸌，或三隻海鸚，這些全是美味的食物。」

圖龍杜爾很明顯的回歸本性。他製作一個捕管鼻鸌器，由數支殘酷的鉤子組成，凸出於軟木浮標之間，在船隻的尾波中輕輕沉浮。他也在安全索尾端的粗金屬絲上掛了巨大的魚鉤和羽毛。那魚鉤看來大得可以捕鯊魚。船上幾乎每個角落都有圖龍杜爾活動的痕跡：一綑魚線、鉛錘、數盒魚鉤、已經切成釣餌的鯨油脂、磨尖鉤子的磨石等，偶爾還可以見到海鳥去毛掉在甲板上的羽毛。圖龍杜爾對於他的魚叉愛護備至。去年冬天，他製作了一把很美麗的新魚叉，它的銅柄連結著長木柄，狀如葉片的叉尖則是鋼材打造的，叉尖也嵌著銅材，上面還有一個綁魚叉線的迂迴管；當魚叉刺出時，叉頭脫離，一拉魚叉線，即深插到獵物體內。圖龍杜爾常花上許多時間，弓坐著把魚叉磨得有如發亮的刀刃。在他身邊的槳手座就放著魚叉柄，手握處纏著皮帶，好增加抓力。當他手握著葉片狀叉尖，無論其形狀或尺寸都有如石器時代的矛頭，老讓我想起舊石器時代以狩獵為生的人。

我們上空大約距海面七哩處，偶爾會出現飛機的小銀點兒，一路拖著長長的氣流，飛行於歐洲和北美洲之間。飛機來往歐美一趟僅費時六、七小時，可是「布倫丹號」得花上數週才能完成；當然，先決條件是我們到得了。我心裡想著，這些飛機上的乘客，舒適的坐在椅子上，頭上戴著耳機看電影，前面則擺著塑膠餐盤，他們是否知道下方海面上，正有四個人坐在浮出水面僅數呎的船上，以每小時低於二哩的速度橫越看似平靜柔美的海洋；而其生存依靠千年來未曾重大改變的技術和材料？

在啟程後的頭四天，「布倫丹號」航速極緩，我們回頭還能見到地平線上罩雪的雪山。在清澈的北方大氣中，很難測出我們離開陸路已有多遠。除了清澈的大氣，仲夏永晝期二十四小時的天光必然有助於早期來往於北方海域的航海家。古斯堪地那維亞人將雪山做為前往格陵蘭的起點。那些船長由雪山往西行駛，一直到雪山消失在地平線後，在晴朗的氣候下，他們即能見到格陵蘭的第一排山峰。冰島至格陵蘭的航道距離大約為二百五十哩，每邊的高山是最好的地標，減少了「踏腳石航線」西向誤航的機率。在快速航行下，航海者最多只有一、二天見不到陸地。一般稱為「極地蜃景」（Arctic Mirage）的自然景象對於航海者助益更大。

「極地蜃景」在冰島稱為「希林格效應」（Hillingar effect），是北方相當於沙漠「海市蜃樓」的景象。「極地蜃景」發生於高透明度的穩定氣團凌駕於冷氣團之上時，因為光學特性的改變，空氣有如一座巨大的透鏡產生折射。遠方地平線的景物看來近在咫尺，並在地平線上浮動，有時還上下倒置或數個景觀上下重疊。六分儀的指數變得不可信任，原來應該在一定距離外的地平線，也因為人類眼睛的解析率而受到限制。最使航海者受益的「極地蜃景」發生於格陵蘭上空。當高密度氣團停滯在大冰帽上方時，高緯度的格陵蘭冰河提供了反射蜃景所需的光線。愛爾蘭及古斯堪地那維亞的航海者無論是自行駛離冰島沿海水域，或受強風往西吹送，皆得以見到超越正常視線之外的格陵蘭地平線，而察覺到陸地的方向。

「布倫丹號」的緩慢速度，讓冰島海岸巡防隊很容易記錄她的位置。彼特．西格遜指示要盡可能的留意我們的一舉一動；先是海岸巡邏的飛機前來盤旋，然後又有巡邏船「泰爾號」（Tyr）過來探望。圖龍杜爾和往常一樣，在水中放了釣線。「我們在釣管鼻鸌，不是釣鱈魚。」「泰爾號」好奇的在我們四周打轉，我用無線電告訴他們。「很好，『布倫丹號』，祝好運！」「泰爾號」回答，並加速前往其他海域執行任務，保護冰島二百哩漁場不受非法捕魚者入侵。我問圖龍杜爾說：「對了，你有沒有告訴法羅群島的漁民朋友，我們吃了他們認為有毒的灰色管鼻鸌？」

「說了。」他回答。

「他們怎麼說？」

他咧著嘴笑，「他們說我們瘋了。」

我心裡想，這可是到目前為止，法羅群島漁民最好的讚美。

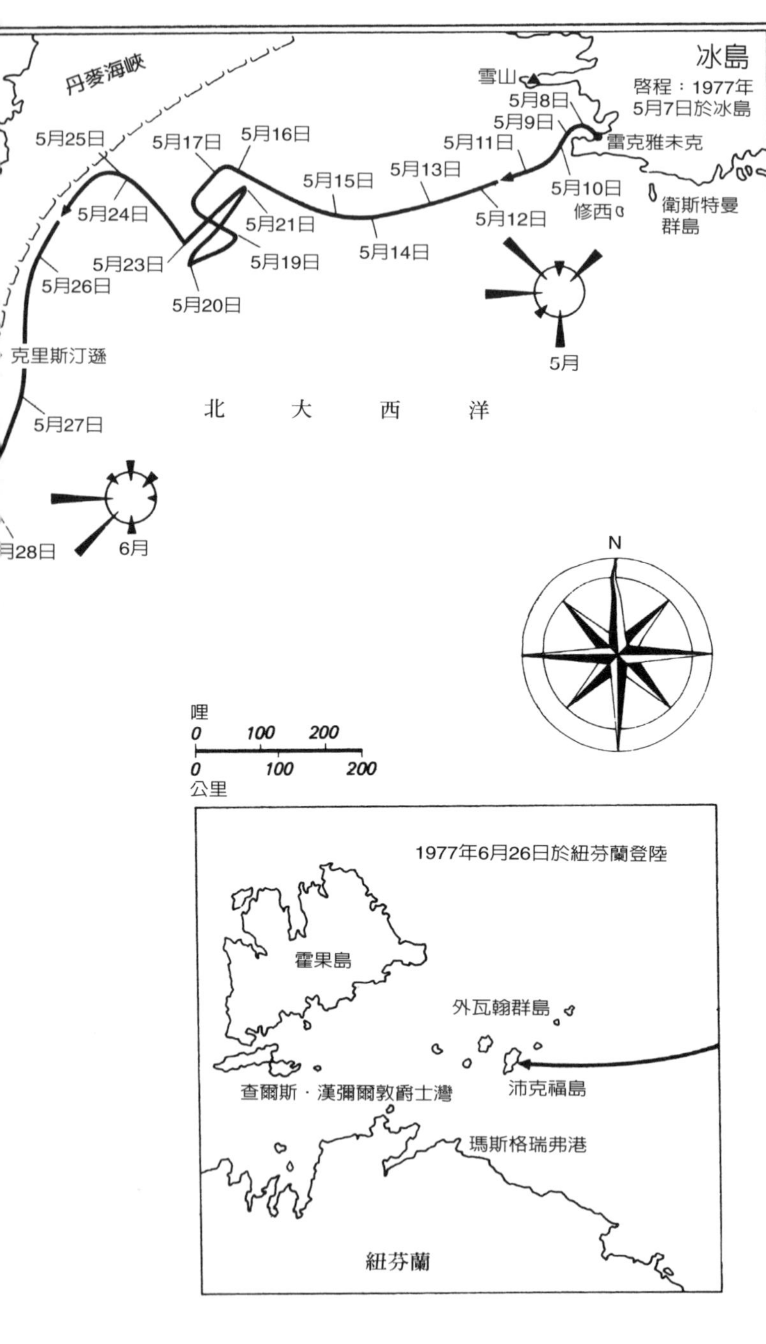

冰島
啓程：1977年
5月7日於冰島
丹麥海峽
雪山
雷克雅未克
修西
衛斯特曼
群島
5月8日
5月9日
5月10日
5月11日
5月12日
5月13日
5月14日
5月15日
5月16日
5月17日
5月19日
5月20日
5月21日
5月23日
5月24日
5月25日
5月26日
5月27日
月28日
克里斯汀遜
北　大　西　洋
5月
6月
N
哩
0 100 200
0 100 200
公里
1977年6月26日於紐芬蘭登陸
霍果島
外瓦翰群島
沛克福島
查爾斯．漢彌爾敦爵士灣
瑪斯格瑞弗港
紐芬蘭

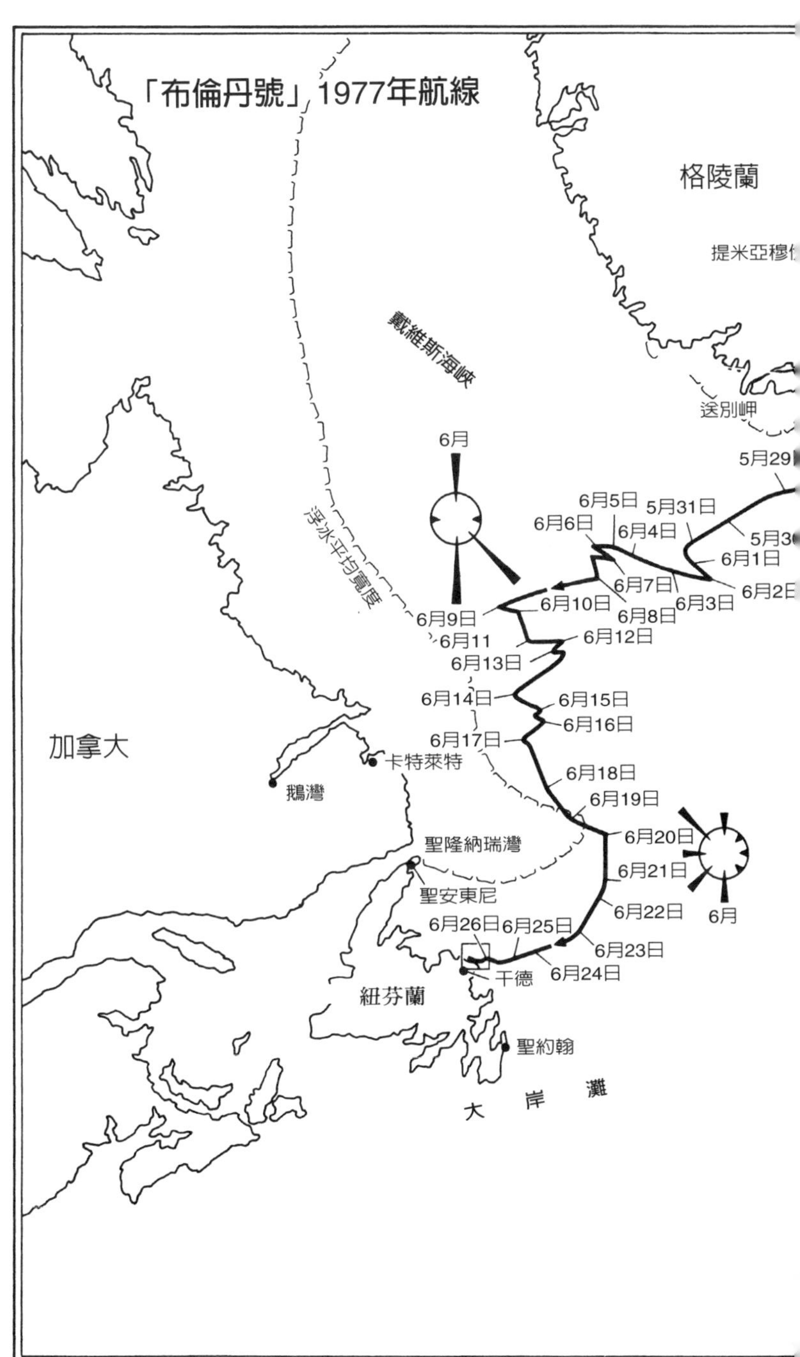

「布倫丹號」1977年航線
格陵蘭
提米亞穆
戴維斯海峽
送別岬
浮冰平均寬度
加拿大
卡特萊特
鵝灣
聖隆納瑞灣
聖安東尼
紐芬蘭
干德
聖約翰
大 岸 灘
6月
5月29
5月30
5月31日
6月1日
6月2日
6月3日
6月4日
6月5日
6月6日
6月7日
6月8日
6月9日
6月10日
6月11
6月12日
6月13日
6月14日
6月15日
6月16日
6月17日
6月18日
6月19日
6月20日
6月21日
6月22日
6月23日
6月24日
6月25日
6月26日

接著來探訪的是巡邏船「艾吉爾號」（Aegir）。他們放下一艘橡皮艇，上面筆直站著一位年輕的海岸巡防隊軍官。他手上緊抓著一個褐色的盒子，彷彿輕輕振動就會爆炸一般。「隊長送您這個禮物，並附上問候。希望各位一切順利！」他說，然後小心的把盒子遞過來。我打開一開，裡面是一個大型的鮮奶油蛋糕；鮮奶油上有紅色糖霜的「布倫丹號」輪廓，附函寫著：

格陵蘭海最高統帥
提姆．謝韋倫船長
「布倫丹號」
地址：北緯六十三度五十六分，東經二十三度十七分

你好，提姆老兄，

你最好祈禱起風。我們今晚會在雷克雅未克的舞會廳幫你們跳一場有力的求風舞。

我們誠心祝福你們橫渡之行順利，上帝與你傑出的旅程一路同在。我們的膳務員製作了這個蛋糕表示敬意，並祝一切平安。

航行順利。

佳那・歐拉甫遜隊長（Capt. Gunnar H. Olafsson）

我讀完信的時候，「艾吉爾號」的船員已經快速的回到船上。橡皮艇被拉到船上後，巡邏船的排氣管噴出煙，挾著隆隆響聲，快速的超越我們，船上的隊員向我們揮手，並拉響三聲汽笛祝我們一路順風。

「布倫丹號」四人組

氣候持續溫和。很難想像我們是在惡名昭彰的北方海域。海面上波浪緩和，圖龍杜爾坐在船尾拖行的橡皮小舟上替「布倫丹號」畫素描，喬治則在舷緣附近走動，將繩索及下風板調整到他滿意的程度。陽光穿越清澈的大氣層，夕陽景致壯觀而美麗。吹拂而過的微風提醒我們距離北極的浮冰不到百哩之遙。北風從冰上吹來，穿透了我們的防禦衣物；於是值班之前，大家都聰明的費力穿上綿質內衣褲，套上羊毛貼身衣物，再加上法羅群島的厚內衣，兩層襪子、長褲和襯衫、兩件毛衣，離開帳艙之前，再穿上防水衣。保暖的要訣是在離開遮蔽物之前，穿上多層的保暖衣物；否則，即使微風都會在幾分鐘內散去體溫，要重新保暖極為不易。我們在天冷時的穿著選擇各有不同。亞瑟通常戴著陳舊的羊毛帽和縫填保暖材料的海軍值勤長褲。喬治穿戴的是柔軟的羊毛襪和手套。我自己喜歡長及手肘的自製連指手套。圖龍杜爾的打扮常令我們失色。他總是戴上他的中國海狸皮帽子，起風時，帽子的護耳隨著翻動，令人分辨不出海狸毛和他濃密髮鬍的界線在哪兒。

我們逐漸發現，「布倫丹號」上的生活四個人要比五個人舒適。多出來的空間真是太寶貴了，可以較有效率的存放器材和備用衣物，並將個人的物品用防水袋安全的包好。我們的日常配給也是一樣；原本我們準備五人份，現在只有四個人，份量更加充足；加上圖龍杜爾捕捉的管鼻鸌和我們貯存的燻肉和肉乾，飲食比起上次航行改善很多，即使我們得由罐中取出半結凍的蜂蜜，士氣依然高昂。咖啡、牛肉汁和茶等熱飲幫我們在值班時抵擋風寒；我們的新鮮補給也保存良好。溫度通常不及華氏四十度（約攝氏四度——譯注），大自然提供了一個巨大的免費冷藏室。此一事實對於比我們仰賴新鮮補給的中世紀航海者更為重要。

五月十二日，一隻疲憊的鳥停到船上休息，讓我們想起來往於歐洲和美洲的候鳥也是沿同樣的路線遷徙。這隻體型僅比麻雀大一點的鳥稍一飛低，我們就看出是一隻鶺鴒。牠看來極為疲憊，一下子就停在舵手的頭上。牠對我們提供的麵包屑和水毫不感興趣，一會兒之後拍翅往前飛到舷緣，並鑽入前艙壁圖龍杜爾休息的地方，找到了具有遮蔽的凹處休息。第二天下午，這隻鳥不見蹤跡，必然是繼續上路了。我們開玩笑說圖龍杜爾可能在半夜拿牠當點心吃了。這隻小鶺鴒的古老遷徙路線似乎是中世紀航海者在冰島西部上岸的另一項線索。不過類似這樣的線索需要小心求證。候鳥在春秋兩季的遷徙路線為掌舵者提供了遠方陸地的方位，但要解析這些現象，需要特別的知識。掌舵者需要懂得各種鳥類的特殊習性，才能了解其正確的遷徙距離，以及間接與直接路線。我們在「布倫丹號」上曾經有過類似的經歷。去年七月，我們見到海鸚飛過，知道我們離陸地不遠了。但現在是五月，我們卻在距離最近陸地至少一百哩外見到海鸚。五月是鳥類長途跋涉覓食的季節；但在六月和七月的繁殖期，其覓食範圍都僅限於巢窠附近。這樣的知識，有時就成了航行成敗的關鍵。

為了安全起見，我試著每天向轉達消息給海岸巡防隊的海岸站台報告「布倫丹號」的位置。在設定航道上，只有一條黃金定律：往西前進；永遠往西。每次風力轉向，我們僅僅只是調整航向，盡可能往西行駛。如果風對著我們，我們就往北或往南行駛，船帆調整九十度直切風向，直到風向改變再調整回來。我們孤注一擲的計算偏航和海洋影響，在判斷「布倫丹號」的偏航上，我們僅憑著目測安全索角度，有時安全索可以測出高達三十度的偏航角度，不過這樣的目測，關鍵在於速度和距離。風力微弱時，「布倫丹號」因載了重物，速度慢到測速儀無法正確讀取，紀錄偏差常高達百分之四十。我們做了簡單的試驗，發現可以將一小片木頭丟到船頭外，看它需花費多長的時間漂浮到舵槳，再計算出速度。

十三日星期五那天反而是我們航行最順暢的一天。三到四級的風力讓「布倫丹號」跑了六十哩，加上風由北偏東吹掠，我們馬上感覺到氣溫上升。午餐是足量的豆子燜肉，加上「靴子」刮淨綠霉的燻香腸。

我們吃飽後，心裡盤算著該做些什麼好讓下午活潑點。於是我對喬治說，「我們來瞧瞧那些染料吧。」我們有幾瓶染料是別人送的，緊急情況時將染料倒到海面，可以讓搜尋的飛機易於判定目標。「它會使海水呈現虹彩的橘色。」喬治大聲唸著瓶子上的解說。他打開了瓶子，倒了一點到海面。染料立刻變成綠色，看來在呈綠色的海洋不怎麼管用。「搞不好製造染料的人是色盲。」亞瑟說。「否則就是這些東西在幾乎結冰的海面不管用。」我認為。五分鐘之後，喬治把自己搞得混身沾滿斑駁的黃色。原來有些染料粉末隨風吹到他身上。那一整天，他看來有如某種奇特品種的豹子。

第二天早上，第二階段航行的第一個挫折開始了。煤油爐反叛了我們，兩個爐嘴都不能用。這可是出人意料。上一次航行時，它發揮了極大的功能。我找出一盒備用的零件，開始拆修爐子，卻發現大部分的備用零件尺寸不合。工廠在包裝這些備用零件時，必然出了錯。我很清楚，這種情況此時只是令人氣惱，最後卻會形成重大的問題。這個煤油爐是我們唯一的火力來源。要是爐子壞了，我們將無熱食和熱飲；缺乏熱食，再好的船員也會變成軟腳蝦。我們當然可以依賴冷食繼續前行，但那似乎也是最樂觀的狀況。即使愛斯基摩人在長途旅程上也需要熱食，何況我們還得駕駛無頂船行駛一千五百哩。蹲在爐子前費力的工作了四小時，我終於用暫替的零件修好一具爐嘴。但是另一具爐嘴從此陣亡，在剩下的航行中，我真確地了解到我們對那一圈藍色火焰的依賴程度。

在展現了壯觀的永晝後，氣候開始展現力道，讓我們一時產生仍在北歐的錯覺。風朝西南方吹襲，在我們上空堆疊出恐怖的黑色積雨雲。「布倫丹號」在航道暫停，而後在烏雲密布的天空和持續小雨中，歪斜的往北前進。一道嚴厲的大浪自海面竄起，浪頭偶爾還打到船上。圖龍杜爾提到船底的積水。那些水正在船頭他放置睡袋的下方湧動。「我聽到水聲，」他說：「但船底還沒浸透……」他正愉快地釣捕在尾波一帶盤旋的成群小鷗鳥。牠們對著釣線叫著、啄著，甚至把線叼到空中，但牠們的嘴喙太小，不易上鉤；圖龍杜爾僅捕到極少的小鷗鳥可以加掛到船尾的海鳥補給中。「有什麼海鳥是你不吃的嗎？」我問他。他想了一會兒。「愛斯基摩人一次捕上二、三百隻海雀。他們把海雀放到死海象體內，然後埋上幾週，再挖出來吃。我沒試過這樣，可能不太好吃吧。」他雖然這麼說，臉上倒是流露出微微的飢餓神情。

海象轉趨惡劣

五月十六日，聖布倫丹日，也是「正常」氣候最後的一天；濃密的雲層加上陣雨，現在則成了凍雨。這和去年的聖布倫丹日正好形成對比，那時候幾乎比現在高出了華氏三十度，而我們則在克里郡克蘭頓溪邊等待出海。今年是一九七七年，我們在格陵蘭海的中央，心情比去年輕鬆，對於航海也較有經驗；我們在午餐及下午二度舉起愛爾蘭威士忌向聖布倫丹致意。下午舉杯那次，風短暫的轉向東北，把我們推往正確的方向。「噢！」「靴子」靠著舷緣在海中沖洗盤子時叫了一聲。「要是這海水代表什麼的話，我想我們隨時都會見到浮冰。」

「很冷，是吧？」我問。

「簡直冷死了，」他斬釘截鐵的說：「我可無法想像掉到海裡會如何。這裡的雨和愛爾蘭一樣多，但不同的是，在這裡的氣溫下觸摸金屬，會痛。」

雨下了一整天，帳艙雖然經過改善，但水還是會漫進去。「靴子」休息處附近的槳手座形成一個不小的水灘；船每搖晃一下，水就跟著滴到他頭上。午夜之前，我們後方不算稀薄的霧氣中出現了巡邏船「索爾號」(Thor)。「索爾號」依彼特・西格遜的指示老遠前來檢測我們的航空超高頻無線電。這座無線電發訊不良，我們不知道「索爾號」是如何在這樣的陰沉天氣和大浪中找到我們的。這真是有點奇蹟！她一直到距離我們六哩時，才能收到「布倫丹號」的訊號。這像是在乾草堆裡找根小針一樣。我們兩條船花了一個小時來回測試了超高頻無線電後，「索爾號」再度消失於黑暗之中。她遠離了正常的巡邏路線，我知道由此開始，除非遇到緊急狀況，「布倫丹號」已經離開了冰島海洋巡防隊的守護範圍。我們的前方僅有荒涼的格陵蘭海岸；海岸上僅有的居民是駐紮在提米亞穆伊特(Tingmiarmuit)小型氣象站的氣象學家。在過去幾年之間，海面浮冰有越來越嚴重的傾向，即使習於在海岸狩獵的愛斯基摩人也因為惡劣的環境而離去。

彷彿是回應我的預感，氣候越來越糟。隔天，海霧和小雨一起來，氣壓計快速的降至九百八十毫巴。來自東南邊的大浪警告著我們，惡劣的天氣就要到來了。喬治和我開始進行預防工作。我們找出了一大塊防水布，緊緊的覆蓋在船的中央部位，然後用兩支船槳當支柱，在防水布下方留一個通道，以便必須舀出船底積水的人可以爬進去。愛爾蘭修士帶了皮革帳棚和額外的皮革上船，應該也是如此撐起帳艙擋住濺入的海水，否則猛烈的強風必然挾入巨量的海水使船隻沉沒。

到了中午，吃水線顯著上升。「布倫丹號」為了直接航行到北美，載物過於沉重，在風力和海浪加劇的狀況下，船身開始傾斜，海水也跟著進入帳艙。亞瑟和喬治爬到前方縮小船帆，將主帆底部捲起，綁在縮帆結。我們吃了些熱的香腸燉菜，靜待著強風可能帶來的影響。

我已經放棄保持西向航道的企圖。風力太強，最好的辦法是讓「布倫丹號」順風而行。我可以在海圖上看到我們被驅駛到比計畫中還要北邊的地方。由某個角度看，我們彷彿回到受困在赫布立群島提雷島的情形，不同的是，這次困住我們的是激烈的強風。「布倫丹號」前方九十哩處，有一座浮冰在格陵蘭東部外海，它先行朝北，然後轉向東朝冰島漂去，我們也因此被推入巨大的冰層之間。目前為止，我們仍有足夠的海面可以行駛，但經過一、二天強風吹掠，我們將會進入浮冰之間，這可不是我所樂見，但是惡劣的氣候持續，我們無法改變什麼。

我們並非強風下唯一的受害者。一隻候鳥也跟著停在「布倫丹號」上。這是一隻白褐色的小水鷚。這隻水鷚正遷徙往夏季棲息地格陵蘭。強風看來已經使牠精疲力竭，這隻小東西跌落在船帆上，下滑，然後落在艙頂上顫抖著。喬治把牠撿起來的時候，牠累得無法抵抗。

喬治讓牠在避風的地方休息，牠體力稍微恢復，即開始好奇的在舵槳一帶飛來飛去，並在喬治的帽子上停了一會兒。可能是因為不習於與人類為伍，牠最後在艙頂的一綑繩索上過夜。牠整夜都停在那兒。值班的舵手可以見到牠隨著船隻晃動，一邊起伏一邊保持平衡，絲毫不受頂上主帆掃動聲響的干擾。那個蓬鬆的小形影倒成了寂寞黑夜裡值班者的良伴。但這樣的氣候遠超過牠所能承受，天亮時，牠因整夜曝露已經僵硬而死。

我接到無線電訊號而精神一振。格陵蘭南端的普林斯．克里斯汀遜（Prins Christianssund）站台收到我發往雷克雅未克的呼叫。這個孤寂的前哨站距離送別岬數哩，主要是收發岬角附近的船隻無線電，這表示「布倫丹號」進到了它的範圍，正在冰島和格陵蘭的中間。天氣在這時候也較為緩和。風力減弱，雖然吹過的地方仍是波浪洶湧，但我們至少可以開始準備一些熱食。我正要拿壓力鍋時，「靴子」在艙內叫著，「小心照相機！」他如常的窩在睡袋裡，我以為他在說夢話。

「留意照相機！」他又喊著。

我停了下來，感到迷惑。「你說什麼？」我問。

「照相機在壓力鍋裡。」

「什麼！」我幾乎無法相信他是醒著的。「你說什麼？」

「在壓力鍋裡。」他又重複，彷彿那是存放照相機最自然不過的地方。事實上，那一點也沒錯。我打開鍋蓋，他的照相機安全而乾燥的躺在裡面的蔬菜籃，只是有些洋蔥味罷了。那次之後，不論是在水壺中灌水或把鍋子放到爐子上，使用的人都要檢查一下，確定裡面沒有我們這位攝影家的器材。

很快的，數天來強風第三次對著我們直吹，風力也開始加強。我們的精神和氣壓計一樣不斷下沉。已經足足有三天的時間，我們繞著圈子掙扎，在同一個範圍內轉圈，行程毫無進展。這令人非常沮喪。再加上持續不斷的雨，海洋呈現了極為詭譎的景象。由某個觀點看，那些大浪真是壯觀；它們有如山丘般排山倒海而來，並在反潮的強風推波助瀾下層層堆高。它們是自然力量的宏偉紀念碑。但是由一艘小型的無頂船望去，它們令人心情低沉。浪濤到底有多高，難以說明，但每當「布倫丹號」沒入浪谷中時，浪頭都比主桅還高。整個海洋似乎成為天空的一部分將我們掩蓋。我和喬治在舵槳邊說話時，見到他後面二十碼處的浪頭比他的頭還高，彷彿要往他蓋下，我感到無比的緊張。波浪上下鑽伏，水牆沖刷船體，「布倫丹號」隨著浪頭上升，喬治的頭也在海浪背景中升高；天際線突然跟著顯現，剎那間，我們眼前出現了一望無際的大西洋嚴苛浪濤，綿延的連接到格陵蘭；而後，「布倫丹號」再度陷沒於浪谷，灰藍色的海洋掩住我們面前的一切。

五月二十日早上六時二十分，我們收到了普林斯．克里斯汀遜微弱的訊號，傳來我一直擔心的天氣預報：我們將要遇到由八級增強到九級，時速大約四十五哩的西南強風，正好和我們的航向相對。其實我們已不需要警告。上空密布的雲層足以讓我們感受到惡劣氣候壓境的威力。果然沒錯，一個小時之內，我們已經開始忙著捲起主帆，並降下捆妥。我們僅留下艏斜帆，除了保持一點逆風航速，也讓掌舵者可以在激盪湧動的無垠海洋上保有一點操控的機會。即使我們已經繫牢主帆，卻又發現應該早一點把沉重的下風板拉起。海水的重量將它緊緊的卡在船身上，每次「布倫丹號」因為風的壓力傾斜時，下風板的前緣就浸入海中，像犁頭般鏟起一注海水，越過船緣，汩汩的流入船底。僅十分鐘的時間，船內的積水已達底板，值班的喬治和我可以感覺到「布倫丹號」越來越沉滯。這可危險了！船吃水甚深，船底積水也隨船的動作前後晃動，使船的重心更加不穩。

把下風板拉離水面是每天的例行工作。喬治和我蹣跚顛躓往前。捆綁下風板的皮帶已因為海水沖擊的拉力而緊繃，打結處得用索針才能解開。海浪使船上持續湧入海水。喬治拿出小刀，割開皮帶，我則緊抓住下風板，以免被海水沖走。我們穿著一身厚衣服，在船上橫衝直撞，笨拙的把下風板拖到船上。這項工作不穩當而危險。我們很清楚，要是一失足滑落冰冷的水中，斷無生還的機會。我們接著將防水布覆蓋在海水沖激舷緣處，抵擋隨浪湧到船上的海水。我們連續舀了十多分鐘的水，船底的積水才暫時恢復到安全線下。

接下來的工作是將船尾成綑的纜繩放入水中幫「布倫丹號」減速。我擔心她在大浪中的船速太快，會因為過度傾斜而翻覆。最後，我們將鯨油注入油袋中，並把帆布油袋扎洞，懸到船尾的短索上。油袋滲出的油在尾波中形成一油面層，多少減緩了追隨船後的波浪，但它真正的用途是讓掌舵者做為依據，保持「布倫丹號」在順風航線上。每一道浪都讓這條小船失去控制；她不時突然橫轉，並隨著湧流摔下，一直到拖船索發生功用，在舵槳架傳來抖動後，船身才打直。往船尾看去，只見拖船索被拉得陡直，在壓力下有如切割水面一樣，跟著濺起的水氣有如煙霧。我們就這麼和風力對抗。接下來的五個多小時，我們一哩一哩的浪費了前一天的行程。風力還不知道何時會稍微停息。

「布倫丹號」成了水鄉澤國

第一陣滂沱大雨潑灑下來時，才交了班的亞瑟正在主帳艙中休息。喬治掌舵，我則蹲在防水布下方舀出船底的水。一切彷彿都呈慢動作，我感覺到「布倫丹號」頭部朝下往前傾。整條船似乎以某種奇怪的角度懸在那兒。這可怪了，我心想，她通常會很快的自行調整。然後我聽到喬治大喊：「舀水！越快越好！」接著又聽到海水急湧到整條船上的聲音。「布倫丹號」像一條被魚叉叉中的鮭魚般扭動，呈水平騰空狀。我慌忙加快舀水，耳邊傳來喬治快速操作舵槳邊那座船底唧筒的連續重擊聲。圖龍杜爾自帳艙中衝出，爬到右舷的中央唧筒，努力的想將船上的水打出。水位受到控制後，我爬出防水布，看著艙裡的狀況。

我見到亞瑟一臉悲傷的坐在那兒。四周全是泡濕的衣物。睡袋全濕，頭髮濕貼在頭上。「我看帳艙大半都泡濕了，我的照相機也完了。」他說。

「一道大浪打上船尾，漫過船身。海水灌入帳艙後部的上方，然後直接灌到他頭上。」

喬治向我說明。「無線電是否也泡水了？」我著急的問。「應該沒有，」亞瑟回答，「不過水曾濺到上面就是了。」我脫下潮濕的防水衣，爬到船艙中，用乾布小心的擦拭無線電，然後忐忑的打開電源。無線電沒有壞，這讓我鬆了一大口氣。「最好盡可能先將積水清除。那兒還有一床原來伊登使用的睡袋。」我建議亞瑟，「我想我應該在無線電的外面多包上幾層塑膠布，以免又被大浪潑濕了。」

我很慶幸我做了這件事。我們換班後，喬治和我掀開防水布爬到帳艙中，躺到睡袋裡。圖龍杜爾和亞瑟一起工作了了二十多分鐘，調整了「布倫丹號」的航行。

喬治和我都只是半睡。不知由哪個方向傳來巨響，大量的海水瞬間沖蓋船上，急速湧入帳艙。這道浪將艙後蓋扯掀，沖刷過槳手座；力量之大，連打在艙頂隔板的水浪都彈濺出強烈的水花。這些來自格陵蘭東部潮流的海水冰冷至極。我們睡袋下方的羊皮墊子毫不跨張的在艙板上漂動。一會兒功夫，背部感到刺骨的冰冷；原來海水已經濕透睡袋。「舀水！快，舀水！她太重了！」有人大叫。喬治慌忙爬出睡袋，衝出帳艙，身上僅著內衣褲。他快速的穿上掛在舵槳架的防水衣物，衝到船底唧筒邊。掌舵的亞瑟正和舵槳角力，想讓「布倫丹號」直對海浪。一身防水衣濕亮的圖龍杜爾正在扯下炊具上方的天篷，準備將船上的水往外舀，並順手拿了一把最大的鍋子當水桶用。

我站在艙中及踝的水中，快速的查看可以搶救的物品。我們的東西幾乎都已進水。一本書漂過水面；睡袋則像半浸在水中的屍體。到處都有海水流動。我草草記下最後的方位，由便條紙上撕下那頁，塞到口袋裡。如果「布倫丹號」不幸因為進水過多而沉沒，我們唯一的機會是傳送求救信號，並告知正確的位置。我將超高頻無線電、備用電池和麥克風放入一個隨時可以取得的袋子裡，擺在無線電架子的上方，然後穿上防水衣，前去幫助喬治。他正在操作左舷中央的唧筒，顯然已精疲力盡。我走過圖龍杜爾時，瞧見駕駛台已經一片狼籍。他站在及膝的水中，不斷的把水舀出船外，旁邊漂浮著鍋子、平底鍋、罐頭食物、防水靴和濕布。我們已經面臨緊要關頭。

唧水，唧水，唧水。我們兩人不斷的壓著唧筒柄，一點點的將水拋還給海洋。蜷縮在防水布下方，濕冷而黑暗，對於船身顛簸的感覺也隨之增強。此刻，「布倫丹號」幾乎完全停滯在水面，積水也不斷隨著船身搖動而前後激盪。吃水線極深，即使小波浪都可以打上舷緣，使得船底增加更多的水。我不斷的壓動唧筒柄，心裡擔心是否又有另一個浪頭打下來。她會保持漂浮嗎？怎麼會在這麼偏僻的地方發生這種事，這可剛好在冰島和格陵蘭之間。那些專家會怎麼說？在這個幾近結冰的水域，生存的機率不會高過五分鐘。

唧水，唧水，唧水。我瞥見了防水布的裂縫，明白了悲劇的原因。大西洋正卯足了勁兒讓我們見識它的威力。來自格陵蘭的強風颳起海水正狂野的打擊著我們。巨浪持續自西南撞擊而來，層層相疊，白沫翻滾。極目望去，海面上全是被強風颳掀的泡沫。到處都是反流的海浪碰撞主浪後粉碎的驚人景象。波浪相撞時，激起又落下的水花有如炸彈爆裂的碎殼，令人寒顫。

唧水，唧水，唧水。經過四十五分鐘連續不斷的壓擠唧筒，加上圖龍杜爾的鍋子，我們終於把積水控制到較為安全的標準，「布倫丹號」的吃水程度也減輕了。我們開始清查損失。在結構上，「布倫丹號」似乎完好如初。舵槳架仍在原位，皮革縫線也毫髮無傷。我們很容易的看出海浪撞擊的地方。它由船體毫無遮掩的兩側灌入，沖過舵槳旁的缺口。在海浪流過處還留著金屬炊事箱。這口箱子直接承受海浪的沖撞，一側的爐子完全扭曲，固定夾被撞開，鉚釘也因為撞擊力而扯開。

帳艙中的景象令人心碎。東西零亂散置在地面，起居室上方的塑膠布所兜住的水沖刷了所有的器材。我們掀開中間那片防水布，我把仍然滴著水的地板墊、睡袋、皮革和濕透的衣物等一一遞給喬治。所有的東西都被冰冷的鹹水浸泡過，只有遠離地板的無線電和個人用品袋得以倖免，感謝老天，這些都沒有進水；好歹我們備用的衣物還是乾的。

喬治因為寒冷而發抖，最後不得不換上保暖衣物。「老天，」他笨拙的套上毛衣時嘟噥著：「希望你那個體溫可使睡袋乾燥的理論是正確的。我可不嚮往在剩餘的航行中都這麼濕漉漉的。」帳艙內的東西清出後，我開始努力想要清除地板上的積水，一點點抹乾水窪外，還在塑膠地板上用刀子刺了幾個洞排水。半個小時的辛勤工作，我們對濕亮的艙室很滿意，其實也沒辦法再乾了。喬治將我們移出的東西一一經由防水布下方遞了進來。三塊皮革和一個睡袋過於潮濕，只好暫時留在外面。這幾樣物品濕到我們用手擰水，擰出來的還是涓涓細流。

喬治和我精疲力竭，於是爬進剩下的兩個睡袋，試著忽視睡袋緊貼著我們仍然濕漉漉的身體。我們幾乎連續工作了三十六個小時，毫無停息。

古羅馬軍團的「龜盾」

轟！一道巨浪再度灌擊在船尾；艙門被沖開，海水傾瀉而入，我朝著船尾的頭部正好被水擊中。我們快速的起身，想要拯救睡袋。但是為時已晚。僅只一眨眼的功夫，眼前又恢復到先前災難似的樣子。水再度瀰漫艙內。船底又積滿了水，一片凌亂。「布倫丹號」在大浪裡幾乎靜止不前，喬治和我涉水走過，冰凍的海水浸濕了腳上的長襪。

一整個小時我們再度全速舀水，奮力壓擠唧筒，心裡只希望別再來一道巨浪折磨已幾近殘廢的「布倫丹號」。抽完水，我們回到艙裡，重新開始拿出所有的東西，擰乾浸水的物品，抹乾地板等工作。我打開無線電，霎時心臟幾乎停止跳動，後來才發現無線電只是在這場混亂之中被敲到離頻開關罷了。我馬上調整頻率，試著在另一波災難來臨之前發訊號報告位置。但是，沒人接收。我們離開正常的船隻航道有數哩之遙，加上器材被水打濕過，厚實的海浪也老是比我們高，我一點也無法肯定是否能傳送出任何訊號。小型的超高頻器材情況更糟。裡面已經進了水，看來多試一次只是多一分沮喪而已。我在引發零件損傷之前關掉了電源。

「我們得想個辦法對付這些波浪，」我說：「不斷的舀水和工作會把我們自己累死。不能再這樣下去。艙室很快就不能住了。」

船員們看著我。因為過度疲倦及長期被鹽水沖刷，他們的眼眶都已泛紅。強風吹掠過桅桿，並撞擊著防水布。海浪仍然持續著毫不停息的沖撞和巨響；有那麼一會兒功夫，我悶聲想著，我們這四個人在這個孤寂冰凍的大西洋做什麼；寒冷、浸水、疲憊不堪，而且和外界失去了聯絡。

「我建議豎起一根槳當後桅，」我說：「然後升一道支索帆，在船尾下錨讓船頭翹起。但我們掀開防水布取出船槳也必須要冒險，海浪可能剛好打下來而灌滿水，到時候要操作這艘船就更困難了。海浪可能擊中側舷。不過亞朗群島的小圓舟船夫照樣在惡劣的天氣中迎風出海，並像放下船錨般拋下捕鮭網。」

我見到圖龍杜爾一臉疑慮。「你覺得呢，圖龍杜爾？」他是我們之中最具有北海惡劣天氣經驗的人。

「我們現在這樣做是正確的，」他說：「『布倫丹號』最好在海浪中保持現在這樣。她現在還可以走。」他扭擰著手模擬船在海浪中彎曲前進的樣子。「如果我們下錨，」圖龍杜爾接著說：「『布倫丹號』就不能動。大浪打到船頭時，防水布會破掉，船上會積很多水。我想，那是個大麻煩。現在我們應該不讓水進入船尾和船艙。」

但該怎麼做？我們必須想辦法封閉船艙和舵槳處之間的廣大空隙。即使我們剪開一塊船帆當覆蓋物，或使用部分前段的防水布，我仍然懷疑它們撐起後是否經得起大浪的沖擊，何況取用前段的防水布代價太高了。我們需要一些特別強韌的東西，能在強風的肆虐下馬上撐起來。

我突然想到：皮革！在船板下方有備用的牛皮和數張稍小的備用皮革，原來是準備在「布倫丹號」出現漏水或破洞時使用的。現在我們正好可以拿來補一個生死交關的大洞。此時我清楚的想起了百科全書上有羅馬軍隊「龜盾」（Testudo）的插畫。羅馬軍人在進攻一座城砦時，將皮革盾牌舉在頭頂，抵抗防禦者自裡面投射出來的武器。我之前怎麼沒有想到？

我開始第三度清出船艙的東西。揭開的船板發出刺耳的撕裂聲，我找到了放在底層的皮革。「找一小綑皮帶過來，」我告訴喬治，「我要把這些皮革縫在一起。」他於是爬了出去。

我把皮革扛到艙門邊。它們在低溫下僵硬而笨重。這倒好，我心想，它們將會堅固如盔甲。

我快速的告訴圖龍杜爾該做些什麼。他立刻抓到重點，了解的點著頭，並微笑了一下表示贊同。

他拿著刀子，蹣跚的走到毫無遮蔽的船尾。大浪正沖刷著船尾翹起的部分。那是個極為危險的地點，但卻是唯一可以完成工作的地方。圖龍杜爾一手抓著船架，一手接住我們傳過去的皮革。海浪巨響警示他暫時放下工作，雙手緊抓住船架，因為「布倫丹號」抖動搖晃，海浪奔騰掃過船尾。亞瑟這時則專注的掌舵，盡可能讓「布倫丹號」保持穩定。喬治則在左舷緣努力站穩，縫牢每塊皮革，以免被強風颳掀。圖龍杜爾的工作是在牛皮邊緣穿割出一排可穿皮帶的小洞，以便將牛皮連縫結成「龜盾」。他訓練有素的雕刻家巧手，一刀一刀在四分之一吋厚的牛皮上刺出一個個小洞，扭動，拉鋸，成排的小洞看來有如機器鑿出的一般。那種力道真令人佩服。喬治接著將皮帶穿過小洞，並在主力牛皮上打結繫緊，再將牛皮重疊的部分綁緊。

這件工作不到十五分鐘就完成了。一大片皮革兜覆了「布倫丹號」大部分的船尾，只留下讓舵手可以站直的地方，他的身體得穿過「龜盾」。皮革至少保護了船身的兩側。

碰！另一道大浪打中了船尾，但這次安全的讓「龜盾」反彈回大西洋，沒有造成傷害；進水的地方只有一處：我用一件備用的防水褲補綴皮革上的裂縫。海浪的力道將那條防水褲彈離牛皮，隨著噴濺的水飛越駕駛台。

那個晚上，「龜盾」為我們打了勝仗。夜裡又有幾道巨浪打中「布倫丹號」，但都被「龜盾」彈回大西洋，船底只進了少量的水，我們很快就舀清了。值班掌舵者倒是比較受罪。他得伸出頭穿過皮革的洞，面對船尾航行時，臉部得承受強風吹颳，肋部還要承受「龜盾」尖銳的邊緣連續撞擊。大浪偶爾會打到胸部，而且最難捱的是奇冷的天氣一會兒就將手臉凍僵，因此每隔十五分鐘就得換一次班。

但這些都很值得。即使我們已經行駛的距離因為逆風而幾乎前功盡棄，但我們在面對第一次格陵蘭強風時存活了下來。我們以巧思和技術使「布倫丹號」在惡劣海洋各種特殊狀況下通過不同的考驗。最重要的是，我們成功的使用了與聖布倫丹及愛爾蘭修士航海者相同的材料。這是無與倫比的滿足感。

II 格陵蘭海

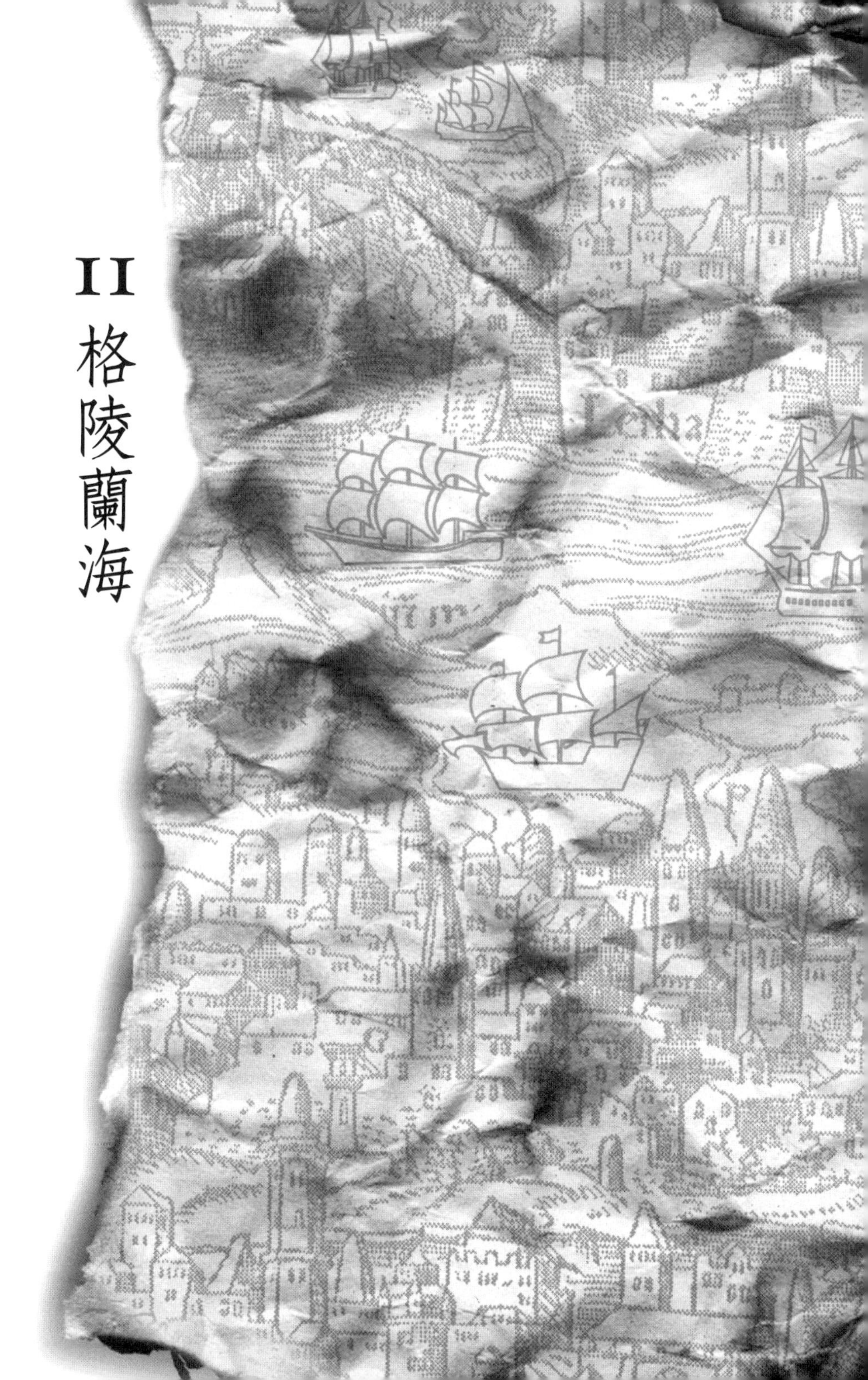

第二天早上八點，風力減弱，我們開始收拾大浪打上船後遺留下來的紊亂。架子七零八落；食物瓶罐也因撞擊而有了漏洞。塑膠盒蓋子大多被掀丟，裡面的東西成了一灘灘爛糊。裝鹽巴的容器打開後，裡面竟然流出液體。火柴和打火機全軍覆沒，點爐火時得使用救生艇上的火柴，一種即使潮濕也可以點燃的火柴。海水灌入煤油燈，使得壓力燈的玻璃罩也破裂了。手套、襪子、圍巾、帽子，所有的東西都泡了水，除了體溫之外，沒有可以讓它們乾燥的方法。我寫在防水紙上的日誌，可防水的墨跡也因為嚴重泡水而糊掉。我一頁頁的用乾布擦拭。我們的無線電一直無法和海岸站台聯絡上，一直到了夜裡，我們發出的訊號才被一架來往於雷克雅未克和芝加哥之間的冰島定期班機接收到，機長即刻將我們的位置轉報給塔台，再轉報海岸巡防隊，告知我們安全的消息。我這時可以不必再擔心冰島海岸巡防隊的朋友因失去我們的訊息而出動搜救。他們打從一開始就一直追蹤「布倫丹號」的去向，我有責任避免增添他們不必要的麻煩。

風勢雖然減弱，但天氣可沒真正憐憫我們。雨霧接踵而至，停息了一會兒後，接下來是更多的雨和更濃的霧。大半天的時間，風推促著我們往東北前進，我們以六到七浬的速度快速而穩定行駛了一段時間，重拾了部分可貴的進度。然而，風力又開始轉南，船隻被迫更靠近冰緣。這個時候我們正想盡各種辦法將泡水的物品弄乾。我們一遍遍擦拭、吸水，舀出船底超過安全標準的水量，並試著和海水對抗。

中世紀的北大西洋氣候

中世紀的愛爾蘭航海者是否曾經面對這種惡劣的情況不得而知。研究氣象的大多數歷史學家都同意，五到八世紀的北大西洋氣候比現在暖和。但可資證明的證據則有所保留，理由很簡單，現行有關當時氣候變化的紀錄極少，專家仍致力於蒐集實際證物的階段。著名的英國氣象歷史學家藍柏教授（Professor H. H. Lamb）研究過早期提及洪水、豐收及氣候變化的編年參考資料。在他回覆的信上，他提到：「簡單的說，有理由可以相信過去有段時間，特別是西元三〇〇年到五〇〇年，或五五〇年之間，以及九〇〇年到一二〇〇年之間，與八世紀一段短時期內，在緯度五十度和部分更高的地方，曾經發生頻率極高的高氣壓。按理說，高氣壓必然減弱風暴產生的頻率，前往冰島和格陵蘭的航行，也要比現代的航行來得安全。不過，我們都很清楚，氣候本身的變化特性可隨時產生導致災難的暴風雨。」

丹麥和美國科學家由格陵蘭冰帽上取得的冰蕊樣本分析結果，支持了藍柏教授的部分理論。這些冰蕊樣本內部的水平層顯示一千多年來格陵蘭每年降雪的狀況。他們測量每個水平層所含的重氧同位素含量，計算出各個年代的氣溫。這些結果顯示了格陵蘭幾個較緩和的年代，包括西元六六五〇年到八五〇年。

多位學者指出，古斯堪地那維亞人抵達冰島，並在格陵蘭島殖民的時代，氣候比現在更適於橫渡大西洋。但就我所知，還有兩個常被歷史學家忽略的時期：一個是八世紀，恰在迪丘爾撰寫愛爾蘭人航行到冰島的時間之前；另一個則是六世紀，接近聖布倫丹航行的時期。迪丘爾的資料間接說明了科學家描繪的天候概況。迪丘爾認為在西元八〇〇年左右，愛爾蘭修士已慣常在二月份航行到冰島。二月是現代水手盡可能避開的月份，但在迪丘爾的時代，二月的風勢和氣候卻適於航行，這明顯表示了中世紀時代的氣候和二十世紀中期並不相同。

中世紀初期的北大西洋氣溫只是影響氣候歷史和愛爾蘭人航行的因素之一，更為關鍵的因素還包括盛行風向、暴風雨頻率及暴風雨季節。然而，當時的格陵蘭外海浮冰比現在少，由冰島航行到格陵蘭殖民的古斯堪地那維亞水手並沒有受到冰層阻擋。因此可以合理的假設，基督徒航行的年代氣溫較高，海面浮冰的阻力也比現代來得小。冰島氣象中心的氣象學家帕爾．柏格索爾遜（Páll Bergthorsson）曾經查閱冰島的氣候紀錄，顯示了冬季的氣溫變化和冰島外海浮冰的數量有直接關係。帕爾和同事正在為「布倫丹號」記錄格陵蘭的天氣圖，並隨時以無線電將天氣預報傳送給我們。

中世紀北大西洋氣象的一項改變，也許可以解釋《航行》一書何以在聖布倫丹歷史大航行中有關惡劣氣候的紀錄極少。大體來說，他的皮革船大部分都面臨風平浪靜的情況，這要歸功於聖布倫丹將主航程排定在夏季。他僅有一次面臨惡劣氣候的窘境：他們逃離了那隻攻擊他們又被另一隻怪物殺死的海怪後，將船隻停泊在一座島上，他們在島上發現被海水衝上海灘的怪物屍體，聖布倫丹告訴修士們割下怪物部分的肉當食物，替他們增加了三個月的糧食補給。但這些航海者卻因為海上滂沱大雨和冰風暴，而被困在島上三個月。有些評注家認為這種異常的氣候表示他們已經到達南格陵蘭，當地的氣候即使在夏季也有可能極為惡劣；又說，由於這些愛爾蘭修士已經習於家鄉氣候優良的夏季，因此惡劣的格陵蘭夏天完全出乎他們的意料之外。

更令人振奮的線索是古斯堪地那維亞人所寫的記述裡，也提到愛爾蘭修士在格陵蘭上岸的事跡。古斯堪地那維亞人第一次發現格陵蘭時，記載他們見到「這個地方的東邊和西邊皆有人類居所、皮革船和石頭器具的遺跡。」傑出的美國地理學家卡爾．叟爾（Carl Sauer）認為：皮革船和石材居室比較像是愛爾蘭人留下來的，而非愛斯基摩人，因為截至目前的研究顯示，當時的南格陵蘭並沒有愛斯基摩人；到達南格陵蘭的古斯堪地那維亞人既沒有遇見愛斯基摩人，現代的考古學家也沒有找到當時的愛斯基摩人遺物。考古學家發現，古斯堪地那維亞人在格陵蘭發現的愛斯基摩遺物其實屬於鐸塞文化（Dorset culture，為西元前六〇〇年至西元一千年的古愛斯基摩文化。考古學家最早在加拿大巴芬島〔Baffin Island〕南部的鐸塞角〔Cape Dorset〕發現其器皿，故名——譯注）。這些早期人類在格陵蘭的分布地點以北部為主。但有一點很重要，這些鐸塞人的住屋並非帳棚，而是地下洞穴，有時候還使用皮革當屋頂。這樣的地下住所當然不可能稱為「石材住屋」。

卡爾．叟爾質疑，如果屬實，古斯堪地那維亞人在南格陵蘭見到的皮革船和石材住屋又為誰所有？當然是愛爾蘭人的，因為這些住屋和愛爾蘭修士在愛爾蘭西岸及赫布立群島所建的典型建築如出一轍。

古斯堪地那維亞人發現的愛爾蘭修士遺跡，難道是修士為了躲避古斯堪地那維亞人入侵故土而逃到此地的庇護所？或者是愛爾蘭隱修者直接由法羅群島或赫布立群島航行到格陵蘭所留下的遺跡？古斯堪地那維亞的冒險傳奇並未說明這些「石材住屋」的大小和形狀，不過，由「布倫丹號」所學到的經驗，我倒有另一個想法：古斯堪地那維亞人發現的「皮革船」不太可能是愛斯基摩人的皮船（kayak），因為這些皮船如果不重新塗油，妥善照顧，就會腐壞。皮革未如「布倫丹號」一樣經過鞣製，遺棄於岸上一段時間後即開始分解。相反的，橡樹皮鞣製皮革製成的愛爾蘭圓舟則極為耐用持久，可以使用很長的時間。也許，古斯堪地那維亞人在格陵蘭看到的皮革船是越洋而來的愛爾蘭圓舟。

默默忍受煎熬

當我們掙扎於格陵蘭海岸時，「布倫丹號」的現代氣候運道可真令我焦慮。強風不但使她在格陵蘭海徒然兜著圈子，還將她推向比預期的更加偏北。要繞過送別岬和自南格陵蘭凸伸出來的八十哩寬冰層，「布倫丹號」必須先朝西南向行駛。但她卻不斷的受到持續的強風挾持，因此我打算冒個險：駛近冰層。這裡的風向經常和冰緣平行，這也許正是「布倫丹號」急迫需要的風向。但其中的危險極為明顯；如果我們被強烈的東風絆住，「布倫丹號」可能會急速衝向冰層，一旦我們發生危險，幾乎無人能及時營救我們。冰島海岸巡防隊的指揮官彼特・西格遜曾要我們不必擔心冰層。「我們稱它為友善的冰，」他說的時候，眼睛充滿愉悅。「海岸巡防隊的巡邏船多次在暴風雨中進入冰層躲避，裡面的海域通常很平靜。」他說的可是鋼鐵打造的船，我可不敢確定「布倫丹號」能承受冰層的撞擠。

「布倫丹號」船員所冒的險我根本無須置喙。他們看著航海圖上標示每日航程的鉛筆線，一吋一吋的靠近格陵蘭海岸，雖然沒有提出看法，但很清楚的，他們明白風向中每一點輕微的改變都具有重大的意義。狂暴的天氣又持續肆虐了一週，並開始造成損害。在每天的氣候變化中，有幾個地方經常會產生較大和較立即的影響，需要船員更費神照料。現在每一天幾乎都下數場雨。每當下雨時，不值班的人不是擠在船艙中，就是在防水布下方耐心的把滴流進來的水抽乾。氣溫一降低，即使只有少數幾度，也令人感到冰凍至極，若是起風，刺骨的寒冷常讓我們躲在潮濕的睡袋裡不願動彈，也顧不得睡袋仍然一團濕冷。我們後來發現經常上下翻置睡袋，將底部朝上，可以讓裡面的水滴出來，也乾得快一些。我們不太情願的將最後幾件乾衣服收藏起來。那些仍然濕透的衣服提醒我們要保留幾件乾衣物，好在緊急時候有乾暖衣服可穿。我們一直穿著那些潮濕衣物，即使在寒冷的雨夜，也得痛苦的穿上濕襪子和長褲，套上潮濕的防水鞋，喀喳喀喳的走去掌舵。

不過，即便在這樣的狀況下，只要「布倫丹號」朝正確的航向前進，我們的心情仍然非常高昂。我們仔細的調整了船帆；伸手到冰冷的海水中拉起下風板；謹慎的設定舵槳以維持正確的角度。但每當「布倫丹號」停頓下來，或被迎頭的風吹得走回頭路時，我們的日子就過得格外艱辛。我們幾個人都知道唯一能做的就是耐心的監測，等待對我們有利的風向。除此，無處著力。

每個人的反應都不同。主管航行的喬治可能是最挫折的人。在若非逆風就是毫無風力的情形下，他無法幫我們早日抵達北美洲。然而他對於「布倫丹號」的照護從來沒有鬆懈過。他一再的檢查繩索是否磨損，重新調整繫帶，拆下鬆弛的舵槳支架重新裝配，將移位的皮帶墊子重新歸位等。他對船艙裡的細部也是同樣的細心。受到部隊的訓練，他的睡袋總是捲得整整齊齊，他的用具包好後疊放在不礙手礙腳的地方，輪班時間一到毫不拖延。

亞瑟正好相反——凌亂、混雜、隨遇而安。他不在睡袋裡時，睡袋永遠像壓扁的靠墊一樣。毛衣和圍巾內面朝外散亂的隨意擱置。他泡過水的海軍長褲幾乎占據整個起居處，我們只好把它丟到艙外。他老是忘記戴帽子的事更是我們開玩笑的題材。他總是急急忙忙的衝出船艙去值班，一會兒後，必然轉過頭來，可憐兮兮的說：「唉，我說，可不可以請你幫我把帽子遞過來。我不知道它在哪兒，應該就在某個地方吧。」

亞瑟的運氣老是很背。每次有浪頭突然打上舷緣時，亞瑟老是坐錯地方似的，海水要不當頭灌進他的脖子，就是沖刷到他的盤子。輪到他開始值班的時候，似乎也是老碰到傾盆大雨。「亞瑟！」喬治老是開懷的拉開嗓門。「上空有烏雲。該是你值班的時候啦！」不過他的個性堅忍，不會因為這些霉運而動搖，真正受難的是他的綠色防水衣。它們隨著亞瑟受罪，逐漸發展出自己的特性。我們的防水衣總是整齊的掛在舵槳架上以備隨時取用；但亞瑟的綠色外套和褲子總是內外倒翻，像抹布似的撂在駕駛台的角落。「不值得花時間在上面嘛！」亞瑟一邊將連衣帽中的海水倒出，把自己塞入泡了水的外套時說。他的防水靴裡面也常灌滿了水。我們可不會認錯靴子；亞瑟的腳太大，所以只能穿農務用的橡皮靴。那是向工廠特別訂做的，鞋底還有像拖拉機輪子般的溝紋。

圖龍杜爾長時期生活在海上，耐心自成一格。「你認為風什麼時候會轉向？」我問他。圖龍杜爾通常會看看天空，看看海面，然後停住。「沒問題的，」他平靜的回答，「會轉成北風。」要是天氣轉惡，風雨交加，視線不良，「布倫丹號」在激盪的海面搖晃而行時，他則說，「不算太差。冬天要比這更糟。」然後繼續工作。他的沉著常讓我們吃了定心丸似的。圖龍杜爾總是不讓自己閒下來。他要不是忙著捕管鼻鸌，就是替「布倫丹號」速寫，或埋頭於自己的圖畫，有時則用火柴棒的一端為圖畫塗上淡彩。他在船頭防水布下方的休息區有一個垂直的畫架。上面掛了一個網袋，盛裝紙、彩筆、顏料罐和鉛筆，以及不可少的魚鉤。那兒還放了圖畫和等著晾乾的習作。偶爾在那兒也見到針線，一小面皮革。他利用那些剩餘的牛皮做些小東西，有時候是顏料罐的皮盒，有時候則是在雕有塞爾特十字架的垂飾。

整體來說，我們很少坐著聊天。就像使用乾燥衣物的情況一樣，我們清楚前面還有很漫長的路，連交換想法和意見都是慢條斯理。喬治發現，我們之間的對話逐漸減少。喬治使用一部錄音機幫某部影片錄下我們航行中的聲音，一天末了重播時，他常感到非常沮喪。偶爾有人問個問題，接著是漫長的空白；然後才有人回答。喬治的錄音帶並沒有記錄太多我們的想法。大致來說，「布倫丹號」的船員都把想法放在心中，很傳統的專注於航行船隻和自己的事情上。沉默的接受似乎是忍受煎熬最好的方法。

我們也發現，駕駛「布倫丹號」雖然是團隊分工，其實卻成了我們非常個人的經驗。每個人對於相同的事情各有不同的應對方式，而且各人的經驗和感受未必和同伴的想法混合。這樣的情況在值班時更是典型。掌舵的人單獨遙望遠方海面單獨浮在水面的鯨魚、突然躍起的海豚，或是天空改變的圖案；有意料之外的事瞬時閃過，快到來不及呼喊其他人一起分享。同時段值班的人，也因為待命處於二小時的半休息狀態，通常緩慢而不如平時敏銳。

在強風中值班時，掌舵者清楚的知道其他人的安危全繫於其技術上，而成為最具有個體色彩的經歷。其間的每一道大浪都由值班掌舵的人獨自遭逢和判斷。每道聚集並穿流過船底的海浪是非值班的人感覺不到的。但對於掌舵者，這是小小的勝利，只是喜悅感通常即時被接踵而來的急浪所沖散。

相反的，有些片刻卻會永遠的烙印在相關者的記憶裡，五月二十三日即發生過這樣一件事。當時「布倫丹號」仍然朝北走，時間正值黃昏，雖然風速僅每小時約二十五浬，風向卻和東格陵蘭潮流相反，同時在海面激起急浪，偶爾還夾著掃過船身的巨浪。我們當時已經非常疲憊。嘶鳴了一整天的風和巨浪的隆隆響聲麻痺了我們的注意力。一次次輪班，我們重複著掙扎穿上防水衣，蹣跚走到舵槳架，在身上繫好安全索，緊抓著舵柄……。喬治當時爬到船身前段的防水布下抽出船底的水；亞瑟和圖龍杜爾則窩在船艙裡的睡袋中。我獨自在駕駛台，將船駛過一區接著一區的海面漩渦。巨崖似的海水一道道在船後升起。每道波浪皆令我必須使力掌舵，讓「布倫丹號」以正確的角度對準敵手前進。

幾乎是不經意的，我回頭一看，不是大浪沖擊的船尾，而是風吹過來的左舷。遠處一片撞擊的白色浪花之中有一道毫不馴服的波浪，大約只有十呎，並不特別高，但它似乎別有目的地跨騎浪頭而來，不一會兒就已經到了「布倫丹號」旁邊，和船身交叉垂直，而船身早已被海浪浪頭纏住。「抓牢！」我用最大的聲音喊著，並緊抓住H型架子。

「布倫丹號」因為那道浪的沖擊而傾斜。她一再的往下風處翻動，我突然發現自己雖然仍抓著H型架，但幾乎已經直接面朝海面。「老天，要翻船了！」我心想。「她不可能在這樣的角度下不翻船。船艙裡和防水布下的人怎麼辦?他們能脫困嗎？」那是難熬而痛苦的片刻。但是「布倫丹號」沒有翻覆，而是單邊斜向海面。

緊接著，那道浪覆蓋了「布倫丹號」，既非白浪滔天怒吼而過，也非激起白沫衝撞而下。它甚至沒有撼動船身，僅是以大量沉重的海水將船包覆，並像深沉而穩定的河流般漫過「布倫丹號」。海水漫過「龜盾」，撞擊到我胸部。我往前看，「布倫丹號」已經全沒入水中。不到兩碼外的船艙全部沒頂。綁在船艙高達二十一吋高的救生筏也完全在海面之下。眼前唯一凸出水面的只有桅桿。「布倫丹號」似乎已被波浪吞沒。我心中突然有一個奇異的念頭，她長而矮的外型，加上兩根凸出的桅桿，看來像一艘沉伏在水下的潛水艇。而且就像水中的潛水艇一樣，「布倫丹號」掙扎的浮出海面。「龜盾」和船艙中的空氣使船隻浮了起來。海水從她身上安靜的退去，她繼續前行，仿彿什麼事都沒有發生過一樣。我太驚訝了。我原想至少整座船艙會被扭曲，所有的防水布會被掀起。我艱難的爬上槳手座查看損害，發現竟然一切如舊。

唯一受到波及的是我心中的平靜。由我站在舵槳邊的有利位置，我很清楚我們瀕臨翻覆。值完班後，我爬進睡袋裡，發現雖然力氣耗盡，卻無法成眠。每一道撞擊在船身的波浪都令我心神一驚，預期著可能發生的災難。我一刻也沒成眠，再度輪到我值班時，我向亞瑟提到那道大浪的事。「是啊，」他說：「船艙內都成了綠色的海底世界。」我們以這樣的默契，停止了這個話題；幾天之後，喬治值班時也遭遇同樣的情形，以為「布倫丹號」必然沉沒無疑。航行中的這類插曲似乎不討論是最好的。

鯨魚日

在靠近格陵蘭浮冰邊緣大約七、八十哩時，天氣終於轉好，讓我們稍微喘口氣。五月二十五日早晨，我們迫切需要的平靜取代了狂風，我們開始重新享受周遭的海洋生活。地平線那頭，一群海鷗不時盤旋，並潛入水中覓食。牠們飛近時，下方的海面有一群海豚鼓起一些白色浪花，和鷗鳥一樣正在追逐水中的魚群。然後，另一小群看來興高采烈的海豚游向我們。他們隨著一條肥碩的大鰭鯨泳動。這條鯨魚也同樣好奇的改變航向過來探視，並把那一群海豚也帶了過來。牠一游近後，停止了噴水，反而潛到「布倫丹號」的下方游動。那一群海豚仍停留在水面，不斷的跳躍落下，在我們四周如快樂狗兒一樣扭著身體嬉戲。在「布倫丹號」的船尾，我們可以見到那條鯨魚巨大的魚鰭激起的亂流不斷冒出水面，並攪平了小浪頭，有那麼一會兒，看來像是「布倫丹號」裝有螺旋槳轉動著水波似的。那條大鯨魚接著冒出海面，噴了兩道水柱，在我們四周游了一圈，臨去秋波般的噴著水柱往東而去，一直到四、五哩外都還能見到牠噴出的水柱。

事實上，這天真是典型的「鯨魚日」。喬治靠在舷緣舀海水準備煮馬鈴薯當午餐，他抬頭平凡無奇的說：「船尾有五頭大鯨魚看著我們。」「哪種鯨魚?」我問。「我不確定，牠們看來不太一樣。」喬治回答。圖龍杜爾站起來往船尾看去，說：「是抹香鯨。」我們看著這另一種類的鯨魚安靜的游到「布倫丹號」旁邊瞧她一眼，牠們奇特的鈍狀頭部沉穩的推擠海水，其中一頭游到船頭仔細的探查，然後五頭鯨魚不再費心的潛入水中，而是壯觀的游在水面離去。

預料中靠近冰緣的危險開始突顯。五月二十五日下午，穩定的風由東北方向吹來，「布倫丹號」和冰緣平行，朝向告別岬駛去。普林斯·克里斯汀遜站台發出強風警告，事後證明預告極為準確。那一整個晚上，風力幾乎達強風級數，值班的人可以聽到冰雹打在防水布上，發出有如壓擠玻璃紙的聲音。隔天早上，無線電又傳來強風特報，又隔一天，同樣的特報，連第三天和第四天也相同。風正由北邊或東北邊交替吹來，「布倫丹號」幾乎是蹦跳著前進，東格陵蘭潮流使船速加快，一天多駛個二十或二十五哩。五月二十六日，「布倫丹號」發揮了航行以來最好的表現，二十四小時內行駛了一一五哩。這項紀錄平了前一次航行的最快速，對現代遊艇而言也是項傲人的成績。

航海日誌上潦草記下近期的格陵蘭氣象，「有霧」、「小雨」、「濃霧」、「強風特報」等字眼一再出現。在這麼不利的情況下，亞瑟的照相機也跟著出現問題。含鹽的空氣侵入照相機精密的機械結構中，使得快門無法打開。亞瑟小心的將照相機的零件拆解下來放在船艙地板上，一一清理後上了油。他把兩架照相機能用的部分重新組成一架，只要記得在按快門之前打它一下，這架照相機仍能使用。我們在海上已經超過三週，新鮮食物開始不足。我們吃掉了最後幾顆蘋果，並愧疚的把切達乾酪也吃光了。我們還有足夠的燻肉和乾肉，但德國黑麵包則令人失望。我們一打開袋子，發現麵包不但酸掉，而且每片都長了綠黴。扣除我們消耗掉的補給和淡水，「布倫丹號」的重量大約輕三分之一噸，行駛起來也輕快多了。

日常的生活條件越加簡單了。船艙內的東西只剩下一些基本配備，我們的睡袋、一袋給每個人使用的衣物、無線電、六分儀、一袋書和照相器材，此外別無他物。這個遮風避雨的地方老是瀰漫著乾燥羊毛、皮革、濕氣和長久沒有洗澡的體味，而且越來越濃。我們已經習慣老是濕頭髮、海水灌入防水衣後濕透的衣袖、濕襪子和濕毛衣。幸運的是沒有人生病，甚至連割傷和扭傷都沒有。唯一有問題的是圖龍杜爾的手。他的手指關節和手指頭紅腫，腫脹的地方會刺痛。但圖龍杜爾只是聳聳肩膀，說那是漁民長期在冰冷海水中使用漁網和漁線的老毛病。其餘人僅是在值班後，手指有如不新鮮的黃瓜般泛白，裂痕還積滿了塵垢，要幾個小時才會恢復原有的血色。

對於不時由普林斯・克里斯汀遜傳來的強風特報，我們也以解嘲式的幽默對待。我們互開玩笑的說風力老是跟不上特報應有的級數，雖然氣壓計指數是和預報的相符。有時候低至九七〇毫巴的低氣壓中心和格陵蘭高氣壓在狂風中擦肩而過；預報的風力不如現場強烈時，我們猜測是否因為「布倫丹號」船身極低，加上浪谷的遮蔽，才讓我們逃過劫數。我們沒有真正體驗到預期的猛烈風力，因此當氣象學家帕爾・柏格索爾遜說他替我們擔憂時我們反而感到詫異；他們收到一艘船隻報告距離「布倫丹號」不到六十哩處有十級暴風雨。訊息來自冰島漁業研究船「亞尼・弗瑞德瑞克遜號」（Arni Fridriksson），她在我們的北方作業，當工作完成回航之際，我們和雷克雅未克的無線電通訊也中斷了，幾近與外界斷絕聯絡。強風加上低能見度使得南格陵蘭的空中航線暫時中止，即使原本會監視我們位置的冰島空中巡航也因為惡劣的天氣而無法出航。

落入浮冰區域

五月二十九日，「布倫丹號」終於繞過由告別岬往南延伸的浮冰冰緣，我們全都鬆了一口氣。我們現在正航越分隔格陵蘭和北拉布拉多半島（North Labrador）的戴維斯海峽（Davis Strait），但令我們沮喪的是，我們又進入一個濃霧、無風的區域。偶爾颳起的風都來自南邊和西邊，「布倫丹號」再度慢如牛步。航海圖上的鉛筆標示又開始呈現Z型航線，並不斷的兜起圈子。

「五月三十一日，」航海日誌記錄的是典型的一天，「風平浪靜，中午時西北風颳起，我們改變航道，縮短前往紐芬蘭的航線。風向又轉為西南，船行受阻。別無他事。」枯躁單調成為我們的新敵人。有那麼幾次，太陽一露臉，我們趕緊將睡袋掛到帆桅上，並試圖晾乾衣物。然而皆在潮濕和濃霧中白忙一場。氣候冷到另一隻停到「布倫丹號」的遷徙鷚鳥在夜裡凍死。為了打發時間，我們開始玩結繩花樣，於是「布倫丹號」的索具和接合的地方多出了不少新的繩結花樣；甚至任何能加上裝飾的地方我們都沒放過。除了單調，持續的濃霧將我們的視線限制在三、四哩內，也加深了與世隔絕的感覺。霧氣經常濃得見不到「布倫丹號」五十碼以外的世界，更別提要分辨海天的界線；「布倫丹號」有如被擱置在一個沉滯的灰色巨碗中。唯一值得慰藉的是沒有什麼緊急事故發生。這一帶水域極為荒涼，只有在北美和格陵蘭漁場之間的作業漁船偶爾行經此區。沿岸的無線電站台極少，「布倫丹號」也陷入無線電通訊的空窗期。普林斯．克里斯汀遜站台的無線通話越來越微弱，最後成了令人無法理解的電波聲。有一天，他們的電波完全消失，但我們仍然無法聯絡前方的加拿大站台。我們聽到上空的班機向塔台報告飛機位置，但他們卻接收不到「布倫丹號」的呼叫。我們完全孤絕。

六月十一日，我們接收到加拿大海岸防衛隊向所有船隻通告，描述「布倫丹號」的外觀，並強調已有六十個小時沒有收到「布倫丹號」的訊號，請所有見到「布倫丹號」或接收到訊號的船隻向加拿大海岸防衛隊報告。令人沮喪的是，因為嚴重的大氣干擾，我們無法親自向加拿大海岸防衛隊報告。第二天天候突然改變，格陵蘭及加拿大的無線電站台都收到了「布倫丹號」的訊號。加拿大人通知我們拉布拉多外海冰層邊緣的位置，根據他們的觀察，主要冰層持續向北後退，由航海圖上看來，「布倫丹號」應該會駛離拉布拉多冰面。一週前，加拿大新聞曾提及渡輪「卡森號」（Carson）在我們東邊二百哩處發生事故。重達八二七三噸的「卡森號」是一艘破冰船，正進行當季前往鵝灣（Goose Bay）的第一趟航行，因為撞到冰山而沉沒。幸好當時天候良好，事發地點離海岸不遠，軍用直升機由浮冰上救起船上人員，無人死亡。「卡森號」的沉沒無疑是殘酷的警訊！

「十三」似乎是我們的幸運號碼。六月十三日，颳起了我們迫切需要的風，「布倫丹號」由下午到晚上全速前進。喬治在晚間值班時說他感到很失望。「很可惜一路到了這裡，卻連冰都沒瞧見。我可不認為我還會有機會來這個地方。」隔天破曉，喬治正在泡咖啡。「嘿！」他傳來快樂的叫聲。「冰！我確信那是冰。」果然，一大塊冰在水面像兒童玩具一樣浮沉著，看來像奇怪的中國節慶舞龍。「那兒又有一塊，就在前方。」喬治說。我們都站在那兒看著。「布倫丹號」開始得穿越那些大小不一的浮冰。它們美得令人眩目，不斷漂浮擠撞，有時還有大塊浮冰分裂出幾小塊，巨大的冰塊因為重心改變而隨之翻轉，形成新的景觀。持續沖刷著冰塊的海浪，在我們耳邊發出低沉的悶吼聲。

圖龍杜爾臉上顯出高興的神采。「好極了，」他說：「我們現在可以見到更多的鳥和鯨魚。靠近冰塊的地方是釣魚的好地點。」

我指著東邊的遠處。「圖龍杜爾，地平線上那道白線是什麼？根據航海指南的描述，看來像是冰的閃光。那有可能是冰山嗎？」

「沒錯，」他凝視著我指的方向，「那兒有厚冰。」

我倒有些迷惑了。根據最新資料，那個方向不應該有浮冰才對。「我想那只是由大塊浮冰分裂出來的冰塊，」我很有信心的說：「根據最近的浮冰報告，我們已經遠離主要的冰面區，這一區不應該有浮冰才對。我們應該位於陸地和一些小浮冰之間才對。」

但我錯了。我不經意的將航線轉向右邊，穿過那些「小浮冰」，並朝著冰層閃光前進。我們一駛近，那道閃光更明顯了。那個景象令人動容。堅實的冰緣是一塊塊的雪白浮冰，在強烈的陽光下閃耀。大約每一百碼處，厚實巨大的浮冰被推促到較輕的浮冰之間。那些大塊浮冰是「多年生」的冰塊，也就是經過多年的結凍後，由大的冰山上迸裂出來。這些大塊浮冰在海面上形成奇怪的樣子，有些柔和渾實得像半熔化的奶油，有些則呈猙獰的鋸齒狀，全具有銳利的邊緣和冰脊。有一群小浮冰由冰緣漂出，進入「布倫丹號」的航道。我們在它們之間曲繞前進，一邊欣賞它們的形狀。它們看來像小船、像鋼絲鋸鋸下的碎塊，甚至像海蛇。其中一塊香蕉狀的浮冰我們命名為「冰圓舟」。

狡猾的風這時又開始吹向西北，我們不論如何努力，都無法將「布倫丹號」駛離冰緣。烏雲間歇的遮掩太陽，原來美麗的冰塊已不似早先那麼迷人。「波浪沖刷冰塊的力道真不小，」喬治說：「你瞧那塊顏色較深的巨大冰塊被海浪抬起又拋下的樣子。」他指著一塊碩大如二層樓房的冰塊，冰的下緣有不少骯髒的灰色帶狀。每當海浪律動時，這冰塊就隨著急速上升、傾斜，接著底部重重的下跌，海水也擠流而出。「要是『布倫丹號』被推到那塊冰塊的下方，那可不妙，」我說：「我們不像被蒸汽動力鎯頭打碎才怪。」

我們小心的駛過冰緣，讓冰塊保持在左舷。亞瑟拍照；喬治掌舵；圖龍杜爾則坐在船艙頂上凝視著眼前壯觀的景色。越過較小的冰丘和冰縫，在這個距離我們可以區分冰原中的數座冰山。「我們大概無法駛離那一大片冰原的下襬，」喬治語帶擔憂的說：「它好像延伸到前面滿遠的地方，我們正快速的朝它漂去。」我心裡感到莫名的恐懼。我們距離陸地一六〇哩，而距離主要冰層的所在還有一段很長的距離。這片冰原看來極為堅硬。喬治又說了，「萬一我們衝入冰灣時怎麼辦？我看我們必然撞得粉碎。」

我徵詢的看著圖龍杜爾。「『布倫丹號』得在冰裡找個洞。那兒很安全。」他拿出鉛筆畫出他的意思：「布倫丹號」應該在浮冰裡找個空間停泊，就像停在瀉湖中一般。問題是整個浮冰體毫無裂口。對於一艘皮革船來說，這裡既無罅隙，也無避難港。就在那時，喬治大喊：「有船！」

遇見救兵

自冰島海岸巡防隊的巡邏船之後，這是我們所遇到的第一艘船隻。那艘船在遠處地平線上看來像條漁船，正繞過冰緣行駛。「我看她大概很難在浮冰之間看到我們，」我說：「大片白色冰原中的白色船帆，我們的雷達反射器大概看來像一小塊浮冰。」

喬治突然有了主意。

「信號鏡！」他叫著，並急急的由貯物區裡找出一面小型金屬鏡。

閃啊，閃啊！我們輪流拿著鏡子聚集太陽光向遠方的船隻投射。我們剛見到她時，她幾乎筆直朝我們而來，然後卻轉向和冰緣平行前進。閃啊，閃啊！我們努力的打著光。「希望我們能弄點新鮮食物，」亞瑟熱切的嘟囔，「要是來點新鮮的牛奶和麵包該多好。」閃啊，閃啊！「她轉向了，她瞧見我們了！」

十來分鐘後，那艘船到了可以叫喊的距離內。喬治用望遠鏡看著她。「她叫『史瓦那』（Svanur），嘿！圖龍杜爾，我相信她來自法羅群島。」圖龍杜爾期盼的露出笑容。他把手圈在嘴邊，隔水喊出一串法羅語。那艘船上的船員們靠著船欄用力的揮著手臂回應他的叫聲。

「不知道『史瓦那號』的人會怎麼想，在冰緣外遇到了皮革船？」喬治說。

「有件事可以確定，」我回答，「他們聽到『布倫丹號』上有人講法羅語時，肯定知道那是圖龍杜爾．巴圖森。」

事實上，「史瓦那號」的人都知道「布倫丹號」，不僅只是我們曾在去年造訪過法羅群島，也經由北大西洋的漁船和小貨輪的小道消息網絡。皮革船出航是冰島和格陵蘭所有港口的聊天題材。「史瓦那號」剛離開格陵蘭，滿載蝦貨準備前往英國格洛斯特（Gloucester）和美國麻州（Massachusetts）。「史瓦那號」船長告訴圖龍杜爾，所有北方的船隻都被通知要特別留意我們，格陵蘭的無線電台也廣播了我們最後的位置。不論如何，要不是那一面信號鏡的明亮閃光，「史瓦那號」絕對留意不到「布倫丹號」。船長當時已經由冰緣改變航向，是信號鏡的閃光引起他的注意而前來探查。

圖龍杜爾跳上了小橡皮船，向「史瓦那號」划去。十分鐘後他回到「布倫丹號」。「船長說『布倫丹號』前方有厚實的浮冰。『史瓦那號』已經在那一帶來回了六個小時找不出可以穿越的路。他還由無線電上聽到另一艘船也無法通過。他說冰層太厚了。」我瞧見「史瓦那號」的鐵船頭上有撞到冰層的凹痕。如果像「史瓦那號」這種專為這片水域設計的堅固漁船都得回頭遠離冰層，那麼「布倫丹號」最好也照做。自上次的廣播之後，冰層似乎往南移動了很多。圖龍杜爾又說：「『史瓦那號』船長說如果你願意，他可以將『布倫丹號』拉過冰層的一角。我們在那兒可以順風繼續前行。『史瓦那號』也準備那麼走。」

「請告訴他，我很樂於接受。」

圖龍杜爾拉著拖船索，划著船回去。「史瓦那號」開始拖著我們離開險境。又是「布倫丹好運道」，三週來第一次出現的船隻，正好解救我們於冰原之中。毫無疑問的，一旦風向改變，我們就能自行駛離冰原，但未來，我會更留意浮冰傳報。浮冰不但會移動，邊緣的變化也比冰原巡邏隊的偵察速度快。我告誡自己，下一次應該保持「布倫丹號」向海面而行。但我不知道，這個告誡很快就被自己推翻。

「史瓦那號」只花了三個小時就把「布倫丹號」拖離困境，然後她解開我們離去。圖龍杜爾由「史瓦那號」回來，還帶著一袋冷凍麵包、一袋馬鈴薯、一大箱冷凍蝦子，以及亞瑟渴望了很久的牛奶。

「他們給的真多，」我一邊接過圖龍杜爾遞過來的箱子一邊吃力的說。「是的，」他回答，「『史瓦那號』船長住的地方離我家不遠，在海斯特島（Hestor）。」我心想，大概只有到處捕魚的法羅漁民才會把浮冰區相逢的事輕描淡寫的帶過。

「老天，另一艘船！」喬治叫著的時候，我們仍然忙著將新的補給品存放到食物儲藏區。果然沒錯，一艘灰色的船正由北邊駛來。她的樣子頗為奇特，不但有回折的破冰船頭，前桅上還有一個瞭望台。「這地方還真像皮卡迪里廣場（Piccadilly Circus，倫敦繁華的要道——譯注）。」我說：「一天竟有兩條船。大家都經由這個地方前往北極，或由北極回來。」

「希望那艘船看得見我們。」喬治說：「她直向著我們過來。」

那艘船上的瞭望員看見了「布倫丹號」。船跟著減速，在距離「布倫丹號」約二百碼處停下來。她是美國海軍船艦「米爾法克號」（Mirfak）。我們可以看到甲板上的幾名軍官倚在艦橋好奇的往下看著我們。

「哪裡的船？」無線電傳來「米爾法克號」的聲音。

「『布倫丹號』，由雷克雅未克出發，正前往北美。」我回答。

對方停頓了好一會兒。

「能再重複一遍嗎？」無線電傳來困惑的聲音。

「『布倫丹號』，由雷克雅未克出發，正前往北美。我們的船為考古實驗船。她是皮革船，用來驗證愛爾蘭修士是否在維京人之前到達美洲。」

對方停頓更久。

「再說一遍。」

我把資料重複了一遍。對方又陷入停頓。穿著卡其制服的軍官們盯著我們看。

「我最好把這些寫下來，」「米爾法克號」的無線電操作兵說。「你們由哪裡出發？」

「雷克雅未克，這個夏季。」

又是一陣懷疑的停頓。「哪裡？」

「冰島的雷克雅未克。我們在格陵蘭這邊的天氣滿不錯，但在冰島和格陵蘭之間則吃了苦頭。」

「這我可相信。我們在這條鐵船上有時候情況也很糟。我無法想像你們在那條小船上的情形。」

原來，「米爾法克號」是一艘美國海軍補給艦，剛由格陵蘭的桑德史卓姆峽灣（Sondrestrom Fjord）回航，她定期前往北極水域。遇到「布倫丹號」對他們來說全然是個驚訝。

「有什麼我們幫得上忙的嗎？」

「要是有新鮮的蔬菜和肉品，我們很感激不盡。我們在不久前用完了新鮮食物。」

「那很容易。但我們怎麼把東西遞送給你們？」

想起一艘皮革船竟要告訴海軍軍艦怎麼做，我不禁笑了起來。「那也很容易，我們派條船過去。」我對喬治說：「這回輪到你駕小船過去。」

於是，「布倫丹號」的小船又出發了，在巨大的「米爾法克號」船側有如一個小黑點。我們見到水手們把整袋食物用繩子綁著放下給喬治。喬治隨著小船在浪上起起伏伏。然後他往軍艦上比了比手勢。

十分鐘後，他划著小船回來，小船吃水很深。「我不得不阻止他們，」他喘著氣，「他們送了這麼多食物，再多一些小船可要沉沒了。」他的腳邊堆疊著成袋的柳橙、蘋果，還有更多的牛奶、成罐的咖啡及一塊塊的肉。真是慷慨！

「瞧這些，」亞瑟說：「太美了！我們可以在冰上開小雜貨店，和來往的船隻交換物品。我們再也不必忍受飢餓了。」

「我婉拒了他們放在甲板上要給我們的三袋食物。」喬治說。

當「米爾法克號」起錨繼續前往新澤西州的貝雍港（Bayonne）時，我提出一項請求。「可以幫我們定位嗎？」

「好的，」聲音傳來。「我們正由衛星讀取數據。」

那可真有趣！我心想，一艘中世紀皮革船由二十世紀的導航衛星取得航海位置。「米爾法克號」離去後，「布倫丹號」再度獨行於波浪之上。風已完全靜止，太陽西下，現出紫橘色的壯麗夕照，高空的斑駁雲層和在我們右舷延伸的冰原相互映照。我們享受了一頓美味的格陵蘭蝦子晚餐，然後休息，聆聽著浮冰在大西洋上擠促浮沉的不盡低吟聲。

12 破冰之旅

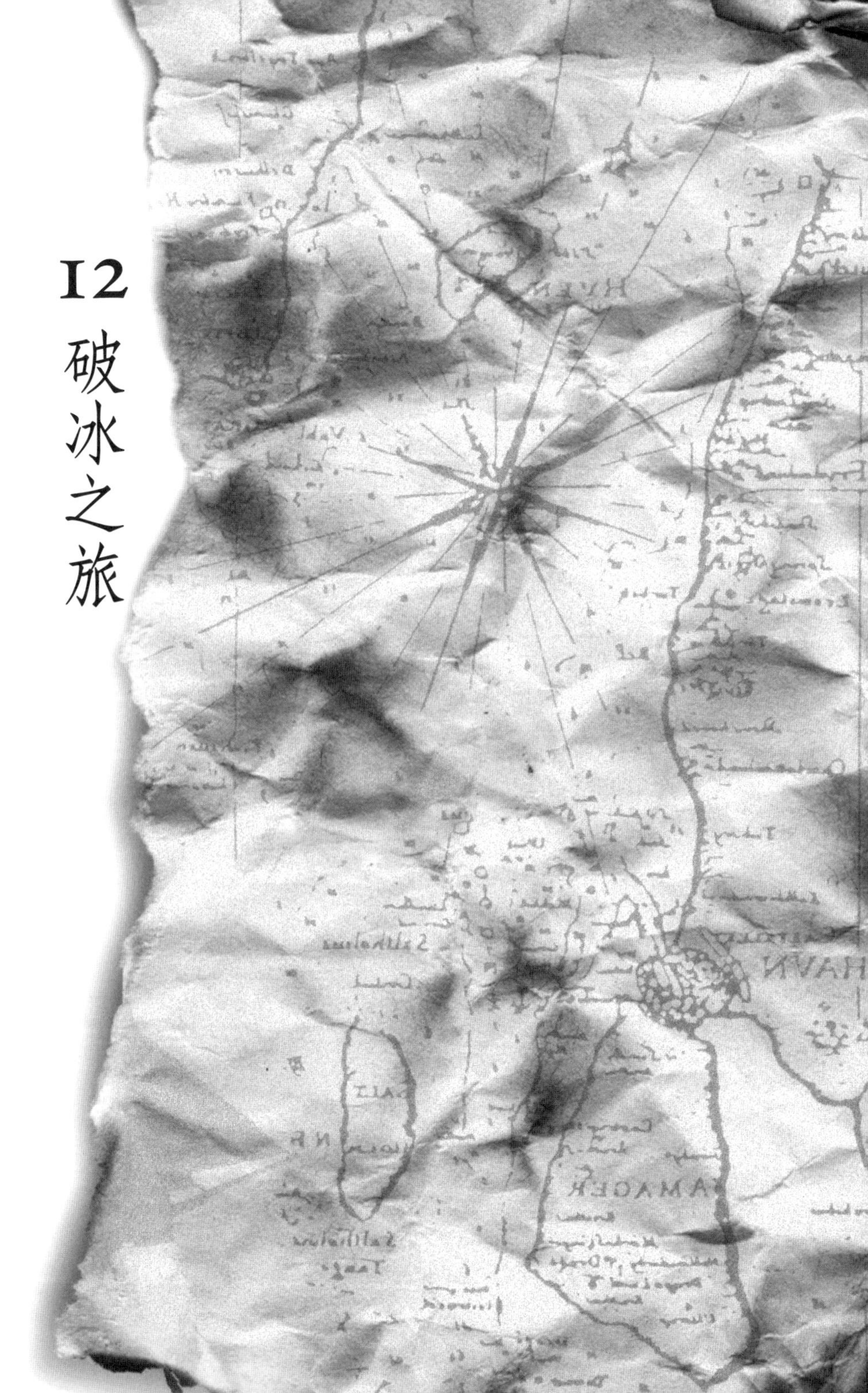

那個晚上，喬治終於放棄在主帳艙內的不公平競賽中，嘗試對抗亞瑟的四肢連打，而將他的臥鋪搬到船頭帆布下方。天氣很穩定，我們打開了艙門蓋睡覺，但隔天早上卻驚訝的發現「布倫丹號」上覆蓋了一層冰。我們由冰島出發已經行駛了一千六百哩，越過冰原二百哩外的地方就是拉布拉多。與「米爾法克號」和「史瓦那號」相遇後，「布倫丹號」再度和外界聯絡上了。加拿大海岸防衛隊無線電站台特別為我們安排了偵聽通訊；六月十五日，一架小飛機在我們上空盤旋了五分鐘，並拍了些照片。那架飛機以無線電警告我們，在「布倫丹號」的西邊和南邊都有大面積的浮冰。不過我們能做的事很少。「布倫丹號」仍然因為風平浪靜而停駛。

隔天凌晨三點十五分，我被流過皮革船身的水聲吵醒。我心想，那倒是奇怪，「布倫丹號」並沒有因為風力而前傾。我也沒有聽到海浪的聲音。上一次值班時天氣很穩定，不但海面平靜，更毫無起風跡象。

然後我聽到圖龍杜爾和喬治輕輕的說著話，接著是一陣騷動，並夾雜著船帆輕輕撞擊和拍動的聲響，還有一些水花四濺的聲音。他們到底在幹什麼?喬治在幫圖龍杜爾整理貯藏品嗎?但那也有些荒謬；外面黑暗一片，喬治也不值班，應該在睡覺才對。最後，我按捺不住好奇心，對著他們叫著，「怎麼回事?你們需要幫忙嗎?」

沒有回應。撞擊和水花的聲音停止了。我聽到他們回到船艙的聲音。

「到底怎麼回事?」我又問了一遍。

「噢，圖龍杜爾讓一頭他剛叉到的巨頭鯨跑了！」喬治沒事兒似的回答。我穿上了毛衣，聽他們說起剛才的事情。

那群巨頭鯨出現在「布倫丹號」四周濺起水花並噴著水氣時，圖龍杜爾正好一個人值班。雖然外面一片漆黑，卻是這位如遠古時代獵人的圖龍杜爾等待良久的機會。他沒有驚醒任何人，蹣跚的回到帳艙取了魚叉，再回到他可以俐落射擊魚叉的船頭最前端。圖龍杜爾小心走過薄薄的防水布時，在底下休息的喬治也跟著醒來。他起來走到圖龍杜爾旁邊時，圖龍杜爾正好鎖定了船邊一頭不大不小的巨頭鯨。

咻！跪在船頭的圖龍杜爾往右舷三、四碼外射出魚叉，刺中那條鯨魚。真是俐落的一擊。

被射中的鯨魚即刻潛入水中。一大群鯨魚隨著一陣躁動，海水在牠們的驚慌下跟著攪動。在這些鯨魚龐大軀體的擠壓下，魚叉柄啪的一聲斷了，鯨魚群在片刻之中全部消失，只留下受傷的鯨魚兀自掙扎。

喬治難以置信的看著圖龍杜爾像漁夫一樣在線的一端綁了一條鮭魚逗弄鯨魚。一開始，長達三十呎的魚叉繩子繃得筆直。圖龍杜爾將繩子一端綁在前桅固定住，中叉的鯨魚開始拉著「布倫丹號」快速前進。要是這條鯨魚再大一些，這可是件很危險的事，但圖龍杜爾很清楚自己在做什麼。他選擇了一條大約十五呎長的鯨魚，大小合適，易於由「布倫丹號」上掌握。那條鯨魚漸漸疲憊，圖龍杜爾開始拉動繩子，鯨魚在船頭下方前後快速竄動，想要掙脫魚叉；魚身和鱗閃著燐光，水沫四濺。圖龍杜爾毫不放鬆的拉著繩子。拉近到一段距離時，那條巨頭鯨開始上下翻動；牠持續抗拒，尾巴掀起的浪水濺上「布倫丹號」。圖龍杜爾的計策是想將這條鯨魚拖近海面，減少水的抓力。就在關鍵的一刻，眼看鯨魚已經被拉到船邊，沒想到魚叉頭自魚體鬆開。那條鯨魚在瞬間消失無蹤。

「魚叉刺到的地方太後面，」圖龍杜爾一臉失望的搖著頭。「要是前面一點就好了。」

我不禁懷疑，要是他成功捕到那頭長達十五呎的巨頭鯨，還真不知該如何處理。船上沒有多餘的地方。不論結果如何，獵人圖龍杜爾在黑暗中能有這種表現已經很不錯了。「別太在意，」我說：「你挑對了鯨魚，牠至少以二、三浬的時速，將我們往正確的方向拖行了好一會兒。」

陷入冰山世界

我們的歷險和災難似乎都是在黑暗之中發生，或是在天光即將要消失的時候。六月十八日，氣壓計指數快速下降。氣溫也是相同。風再度強烈的往西北吹掠，並帶來大雨。那真是個糟透了的夜晚，但這和緊接著要發生的事相比，還算是幸運的，也該慶幸圖龍杜爾和亞瑟在黃昏換班之前，將主帆的輔助帆收起捆好。喬治和我在惡劣的天候中接班。那是個黑沉沉的晚上，我們在炊事區架起了天篷，點了煤油燈，聚在燈邊取暖，每人輪班掌舵一小時。

「布倫丹號」在黑暗中朝向正確的航向快速前進，這是唯一令我們感到慰藉的事。凌晨三點，輪到我進入船艙休息，我滿心感恩的爬了進去。就在我脫下潮濕的防水靴時，耳邊傳來連續的爆裂聲，有如乾燥白棉布撕裂的聲響。「到底發生什麼事？」我將頭伸出艙外。當時喬治已經站了起來，拿著手電筒照著船帆。「我不知道，」他回答，「每樣東西看來都好好的。船帆應該沒事。」「也許是鳥被強風吹撞到帆上，又被反彈了出去。」我猜測。「不，」喬治說：「那聲音應該是來自船身，只是在黑暗中也無法可想。」他又坐回槳手座。

連續的爆裂聲再度傳來，很奇怪的急促聲響，而且這次聲音更大。喬治說得沒錯。那個聲響來自船身。喬治又站了起來，往黑暗中看著，想要看清幾碼外的黑暗世界裡發生了什麼事。我快速的穿上外套，直覺的感到我們面臨了危機。

「是冰！」喬治突然大叫。「我們衝進冰裡了！我們四周全是冰。」我們又聽到了連續爆裂的聲音，不用看也知道那是冰。「布倫丹號」快速的撞上了冰層，這些冰層在船身兩側旋轉撞擊，力道之大，使得船身牛皮發生巨響。

「下帆，」我大叫，「這種速度撞上大冰塊，船會粉身碎骨。我們只能停住，等待天亮。」

喬治即刻採取行動。我穿好防水衣時，他已經將主帆降下一半。我上前幫他將潮濕的船帆固定好。天氣冷得令人無法忍受。用皮帶將船帆繫緊的那一會兒功夫，我們的手指已經感到麻痺。我們快速工作，兩人都沒出聲。我們可以清楚看到水中的冰塊外形，腳下則傳來

「布倫丹號」卡到障礙物的顫動。我們急急回到舵槳邊，拿出兩具船上照明力最強的手電筒。這是我們唯有的照明燈。我們一人各照一邊，檢查海面的情形。燈光在水花和落下的冰雹中只能照及五十碼，但這樣的距離所呈現的景象已經足夠讓我們驚懼不已。四周全浮動著大塊和鋸齒狀的可怕冰塊。這和我們數天前看到的那些冰緣齊整的冰不同。眼前有如夢魘的冰層具有不同的大小和外貌，當它們隨著強風移動時，只見清澈的水路在其間開展和收縮。我心想，這些冰不應該在這裡出現。我心裡很清楚記得冰塊的分布區域。同一天，我曾在圖上標示了冰原區資訊中心以無線電傳來的冰原界線。「布倫丹號」離最近的浮冰區至少應該有六十哩。但這些浮冰卻出現在這裡；我心裡突然明白過來，但這毋寧是種令人厭惡的滿足感。原來，讓「布倫丹號」快樂前行的西北風也吹掠過主要浮冰層，使得部分浮冰脫離，漂浮水面。兩天前我們見到的結實浮冰現在有如砲彈碎片似的散布在「布倫丹號」的航道上。後來我得知整個浮冰區的前緣漂離後，在海面形成一道寬闊的浮冰帶，使得「布倫丹號」正南方的貝爾島海峽（Straits of Bell Isle）幾乎無法讓商船通過。

手電筒光柱讓我們清楚的見到「布倫丹號」駛入「開冰域」（Very Open Pack），這些浮冰塊的質地通常較為鬆脆，對於大型船隻來說不致於產生問題；大船具有動力引擎，可以推擠而過。但對「布倫丹號」可就是個問題。我不禁擔心皮革船身能夠承受多少撞擊力？萬一幾塊浮冰撞擠，「布倫丹號」剛好在中間時怎麼辦？她會像熟透的香蕉般爆裂嗎？前方浮冰中還有多少可航行水域？我們艱難的處境根本無法施展任何計策。我們所在的浮冰區域也許不大，也許可以很快的脫離這裡？但常識告訴我們，我們正位於主要浮冰區，而且很快的就會面臨完全凍結的大浮冰。我們曾在一個風平浪靜的日子裡見過這種巨大浮冰。我不敢想像「布倫丹號」在黑暗之中被吹入這樣的地區會有什麼後果。她必然會被撞擊得有如肉糜。喬治和我花了一個小時左右，試著讓船遠離麻煩。雖然沒有掛帆，在桅桿和船身受風下，「布倫丹號」仍然以時速一至二浬的速度前進，但沒有船帆動力的「布倫丹號」僅能以極小的弧度轉向。如果舵槳轉速太快，她會失去控制而偏向。

手電筒所能照到的地方皆是在黑暗中閃著光的白色冰塊。我們吃力的掌舵，艱難的穿過這些冰塊，只能在心中暗暗布望「布倫丹號」能及時避過。較小的冰塊撞擊在船身皮革上，發出沉沉的聲響；在黑暗之中，我們聽到海浪打碎冰塊的窸窣聲。

喬治爬上舵槳架以便看得更清楚一些。「正前方有一塊巨大的浮冰，」他警告，「試著向左轉。」我將舵槳轉到極致，但那還不夠，看來我們就要撞上浮冰。「升前帆！」我大叫，「我們需要多一點舵效速率。」喬治扣上了安全索，沿著舷緣往前爬。他用力扯動吊索，將帆升起。帆竟然卡住了。一條鬆掉的皮帶纏住升降軸環。「圖龍杜爾！」喬治放聲大喊，「快，遞把刀子給我。」圖龍杜爾的臥鋪正好在前桅旁邊。他像冬眠中驚醒的熊一般快速衝出來。但是太遲了。桅桿自桿頂到底部一陣顫動，「布倫丹號」船頭撞上一塊浮冰。這可真像撞上了一塊混凝土！撞擊帶來的震撼令我不自主的搖晃。「這將考驗我們的中古皮革船和縫工。」我心想。碰！我們又撞了一次。碰！海浪把「布倫丹號」擲向浮冰。接著，「布倫丹號」以船頭為支點緩慢而不優美的打轉，她彈離浮冰的樣子，有如影片中慢速的撞車鏡頭。碰！船隻又顫動了一下。我們全然無助。我們一點也幫不了「布倫丹號」。除了風，看來沒有別的力量可以將她帶離這個地方。碰！這次的撞擊顫動小了些。「布倫丹號」開始移動。她擠身而過。她終於脫困！「有沒有進水？」喬治回頭焦急的喊著。我看了一眼甲板。「沒有，至少目前沒有，」我回答。「試著放下卡住的前桅大帆。我去叫『靴子』起來。情況越來越詭譎。」

我話才一說完，一幕真正可怕的景象從黑暗中向我們迫近。那可能是冰山殘餘的浮冰，體積有「布倫丹號」兩倍大，邊緣呈鋸齒狀，閃爍著可怕的光芒。這個恐怖的怪物有如碩大的原木般在海面翻動打滾。它蹲踞的強勢形體有一面像撞牆鎚般朝著「布倫丹號」筆直而來，它一路前後搖晃，眼見上百噸的撞擊力就要猛擊「布倫丹號」脆弱的皮革船身。

喬治瞥了這個龐然大物一眼，快速的跳上前桅，想要鬆開卡住的船帆，好增加舵效。「抓緊！」我對他咆哮。海浪湧向「布倫丹號」，將船推向迎面而來的巨大浮冰。碰！轟！「布倫丹號」撞上了浮冰，船身有如猛撞到礁岩般震動；也沒錯，只不過是冰礁岩。撞擊力使得喬治整個人由桅桿處往後拋摔。「老天，他會掉到船身和浮冰之間，會被夾碎！」我感到一陣驚懼。幸好喬治仍然緊抓著升降索，吊索出奇不意的將他上拉，他迴盪過罅隙，有如線上傀儡一樣，令人心跳為之停止。此刻風正將船不斷的吹向浮冰；船在浮冰上擦蹭著，有如接受一個死亡的擁抱。接下來的另一個撞擊又完全不同。這一次，浮冰在海浪由船底湧過時和「布倫丹號」產生反向移動。「布倫丹號」搖晃著朝向冰山被海水削切的凸出面衝去。凸出面在船下升起，發出刺耳的聲音攫住了「布倫丹號」，船身開始上升傾斜。「這下要像個煎蛋般翻面了！」我心想。「布倫丹號」不斷的傾斜。耳邊又傳來一陣皮革撞擊浮冰的巨大聲響，「布倫丹號」往側邊滑過浮冰，重新跌落到水面。

碰！撞擊再度產生，這次是在舷側中央。下風板承受到撞擊而發出痛苦的聲音。

不能再這樣下去了，我心想，若不即時脫離浮冰，就會被撞得粉碎。我留意到「布倫丹號」在緊接的海浪中往前衝了約六呎，我可以清楚估量可能接踵而來的毀滅節奏。很明顯的，下一個撞擊會擊中舵槳，擊斷其座體。最後船隻將因舵槳粉碎而在浮冰中沉浮。我站在舵槳座上，和那塊巨大的浮冰高度相仿，在手電筒的照明下，我可以見到冰壁比我高許多。浮冰的內部閃現出寒白、水晶和翡翠的混合光澤。水底下的冰緣在吃水線上反射出冰冷的藍白光暈。它有如噬人怪物般，在海浪灌入基座下方的凹洞，拍打冰壁時，不斷的發出吼叫和轟聲。

一陣浪將船身抬起，我見到那塊浮冰嚴峻的邊緣沉重的朝我漂來。最後一擊，我想，結束「布倫丹號」的折磨。也許有些愚蠢，但我想也不想的將身體撐在舵槳支架上，身體外懸，單手貼住冰壁猛力一推。令我驚訝的是，「布倫丹號」有了回應。船尾由冰壁上鬆開，這次沒有產生正面重擊，僅在側面擦撞，引起一陣震動，舵槳完好無缺。又一陣大浪襲來，那塊浮冰被沖到尾波上繼續發出聲響。那可真是千鈞一髮！

圖龍杜爾和亞瑟早已快速穿上了毛衣和防水衣，準備前來幫忙。我當然可以早點叫他們起來，但休息對他們何其重要。但這會兒我可需要他們協助了。我想要增加船速，讓「布倫丹號」穿過這些浮冰，這也意謂著我們可能進入主要浮冰區而船毀人亡。但我們必須冒這個險。這總比漩入那些到處漂動的浮冰中被擊碎好一些。「『靴子』，圖龍杜爾，到前桅邊就位。我們隨時視狀況升降前桅大帆，對應大塊浮冰的位置，將船帆往左舷或右舷修正。我們要穿越這些浮冰。喬治，你能不能當瞭望員，隨時留意大塊浮冰的動態？」

喬治爬上艙頂上，一手繞住主桅支撐著，監視著那些危險的浮冰。

「正前方有一塊巨大的浮冰！左船頭兩塊，右舷也有一塊！它們之間應該有空隙。」

他報告浮冰的位置後，拿出手電筒照射浮冰的位置，好讓我在掌舵的位置看清楚。我向「靴子」和圖龍杜爾發出一個個指示，升帆、修正或降低前桅大帆，好利用風力將我們帶離浮冰區。「升前帆……降下！」我們滑過在黑暗中看來陰森無比的白色浮冰。「升前帆……迎向右舷！」我一邊掌舵一邊喊著，「布倫丹號」越過了第二塊浮冰。那真是狂亂的景象，像在黑暗之中駕駛一架不太能掌控的平底雪橇，既無法停住，也不知道五十碼外有些什麼。由我站立的地方，我可以見到喬治緊緊攀抓住桅桿，強風將他的防水衣往後掀；再過去的中央防水布區，亞瑟和圖龍杜爾分站兩側舷緣，他們在防水布上開了一條縫，上半身由防水布冒出，樣子像極了第一次世界大戰的老戰機。只不過防水衣的帽子令他們看來像戴了蒙頭斗篷的僧侶；這樣的印象在前帆的鮮紅環圈十字襯托下更加鮮明，不時升降、鼓脹的帆在他們上方颯颯作響。在他們之外的遠方是一片沉沉的黑夜，詭譎的白色浮冰閃動，有時在喬治的手電筒光束下，還出現雨絲和水花。

經歷了三個小時的超現實處境，陰霾的情況開始改善。喬治可以直接見到浮冰的白色閃光，於是關了手電筒，晨光在地平線上浮現，我們開始檢視航道上的浮冰狀況。四周全被浮冰包圍。船側遠處有一巨大的冰山像明信片風景似的。這座峰側皎白的冰山正往海洋漂去，但是冰山並不危險，真正的麻煩是四周那些在夜裡襲擊我們的奇形怪狀浮冰。我們現在可以看清楚它們的長相：有些是由冰山解體分裂出來的「冰山屑」（bergy bits），有些是大小不等的平坦浮冰。對於「布倫丹號」四分之一吋厚的皮革船身危害最大的則是「小冰山」（growlers），這些不穩定的硬冰塊在水中扭轉旋動的發出威脅。在充足的光源下，我們可以一路避開這些障礙。越過這些，航道上必然可以暢通，我心裡想望著。「布倫丹號」再度證明了她的能耐。她的皮革和手工繫捆的船架戰勝了撞擊力道。她遠超出我們的想像。「船身裡面有積水嗎？」喬治問。

「沒有，」我回答，「她有如戰士一般走了過來。」

但是我的希望很快的落空。前方再度出現連綿的浮冰區。浮冰一塊接著一塊在強風掃盪下擠蹭著往南前進。「布倫丹號」進退兩難，唯一的路是往前走，並由側面穿越，但願船行比浮冰更快，由其前緣快速超越通過。

我們一整天不停的努力，試圖斜向越過浮冰，找出其最前端。在一道道冰縫中尋找航道，令人神經緊繃。浮冰不斷移動，要事先定位毫不可能，遠眺視線也受到浮冰阻擋。濃霧間歇籠罩於浮冰群，使得能見度經常不及一哩。唯一對我們有利的是浮冰區的海面非常平靜。我們越深入浮冰區，即使外圍仍有強風吹掠，冰區內卻幾乎無風無浪。巨大的冰層有如防波堤般擋住了海浪，僅有湧入的強浪晃動旋轉著浮冰。我們偶爾進入較開闊的水域，水面僅見一些殘餘的小冰塊，得以無障礙的行駛幾分鐘。但有時候就在「布倫丹號」的正前方，浮冰橫亙之外，還立著冰壩和冰峰，形成一道難以通過的高牆；這無論如何都得避開。有時候，高達一百多呎的巨大冰山自水霧中浮現，駛近時，可以見到冰壁上的裂縫；這種裂縫也正是小冰山最有可能迸裂之處。這些小冰山順風聚集，最是危險。最難應付的則是那些老冰層結併而成的冰層。這些結併冰層混雜的一路漂移、堆疊，凍結成一大塊，有如軋碎場那些重達數噸的大塊廢棄物。

「布倫丹號」穿越這些險阻的能力極為有限，基本上我們得由下風處繞過每塊浮冰。這也意謂我們必須直接穿行於浮冰之間，找到最有利的時間點轉舵，在浮冰背風面找尋通路；而浮冰則在永不停歇的海浪中搖動，激起水花和水沫。我們的行程有如遊樂場的碰碰車和鄉村方塊舞會；只不過我們的舞伴是不斷沉浮、旋轉和弓身的浮冰。我們一次次的滑行過浮冰，並聽著浮冰撞上皮革船身時的嘎吱聲；當我們擠過數百磅重、桌面大小的浮冰時，傳來的震顫彈撞舵槳葉面。

「喬治，你說想在這趟旅程看到冰，」我說：「你可一點也不失望了。」

「太絕了！」他懊喪的回答。「我很高興見到了。但我可不願再來一次。」

每一名船員都過度疲勞。天光顯現時，我們試著回到原來的值班方式，並稍事休息。但是浮冰卡到單薄的船身產生的嘎吱聲響在耳邊，幾乎沒有人能放心休息。而且一次緊接一次，每個人都得幫忙升高或降低船帆好加速或減速，而且不時得調整船帆改變航向角度以穿越浮冰，同時在危急的狀況，手持船鉤探身出去將船推離浮冰，有幾次甚至得坐在舷緣上用盡力氣以腳將浮冰撐開。這再度讓我想起早期的航行——伊莉莎白時期的水手也是利用同樣簡單的技巧將沉重的浮冰撐開。但我得承認自己並不期望「布倫丹號」遭遇相同的窘境。

「布倫丹號」進水了

六月十八日，一整天裡，我們忙著和浮冰交戰，沒能好好吃頓飯。中午，圖龍杜爾煮了熱玉米粥，我們在一個個事故之間，吃得斷斷續續，那天稍後，空暇的時間也只夠我們喝兩杯咖啡。早餐是完全放棄；下午茶時間我才發現那盤冷粥還擱在槳手座安全的地方，絲毫沒有動過。

我必須承認浮冰壯麗得誘人。巨大的浮冰開始溶解並分裂成數以千計奇形怪狀、大小不同的浮冰，有些稜角奇特，有些宛如柱子，沉重的漂浮在海面，視線可及俱是這些點點浮冰。它們的色澤令人神迷：蛋白石色、海底石綠色、冰河的亮麗藍色、小如旅行箱的透明小浮冰，以及上覆古老塵土和污垢的骯髒冰塊。喬治有次伸手出去，在一塊漂浮過去的藍色冰塊上敲下了一小塊送入嘴裡。「美味，」他諷刺的說：「麻煩遞杯威士忌給我。」

每個顏色幾乎也透露不同程度的危險。最不具危險性的是那些已快要化盡的透明狀浮冰。這種浮冰裡充斥無數的小氣泡，撞上時反而可以抵消撞擊力；唯一不利的是，這種浮冰極低矮，不容易預先見到以避開。大部分巨大的「小冰山」不容易見到，因為只在海面現出一小點露頭，通常是光滑而圓渾的蛋白石色，並且看來不具危險性的在海浪中沉浮；但水下的巨大部分隨著潮流傾斜晃動，對於一艘小船來說，其撞擊足以「致命」。輕薄的雪白浮冰老是結成條狀，擋在航道上。我們唯一的辦法是衝破防線，指望在緊要關頭找到縫隙，快速通過。這需要準確的判斷、技巧和純粹的運氣。通常「布倫丹號」都能顛簸通過，但偶爾船頭會直接撞在浮冰上。也有那麼幾次，「布倫丹號」跨上了浮冰，只好等待風力自船尾吹來，以芭蕾舞般的姿態重回水面。「要在浮冰中找到我們的行蹤不難，」亞瑟說：「只要順著尾波那些浮冰上的羊毛油漬就可以了。」

有兩種顏色的浮冰我們特別戰戰兢兢以對。第一種是呈現如海底凸岩般深綠色的浮冰，這種浮冰常在「布倫丹號」滑行而過時插鑿船身。第二種則是呈現藍色和鑽石白的陳年浮冰；源自格陵蘭內陸和巴芬島的陳年雪崩，被擠壓成冰河，最後落入海洋成為冰山。這種浮冰幾乎不太溶化，不但銳利硬實，而且絕不退讓。

撞擊、滑行、搖晃斜航、擠過縫隙，忘卻自身和浮冰之間那層四分之一吋的皮革，忽視「布倫丹號」側面不斷擦刮在浮冰上的縫線；用船鉤使勁的頂開浮冰。轉右、轉左，在眼前的浮冰之間找路；盤算，再盤算。風向、背風處、水流、浮冰動向。一個小時接著一個小時，這樣的考驗不斷重複，一直到黃昏，強風仍半吹颳著，前方的浮冰才似乎稍稍減少。這次看來我們真的已經到達浮冰區的邊緣。

然而，「布倫丹好運道」這時也用完了。

我們在一處較為開闊的水面，穿越成串的小浮冰。這時，兩座巨大的浮冰撞在一起，封閉了「布倫丹號」進入的縫隙。「布倫丹號」受到兩座浮冰夾擊，船身一陣激烈的顫動。我們忙著設法將船自虎頭鉗中解脫出來，瞬間忘卻了顫動帶來的不適。幸運的是，這兩座冰山又互相推擠，反向移動，空隙足以讓「布倫丹號」滑過冰刺，掙脫出來。五分鐘後，我聽到爐具旁有海水拍打的聲音。我往下看，發現海水已經漫過船板。船上漏水。「布倫丹號」被浮冰刺穿。

我們沒有時間處理進水問題。最需優先處理的是趁著天光趕快脫離浮冰區，否則又將陷入昨夜的困境，在黑暗中的浮冰區動彈不得。「一個抽乾船底積水，一個掌舵，一個到前面控制艏斜帆；第四個先休息。」我下令。接下來的兩個多小時，我們努力不懈，「布倫丹號」

終於脫離浮冰區，到達較為開闊的航道上，並升起捲起的主帆。當舵者仍需加倍警戒，但掌帆者可以休息喘口氣；經過二十四小時持續的努力，我們現在可以恢復二人一組的值班方式。對我來說，人員疲憊的問題不下於受創船隻的脆弱。

「我們今晚無法處理船漏，」我說：「沒有足夠的光線看清楚進水的源頭在哪裡，更別想要修漏。而且，我們都已疲憊不堪。不過，仍得留意漏水問題。每一班每隔一段時間持續抽水，並記錄每次唧筒抽水所需的擠壓次數以及所需的時間。這樣至少可以知道漏水的情況是否惡化而危及生命。如果皮革縫線已有裂口，恐怕裂口會加大，漏水的情況也會更加嚴重。」

圖龍杜爾拍了拍舷緣的皮革，沉著的說：「縫線必然是被浮冰刺開了。」

「很有可能，」我回答，「但現在無法確定。我們只能盡力找出癥結所在。」

「啊，抽水，那就是右手的用途！」亞瑟昂揚的說：「圖龍杜爾，換我們值班了，我最好馬上開始工作。」他奮力的走到前面，取了抽水唧筒。分秒都必須爭取。水勢來得很凶，就在我們談話之間，爐具旁的水位已經明顯上漲。海水前前後後漫過我們的靴子，很快就要淹到船艙的背風處。

亞瑟奮力的持續抽水；抽乾船底的積水，花了他整整三十五分鐘。「布倫丹號」船底雖然不深，卻寬闊而平坦，因此盛水量很大。抽水之後才過了十五分鐘，水位又上升到原來的高度，情況似乎越來越糟。亞瑟又繼續快速擠壓著唧筒。「多少下才清完的？」我問。「二千下。」亞瑟精疲力盡的說。我快速的估算一下。每小時二千下已是體力的極限，卻只能暫時阻擋水勢。一個掌舵，另一個抽水，確保「布倫丹號」可安全前行。但是這樣的工作分配在我們還有力氣的時候管用，要是天氣轉劣，大浪打上船，即無法維持安全積水量。這真是詭異的局面：我們斜行穿越浮冰往海面駛去，帶領『布倫丹號』來到距陸地二百哩處，然而即使最近的陸地是人煙稀少的拉布拉多海岸，我們仍得不到任何援助。我們在半強風中前進，浮冰已不似早先那麼具有威脅力，但海浪卻又開始在四周激盪。浮冰的危險並沒有完全解除，在黑暗之中仍能見到白色的「小冰山」。「離天亮還有六小時，」我說：「天亮之前節約體力，破曉後再應付漏水。最好是每班有一個人持續抽水。如果我們保持安全積水量，『布倫丹號』吃水輕一點，海水打上來的機會也少一點。」

那個晚上幾乎是整個航程最疲累的一夜。我們無法適度的休息或睡眠。在值班時，先站著掌舵半小時，然後接手抽水，在同班夥伴疲憊的回來掌舵之前，掌舵的人凝視著黑暗的海面，聚精會神的試著分辨「布倫丹號」前方的白光到底是碎浪，還是可能預告危機的浮冰，毫無打盹兒的機會。

第一班值完後，我即刻以無線電發訊給紐芬蘭聖安東尼（St. Anthony）的加拿大海岸防衛隊。「帆船『布倫丹號』呼叫，」我和對方接上線，「我們受困於廣大的浮冰區已達二十四小時，現在看來即將脫困。我們船身受損，已經進水。接下來的十二小時，我們將找出漏源，進行修補。請記錄我們的位置：北緯五十三度十分，西經五十一度二十分。重複一遍，這個位置為估計而來，我們的航行儀測線被浮冰刮落，加上能見度不佳，已有兩天不見陽光。我們目前沒有立即的危險。但請協助是否派飛機空投燃料充足的動力唧筒，以防我們無法圍堵進水。我將於格林威治標準時間十四點十五分再度報告狀況。若十四點十五分或十六點十五分沒有收到報告，我們將編組緊急電波發報位置於一二一點五和二四三兆周。結束。」

「收到，收到。」傳來聖安東尼站台通訊員沉著的回答，並確認我傳給他的資料。他建議我們通知哈利法克斯（Halifax）的聯合救援中心（Rescue Coordination Center）。後來我得知加拿大海岸防衛隊竭盡所能協助。當時有架飛機在哈利法克斯待命，而聖約翰市（St. John's）的指揮中心亦確定加拿大海岸防衛隊的破冰船可由鵝灣出發，在二十一小時內到達我們的位置。「但老實說，」指揮中心當夜的值班軍官說：「我們無法確定我們的船隻能及時找到你們。自從『卡森號』數天前在同一個浮冰區沉船後，我們認為你們船隻脫困的機率等於零。鋼鐵打造的破冰船都沉沒了，皮革船如何倖免？」

不論如何，在備受煎熬之際，知道某處某人知曉我們的困境，真是一件令人欣慰的事；就算是最壞的情況，我們也可以求援。這讓我鬆了一口氣。我弓著身體坐在睡袋上，試著集中精神。「布倫丹號」進水的狀況需要每小時擠壓唧筒二千次才能抽乾。這表示漏水的地方極大，我們必須在天一亮就找到漏源，不能再拖延。但怎麼找得到漏水的裂口？它可能在

「布倫丹號」吃水線以下的任何一個地方。我們必須移動船上所有的東西，分區檢查；抬高船板，將裡面的淡水貯存筒取出——我們要把淡水暫時放在哪裡？把東西清乾淨後再沿著船底的水流和氣泡尋找漏洞。而這些事全得在不平靜的海面上進行。

如果運氣夠好，找到了漏洞，然後呢？如果是「布倫丹號」在溜過浮冰時龍骨墊木損壞，或皮革縫結處拉穿了怎麼辦？在海上，我們既無法重新接合，也無法修理墊木。要是皮革已被割破，或亞麻繩已被扯斷，又該如何搶救？還有更糟的情況。我無法想像在水中補綴皮革的情景，我們無法觸及水中的船體，也不可能由內部修補，因為在船架和縱梁之間沒有空間縫繫線繩。我越想，心情越沉重。在最後的階段如果沉船似乎也不是太嚴重。畢竟，她已經向船員證明了中世紀初期的愛爾蘭皮革船可以橫越大西洋。但人們如何相信「布倫丹號」竟然在距離加拿大二百哩處沉沒？總不能說早期基督教徒時代在加拿大和格陵蘭外海浮冰比較少，或說愛爾蘭修士可能沒有遭遇相同的困境！要證明早期愛爾蘭修士的航行，「布倫丹號」非得到達新世界不可。

我拿了支筆寫下了狀況摘要，藉以整理思緒：

一、「布倫丹號」正快速進水。我們還可以漂浮兩天，若天氣不佳，時間則更少；天氣良好則透支體力無限期努力。

二、找出進水點為第一優先：墊木鬆脫？縫合鬆脫？船身裂口？

三、如果我們找不到漏洞，或修補漏洞，海岸防衛隊可以資借動力唧筒。他們有合適的唧筒嗎？他們的飛機能不能找到我們？這端賴能見度和海象。

四、沒有唧筒，則發求救訊號並棄船。

這是個令人心裡發冷的推演。當夜的情況沒有好轉。滂沱大雨將能見度限制在幾碼之內，隨著風力加強，掌舵者無法像早先那樣避開海面的大型浮冰。「布倫丹號」只能順風直線前進，我們只能仰賴運氣不要撞上單獨的浮冰，或更嚴重的，撞上剛由冰層脫離的冰山。

我們都已經精疲力盡。持續的抽水單調無比，使得心智和肌肉同樣勞累。由舵槳處往船中央的防水布，經過的舷緣有一處極為滑溜必須攀爬。你得用半凍僵的手指打開防水布的捆綁處，進入黑暗的狹縫裡，轉身解開安全索，蹲在防水布下方，再將防水布拉回緊閉。若不拉回，下一道波浪必然漫入船體中央區，更多的海水將沖入船底。進入防水布下方後，你得脫去油布雨衣，或扭動著拉下半截防水衣，否則只要半個小時，汗水即濕透所有衣物。現在，你必須在防水布下方的甬道蠕行向前，才能構得著船底唧筒的把柄；以右手抓住把柄，左邊側躺在槳手座上，擠壓四百到五百下。這時候，右手肩膀和手臂肌肉將僵硬和酸痛，迫切需要休息；你能做的就是辛苦的轉身，右邊側躺，用左手操作唧筒。然後，再轉身，換手操作，直到引入管發出吸乾的愉悅聲音。你跟著艱辛的蠕動往回走，先穿上防水衣，打開防水布，鑽出來，再合上防水布，攀爬的回到舵槳處，然後發現船底的水位又回到開始抽水的高度。現在輪到你的伙伴前去抽水。

在黑暗的防水布甬道中擠壓唧筒幾乎具有催眠作用。唧筒穩定的聲響、黑暗而潮濕的甬道，再加上隱隱作痛的倦怠，形成和環境脫節的奇特感覺；這種感覺會隨著燐光而加強。當第二道或第三道浪峰落到船上時，美麗而不諧調的閃耀燐光也以隨意的形狀落入船上的皮革，在疲倦的眼睛裡產生深度和律動的錯覺。手臂和身體的動作隨著唧筒的把柄不間斷的前後搖晃，和船底半透明水筒上的奇異燐光相互應和。這種奇特的燐光隨著波浪產生不同的濃度，有時候僅有閃耀而過的瑩光，但通常則是如鬼魅跳動似的陰鬱綠色悸動。在黑暗的防水布下方，眼睛被汗水蒙浸，肩膀時時發出陣痛，頭部則因為倦怠而往槳手座低垂。一切都令人在機械化動作中禁不住要沉沉睡去，只有在波浪突然打到上方防水部傳來沉重的聲響時，才讓人又回到現實。

清晨六點，天空再度亮起，我看著那些伙伴。他們露出耗竭的憔悴，但沒有起過放棄的想法。夜裡值班時，我偷了五分鐘的時間掀起船尾甲板，檢查後段的船底，想找出那個神秘的進水處。那實在是一個應該留到早晨才做的工作，但我按捺不住好奇心。我告訴喬治時，他說他也在前段臥舖做了同樣的事，並檢查了船頭部分，只是找不到進水處。看來似乎沒有什麼事可以阻擋「布倫丹號」的水手。

「哪，這是我的作戰計畫，」我向大家解釋，「每個人來杯咖啡，吃點東西。然後，圖龍杜爾和『靴子』同時使用兩具唧筒，盡量將船底水位降到最低，並保持那個水位。這樣可以讓喬治和我專心工作，將各區的物品移走，檢查船底進水的地方在哪裡。那個進水口應該在船身中央區域。」

他們幾個人看來堅強而自信，一付鎮定模樣。我提醒自己，在和加拿大海岸防衛隊聯絡之前，我們只有八個小時找出進水處並加以修補。

我們三個人喝了咖啡後，我去船底唧筒處找喬治。

我坐在唧筒邊，等著喬治喝完咖啡，好開始尋找漏洞，心裡想著該由哪裡開始搜尋，船尾的船艙下方？但這表示我們得把各人的物品全部清出。前桅？我們則必需移動那些沉重錨和水罐等物品。這時候，我心裡閃過一個不相關的念頭。昨晚我在黑暗中抽水時，舷緣上的燐光也隨著漫入船上和船底的唧筒水管。我對於燐光的物理特性一無所知，但猜測其中必然有某種令人驚訝的關連。如果是這樣，燐光由船外移動到船內，很顯然的，其中的關連就是進水口。

懷著微微的好奇，我放下抽水的工作，沿著船底的水管一路到了左側的船中央部位。我掀開那兒的防水布，並檢查舷緣。就是那兒，剛好在積水線上，有一個一整天最令人雀躍的景象：皮革船身上一個相當大的凹痕。這個凹痕約有一顆葡萄柚那麼大，在曲弧皮革處的唐突印記。我興奮的爬回去，將存放在那兒的一包包食物移開。一經清理，我清楚的見到那個葡萄柚形狀的凹痕，以及這場磨難的原因：「布倫丹號」承受外來的巨大壓力，兩根船肋之間的皮革往內皺折，裂出一道約四吋長的裂口。強大的壓力硬生生的把皮革撕開。皮革上並沒有切割的痕跡。在每一平方吋要承受二噸張力的情況下，皮革跟著爆裂。每天「布倫丹號」顛簸時，湧流的海水就由裂口注入，並流到艙底。太令人高興了，我把頭探出防水布喊著，「好消息！我找到漏水處了。剛好在我們可以修補的地方。」他們幾個人都看著我。每張臉都鬆了一口氣。「你們把早飯吃完，」我又說：「我再檢查是否有其他漏洞。」我在船上各處檢查，懸在舷緣上看看是否有受損的地方。事實上，除了那一處裂口，船身皮革的狀況極好，甚至遭到浮冰刮傷的地方都很少。浮冰大多在弧形的船身上掠過，或是因為羊毛油脂而滑過。

那唯一的裂痕，剛好是船身曲弧處和船肋較寬處，當兩塊浮冰夾住船身時，浮冰尖角撞滑而過。也因為是船肋較寬的地方，讓我們可以下針縫上一塊備用的牛皮，將破洞補好。喬治和圖龍杜爾走了過來。「那塊補丁最好是由外面補上，」我對他們說：「水壓會幫它緊貼住船身。我們先畫下圖形，剪出需要的補丁，將它縫上。」

「我們得先砍下一些木材，」圖龍杜爾建議，並一面檢查梣木船肋。

「好，任何能讓工作順利的都行。」

「我得去穿上防水衣。」喬治說：「這可是個寒冷的工作。」

他說得沒錯。喬治和圖龍杜爾都穿上了防水衣，在刺骨的天氣中工作了三個小時。他們先切下一塊尺寸合宜的補丁；喬治將自己懸在舷緣外，臉孔距離水面僅有幾吋，並將補丁放在正確的位置。圖龍杜爾用尖錐刺穿船身和補丁，並以九吋長針和亞麻繩將補丁縫上。喬治在另一面以鉗子夾住穿過來的針，用力把針和亞麻繩拉緊；接著，他接過尖錐，由外往內在船身上穿洞，直到針尖可以穿過為止；圖龍杜爾則在另一面以同樣的方法拉過針和亞麻繩。

這是件苦差事。最上面一排縫線緊臨吃水線，船身隨波浪晃動，令縫線工作極難進行。海水若只淹及喬治的手肘，那算是幸運的；若遇到大一點的波浪，他連頭部也沒入水中，只見他急速的冒出水面，一面噴出海水，一面喘著氣。每一道大浪都打到船上，濺濕了蹲在船底、由裡向外穿繩的圖龍杜爾。他們在大約攝氏零度的海面工作，附近則偶爾漂流著浮冰。他們已經幾近兩天沒有好好休息。就這麼一吋吋的縫補，並在船身和補丁之間填充纖維和羊毛油脂做為黏著劑。最後一排完全在水面底下，喬治必須用鐵槌柄搥打著針。

終於完工了。兩個人站直了身體，在寒冷之中顫抖。喬治將手上最後一點油脂塗上後，兩人各享用了加了少量威士忌的咖啡。圖龍杜爾累到不得不躺進睡袋裡休息。亞瑟將船底的水抽乾後，船底幾乎沒再進過一滴水。我檢查著補丁。「瞧它俐落得有如你在克洛斯哈文造船廠所縫上的一樣，而不是在拉布拉多臨危補上的。約翰．歐康尼爾必然以你為傲。」我稱讚喬治。

「但願我不必再幹這樣的事兒。」他輕描淡寫的回答。

那個下午，我向加拿大海岸防衛隊的聖安東尼站台報告狀況。收訊員的聲音中明顯帶著愉悅。「幹得好，」他說：「我會將這個消息轉達救援中心。我相信他們一直計畫著要開一艘海岸巡防船前往協助。祝你們在接下來的船程中一切順利。」我關了無線電，心想加拿大海岸防衛隊和我們在冰島海岸防衛隊的朋友，同樣令人敬重。我讓「布倫丹號」自行照料自己，這可是這次航行中的第一次。我們放下了帆，固定舵槳，四個人都回到睡袋裡，享受幾小時得來不易的休息。我沉沉睡去之前的最後一個念頭是：我們所以能夠自行修船全因「布倫丹號」是皮革做的。如果她的船身材料是金屬或易碎的玻璃纖維，甚至是木頭，她這時早已在浮冰之中粉碎，葬身大海。

13
登陸西方之土

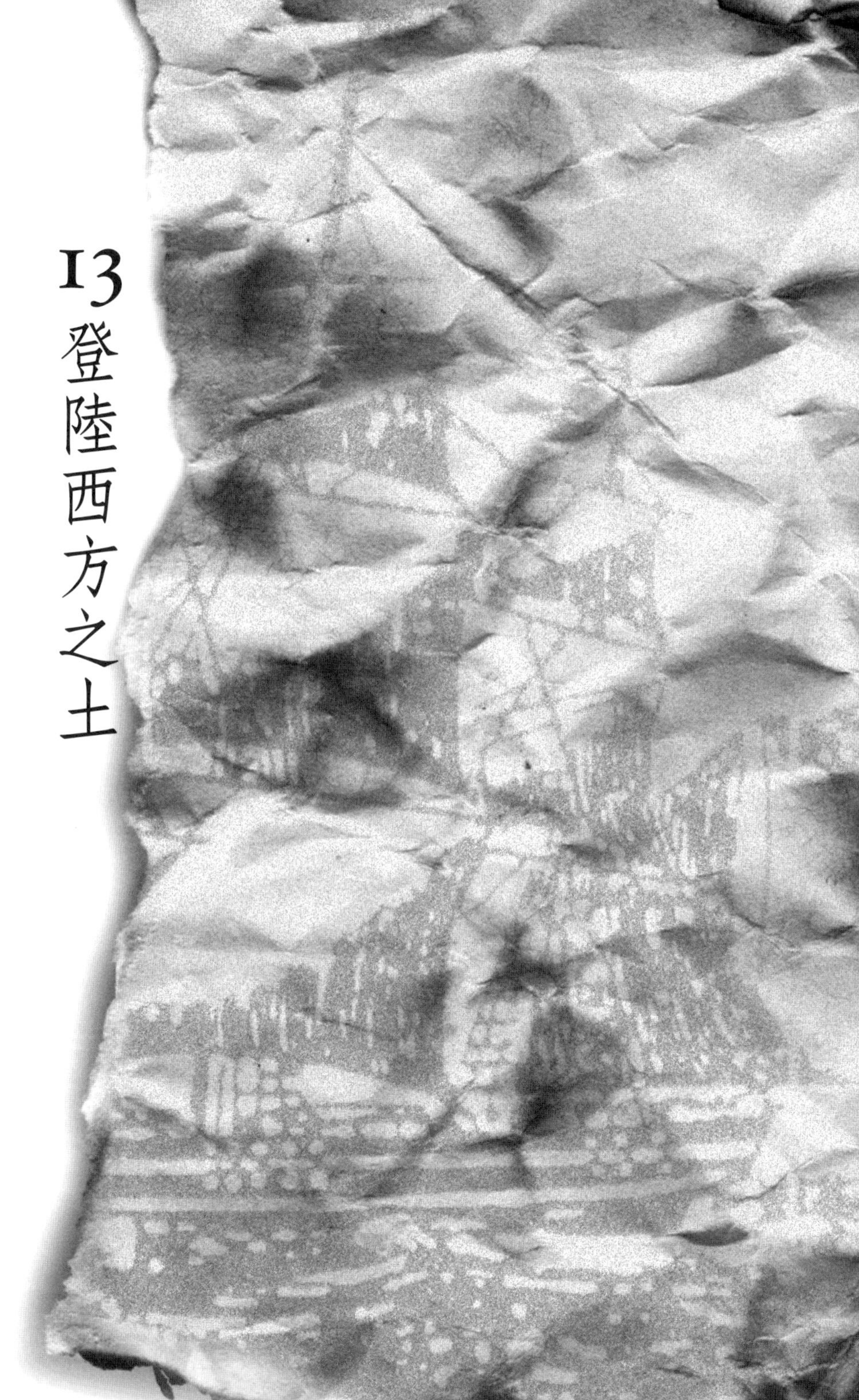

經過細心修補，「布倫丹號」安全離開了浮冰區，開始最後一段行程，朝紐芬蘭出發。每天幾乎仍可見到冰山斜斜漂過航道。經過和浮冰一場奮戰後，我們對於保持距離欣賞感到很滿足；夜裡，我們仍然對於它們陰森的樣子極為警惕。現在，大家的心思逐漸轉向於完成這趟航行。我們已經連續航行了六週，幾乎精疲力盡。在惡劣的氣候中持續戒備的張力，長期擠在船上狹小的空間，再加上每天單調的航行路線，形成不斷增強的日常精神壓力。渴望見到地平線不是肇因於水手心態，而是我們內心真正渴望上岸。我們知道那些冰山意謂著新世界已經不遠，因為這些冰山都順著離加拿大海岸不遠的拉布拉多潮流往南漂移。我們開始見到陸土的跡象——水面漂盪的木頭、偶然流過的成團海草，以及數量明顯增加的海鳥。但「布倫丹號」似乎有如樹獺一般徐行。她在風平浪靜之中幾乎停步，僅隨著潮水漫無目的漂移。

我們有充足的時間思考：「布倫丹號」並非第一艘來到北極冰海邊緣的愛爾蘭皮革船。查理曼大帝時的僧侶迪丘爾曾經說過，愛爾蘭修士駕船前往冰凍海洋的邊緣，又經過一天的航行，到了一個太陽幾乎不會西沉的海面。《航行》一書亦提及聖布倫丹曾經航行至一處異常沉靜無波的海面，看來彷彿凝固似的「凍結海洋」。也許他到達了一處結冰海域。這是浮冰形成的第一階段，那些堆積的小塊浮冰在水中幾乎靜止不動，然後慢慢集結成較大的塊狀，有如凝乳浮移在凍結的海面。

《航行》中還有一段精絕的浮冰記述文字。其中一章提到聖布倫丹等修士見到一座被碎冰環繞的巨大冰山在海上漂浮。他們駛近探查，不但在附近划著皮革船，甚至還慢慢將船駛入環繞冰山的碎冰凹處。

「有一天，他們做過彌撒後，」《航行》上寫道，「發現不遠的海上有根柱子，然而，他們卻花了三天才到達那兒。當這上帝的子民（Man of God）接近目的地時，抬頭想看頂端，但因極高而所見有限。它簡直比天空還高。更有甚者，這根柱子由開著網孔的網子所環繞。開口極大，皮革船可以經由其縫隙穿越進入。他們不知道網子是什麼做的；它呈銀色，質地卻比大理石還硬。柱子本身則有如透明的水晶。」移除說故事者的想像力，這樣的景象不難解釋：由於體積和顏色，人們在老遠即可見到冰山，事實上，若天氣良好，它們在地平線上非常醒目。很明顯的，聖布倫丹皮革船的水手們不明究裡，在前往冰山時低估了真正的距離。更重要的是他們不知道冰山會隨著水流以時速一至二浬移動，這必然拉長了到達冰山的時間。他們到達那座冰山時，先進入新近脫離冰層的主冰山周遭的碎冰區，並迷惑於這些「網子」構成的物質和主冰山的「水晶」不同。也許外圍的小浮冰是蛋白石色，主冰山則為純白冰河塊。

《航行》一書繼續寫道：「聖布倫丹對他的弟兄說：『收起槳，降下桅和帆，有些人撐住網孔。』介於網子和柱子間的寬闊空間約有一哩，似乎延伸到深處。他們進入，上帝的子民又說，『讓船穿行縫隙裡，好探看造物者的奇觀。』」

「於是他們進入四處探看，發現海洋純淨到有如玻璃，甚至可以看到水面下的一切。他們不但見到柱子底部，還看到網子邊緣延伸到海底。水底的陽光亮度和海面上幾乎一樣。

「然後，聖布倫丹測量了網孔四邊圍住的縫隙，每邊為四腕尺（cubit，每一腕尺約為十八至二十二吋——譯注）。他們沿著柱子的一面航行了一整天，透過其陰影依然感覺到陽光的熱度。他們在那兒待到三點。上帝的子民忙著測量那一面的寬度，最後算出四面之一為七百碼寬。令人尊敬的聖布倫丹花了四天的時間，忙碌的在柱子的四邊測量。

「第四天，他們在柱子南面的凹處找到一個和網子同材質的聖餐杯，以及一個和柱子顏色相同的盤子。聖布倫丹拿起杯盤說，『主耶穌基督顯現了奇蹟，賜給我們這兩樣禮物，讓我們回去展示，叫許多人相信主。』他吩付那些修士祈禱，然後進食；因為他們自從發現柱子後，即沒有空閒可以進食或飲水。

「天亮後，這些修士開始往北划。當他們穿越網子的開口後，即立起桅桿，升上船帆，有些人則撐住網孔，船上萬事備妥。當升妥船帆後，和風由船尾方向颳來，他們無須掌帆，僅須緊握帆索和舵槳即可。」

冰山的記述也僅這麼多，很顯然的，這段際遇必然成為《航行》旅者難以磨滅的插曲。至於他們在冰山凹處找到的「聖餐杯和盤子」，應該是形狀奇特的碎冰，只是這些虔誠水手經過「水晶柱子」的震撼而將之和教堂器皿相對應；有意思的是，聖布倫丹以求是態度耗費精神測量冰山的情節，則滿符合他學者的外觀。由地理學家的角度，那座冰山對於《航行》

具有重要的意義，因為它強調了那次航程是沿著北邊的泛大西洋路線航行，而非利用吹向西印度群島的貿易風。南方航道斷無見到冰山的可能性。「水晶柱子」和其他北方航道故事在地理觀點上是前後一致的，特別是冰島被視為噴火的鐵匠島，法羅群島則被稱為綿羊島等，還有一些在「布倫丹號」航行中已經證明的事實，例如，在寒冷的北方海域，皮革船具有較長的壽命。

登陸「上帝應許之地」

一進入紐芬蘭外海的明亮天空和平靜海域，即意謂著「布倫丹號」將要進入北大西洋最多霧的地區。即使在夏季月份，紐芬蘭東部海岸的能見度也極差。海事手冊上提到，每年五月、六月和七月有百分之四十到五十的時間，能見度僅達五哩，在過去的記錄中，能見度降至半哩的紀錄達百分之三十到四十。《航行》書中在即將抵達「上帝應許之地」時也記述了類似的情況。聖布倫丹經過七年沒有結果的航行後，回到了綿羊島，並為接下來的四十天行程準備補給品，更重要的，他找到了一名領航者。這名領航者是居住在綿羊島的一名「庶務」。他告訴聖布倫丹等人，沒有他的協助，他們絕對到不了「上帝應許之地」。庶務帶領他們航行了四十天，來到一個濃霧區。「你知道這片濃霧是什麼嗎？」庶務問。「是什麼？」聖布倫丹回問。「你找了七年的島嶼，」庶務說：「就在這片濃霧裡面。」

文學學者正確的指出，把尋求目標隱藏在曖昧的疑團之後，是中古世紀記述者慣用的手法。因此，《航行》中由愛爾蘭到美洲東北濃霧海岸的插曲，無論其巧合多麼迷人，圍繞著聖布倫丹「上帝應許之地」的濃霧仍應小心對待。

連續三天的霧氣和低垂的雲層使「布倫丹號」無緣享受陽光。六月二十三日，我們從無線電收到消息，加拿大海岸防衛隊的「約翰・卡波特號」（John Cabot）可望在當天和「布倫丹號」會面。我們的小船被拉布拉多潮流衝掃而偏南，由於缺乏陽光，我那無用的位置估計竟然產生三十哩的誤差。

「約翰・卡波特號」找到我們全然是碰巧。船長立斯・尹維斯（Les Eavis）改變航道探查一座大冰山，瞭望員從桅上瞭望台向他喊著報告，說在海面上有一個小小的東西。那是「布倫丹號」。當時我們離紐芬蘭海岸約一百二十哩。

「能遇到你們還真巧！」尹維斯船長由小橡皮艇上了「布倫丹號」，想看看中世紀的船隻和生活到底是個什麼樣子。

「我們正朝東邊走，並留意冰山的動向，結果瞭望員喊著報告，『老天！她應該在三十哩外才對。不可能是她。她實在太小了！』但我們仔細一瞧，確定那就是你們。我們可以見到船帆上的十字圖紋。紅色十字。」

尹維斯本身是個帆船老手，對於「布倫丹號」的索具興趣十足。「看來你一點也不需要協助，你已經證明了這艘古老船隻可以辦得到。」他看一看船上，並和我們一起喝了一小杯威士忌。「你可以想像我的船上和這裡全然不同。很高興見到還有人如此打造船隻。接下來的三十六個小時『約翰・卡波特號』要駛回港口，我們將會有個歡迎儀式在那兒等你們。如果需要任何幫忙，請讓我們知道。」

「約翰・卡波特號」離去前，留給我們不少新鮮食物、爐子用的煤油、手電筒的備用電池，以及五雙大副的溫暖襪子。她的到來讓我們不再感到與世隔絕，連帶也在與日俱增的上岸期望中，增加了一些航行已接近終了的微妙感覺。

溫和的氣候伴隨著多變的微風，風向反覆無常，羅盤指針不時轉向，但風向大致由西方吹來，使得「布倫丹號」飄忽不定地靠近紐芬蘭海岸。我們正朝聖約翰市前進，卻被推送往北邊，看來我們彷彿要朝向拉布拉多而去。我們一點也不敢大意。反向的強風足以將「布倫丹號」吹回海面，平白多出一個星期的航行時間，所以我們很克制，不敢大膽預計我們上岸的日期和地點。天氣將會決定「布倫丹號」應該上岸的地點和時間，而我們唯一期望的是「布倫丹號」能發揮最好的性能。

令我們高興的是，越接近紐芬蘭，鯨魚的數量越多，牠們彷彿是我們歷險中的旅伴，紛紛過來看看完成任務的「布倫丹號」。數群巨頭鯨越過我們，還有零星的幾群點綴在約一哩的海面上，牠們時而在水面躍騰，時而輕鬆的悠游。一個明亮的下午，一對海豚頭對頭的快樂跳躍，呈現出美麗的雙弧，有如以水上體操宴饗水族館中的遊客一樣。在最後那幾天，有一大群白腹座頭鯨（white-bellied humpback）跟了我們很長的時間。這群訪客來自紐芬蘭查爾斯・漢彌爾敦爵士灣（Sir Charles Hamilton Sound），在夏季，那裡是座頭鯨的大本營。我們沿著座頭鯨激起的波浪而行。這些因背部曲線舒緩隆起而得名的鯨魚，在海面上游浮、拍擊水面、身體潛入水中，最後是尾巴激起的優雅波浪迎向天空。牠們游向「布倫丹號」探查時，我們可以由水面下顯現的白色塊斑辨認出牠們來。我們也見到遠處有鯨魚躍出水面，並在落水時激起巨大的波浪，或是在水中揮別似的搖動尾巴，鼓起強力的水花。

六月二十五日晚上，我依稀辨認出南方海岸上的微弱燈光；破曉時天空灰沉沉的，我們見到了前方有如一條細線的陸地。我們的嗅覺確認了這個景象。溫和的海風吹送來自紐芬蘭大森林的一陣陣松樹味道。我將「布倫丹號」的航向定為漢彌爾頓灣，只是想確定登陸地點三面為土地，也沒有反向的風將我們吹離。最後，我逐漸接受了這樣的事實：我們的確是要上岸了。海岸離我們越來越近。低矮的海岸線沒有太大的特徵，其外則圍繞著許多小島嶼。無線電此時不斷傳來加拿大海岸防衛隊無線電站台的訊息。一架載了攝影師的直升機發出巨響，在我們上空盤旋。直升機駕駛小心的不讓螺旋槳鼓起的氣流干擾到「布倫丹號」。另外一架較大的直升機顯然來自干德（Gander）機場，上面也載了不少攝影師，全屬於空軍基地的人員。突然，兩艘加拿大海岸防衛隊的船由一座小島後方飛快的朝我們駛來。「三哩外有座小漁港叫瑪斯格瑞弗港（Musgrave Harbor），」其中一名舵手對我們叫著，「如果你需要，我們可以幫你把船拖進港。」

「不用了，謝謝。我們想要先試試自行登陸。」我喊了回去，並重新查看了航海圖。

「布倫丹號」的順風面有一串外瓦翰群島（Outer Wadham Group），島上除了燈塔管理員外沒人居住。這些島嶼是平安上岸的理想地點。離我們最近的島嶼叫沛克福島（Peckford Island）。「那個島上沒有登陸點，海灘上全是岩石。」「布倫丹號」改變航道時，加拿大海岸防衛隊經由無線電傳來警告。那不是重點。在聖布倫丹時代那裡也沒有港口，我心想，「布倫丹號」歷經了拉布拉多浮冰區，她應該強悍得足以在岩石海岸上登陸。

「圖龍杜爾，準備下錨。『靴子』，上槳，待命。我們要準備登陸。」

喬治上前將小小的前桅帆降低收妥；這是我們最後一次整理這面船帆了。「布倫丹號」在主帆的動力下緩緩的朝著滿是岩石的海灘前進。海浪撞擊、掃過光禿的灰色凸岩。海灘上散置的大圓石，沙丘上則覆蓋草和灌木叢。「下錨！」圖龍杜爾將錨拋入海中時，激起了一陣水花，他下放錨索，最後還拉一拉，確定錨已置妥。不管是誰先上岸，都會需要用到船錨，將「布倫丹號」拉離岩石。

「喬治，你能拉條繩子上岸嗎？」他猶疑的看著滑溜的凸岩及逆流激起的水花。「能，如果我不跌斷腿的話！」他咕噥的說：「這可不是把自己弄濕的時候。」他穿上了防水衣，爬出船頭，雙腿懸在船頭兩邊。

「布倫丹號」輕輕向前行。她既不稱頭，也缺乏速度，但卻一路越過三千五百哩的海路。在我放鬆帆索幾呎以減緩船速時，主帆上那個環圈紅色十字也無力的下垂。圖龍杜爾拉上鬆弛的錨索，輕輕的放在舷緣上。亞瑟操著槳葉在水中點了幾次，好保持船身直線前進。

「布倫丹號」船頭安靜的駛向岩石，喬治跳了下去，雙腳濺起水花，踏到了土地……我想，「我們做到了！」

「布倫丹號」揭開幾團謎霧

「布倫丹號」於六月二十六日晚間八點，經由紐芬蘭聖約翰市西北方一百五十哩處，外瓦翰群島的沛克福島踏上了新世界。她在海上連續行駛了五十天。她所登陸的地點，就早期愛爾蘭航海者的故事而言並不具特別的意義；那只是一艘二十世紀仿古愛爾蘭皮革船藉由風力和潮水登陸的地方。早期航海家的登陸地點可能是數百哩海岸的任何一處。「布倫丹號」的意義在於證明這樣的一趟行程是可能的。

人們原來擔心皮革船出了愛爾蘭之後，會在第一道強風中解體；而今她成功的橫越大西洋。

當「布倫丹號」拱著船頭緩緩登上沛克福島時，索具、亞麻繩、皮革和木頭一團混亂，看來活像一個浮在水面的鳥巢，而非一艘橫渡大洋的船隻。然而她卻強壯而穩健；我們四人很清楚，她的狀況良好，即使再度航行，也不會讓我們失望。她載著我們安全的歷經強風和海冰，並且以兩季的時間航越大西洋部分最惡劣的水域。我們全心仰賴，而她也沒讓我們失去信心。她是一艘如假包換的海洋船隻，因為她的航行，再也沒有人能夠反對愛爾蘭修士的皮革船比古斯堪地那維亞人更早到過北美洲的可能性；就更別提哥倫布了。

「布倫丹號」證明了中世紀的材料和技術可以完成這樣的航行。然而最終的決定性證據，唯有在北美洲土地上找到愛爾蘭修士的遺物才能定論。也許那僅是一塊上有早期愛爾蘭銘文的石頭，或愛爾蘭蜂窩似小屋的地基，可以證明愛爾蘭傑出航行的正確年代。但這種發現的可能性太小了。在已知曾有愛爾蘭隱士居住過的冰島尚未找到任何遺跡；如果早期的愛爾蘭基督徒只是到過北美，他們所留下的恐怕比指紋還不清晰。要是能在這個少有人居、也少有人知的綿長海岸，或是在現代文明所覆蓋的地區找到他們的模糊足跡，就算是天大的運氣了。

儘管如此，「布倫丹號」成功的航行，減低人們對於早期愛爾蘭海事的推測和疑問，並將這個範疇送上嚴肅的歷史考證舞台。而且，受到激勵的陸地考古學家將會在新世界尋找愛爾蘭人的遺跡，同時再也不能以所知甚少或不可能為藉口，將早期愛爾蘭基督徒水手列於探險歷史書籍的注記中。

「布倫丹號」的成功也證明了《航行》內容的真實性。這本傑出記述原本看來充滿幻想的故事，現在也出現了新的啟發。事實上，現代人必須以新的態度面對那個時代幻想和學識並行的風氣，以更簡單和實際的觀點解析《航行》中的記述。例如，以乘坐皮革圓舟者的第一手敘述來看鐵匠島和噴火的山即是冰島火山，而不是由古拉丁文獻中尋找類似的海底火山和陸地火山。而且，當我們知道早期愛爾蘭人具有遠航的能力，那麼讀到《航行》中所描述的場景時，將綿羊島及鳥島比為法羅群島，而非視之為奇幻國度，就更加合乎邏輯了。

「布倫丹號」也意外的解釋了《航行》的一些謎團。裡面提到名為「傑斯科留斯」（Jasconius）的友善「巨大魚類」，不斷回到聖布倫丹的皮革船附近，其實就是那些巨大的鯨魚見到海上的奇怪皮革船時，一次次回來親近探查的事實。這種龐大海獸的習性必然讓中世紀的修士印象深刻，那也許是他們有生以來首次見到的，也驚訝於這些巨獸在體型迷你的無頂船隻邊所漩起的水流。而四周被「大理石」網子圍繞的水晶柱顯而易見為剛由浮冰分裂出來的冰山，其周遭仍漂流著碎冰；若非親眼所見，記述者幾無可能幻想出這樣的情節。即使是現代，除非見過北方海洋的冰山，就連學者也很難領會這樣的景象。

「布倫丹號」彌補了這樣的理解差異。她證明了《航行》不僅只是中世紀的浪漫作品而已。它所記述的是一個真實的故事，以事實和觀察為骨架，融合文學和地理，想將這些元素一一解析出來並不容易。這樣的融合不令人驚訝。研究長篇冒險文學的學者由經驗中體驗到，由《伊里亞德》（*Iliad*）到《亞歷山大大帝》（*Romance of Alexander*）等古典著作皆植基於真人真事，只是後代的轉述者增添了想像枝節。

那麼，聖布倫丹在繚繞濃霧後方找到的那個上帝許給聖者的地方又在哪兒？沒有理由將「上帝應許之地」也視為虛無奇幻，如同鐵匠島、鳥類天堂、綿羊島、島嶼修道院及《航行》中的任何場景一般。它的文字透露了一部分線索。當聖布倫丹的皮革船抵達「上帝應許之地」

的海岸時，記述上寫道：「他們下了船，並爬到一處看來有如秋天般樹木結實纍纍的開闊空間。但當他們花了長時間在那塊地方繞了一圈後，夜晚卻仍沒有降臨。他們盡性的吃起水果，並飲用泉水；他們在這片土地上查探了四十天，卻沒有找到盡頭。有一天，他們找到一條穿越小島中央的河流。聖布倫丹對弟兄們說：『我們無法越過這條河流，也不知道這片地方有多大。』他們正討論著，突然有一名年輕人來到，高興的擁抱他們，一一叫著他們的名字，並說：『賜福來客。永遠讚美你們。』

「年輕人說完這些話時，轉向聖布倫丹說：『瞧這片您尋覓已久的土地。您無法即時找到是因為上帝要你見識祂在無垠海洋的多樣化神蹟。用你的小舟盡量帶著這片土地上的果實和珍寶回去你的家鄉。你的時日已近，你將和先人們一起安眠。無數的歲月之後，你的後繼者將會在基督徒受審判時來到這裡。你見到的這條河流分隔了這個島嶼。就像永恆結實纍纍一般，這片土地將無黑夜。因為基督即是它的光。』」

由這個描寫中世紀「上帝應許之地」的迷人記述中，可以發掘出什麼樣的事實？記述中有一片廣大的土地；有纍纍的果實；還有一條分隔土地的大河流。這些特徵幾乎可以套用在北美海岸許多地方。其中最令人振奮的則是這些特徵符合了古斯堪地那維亞人描寫的林木和野葡萄，以及其後移民所讚美的宜農氣候。這樣的吻合也許只是個巧合，但它也可能是位於西方遙遠海岸上的土地，經過口耳相傳而遺留下來的模糊記述；而「踏腳石航線」是《航行》中緊緊依循的。其中雖有明顯的誇張，例如這片土地上出產寶石等，但對於《航行》所記述的可能是北美洲則並沒有妨害。哥倫布航海探險回到西班牙後，對於西印度群島亦有類似的描寫，因此當聖布倫丹最後到達《航行》所描寫的地方後，傳述者在其歷險上加上了迷人的財富並不令人驚訝。我們的現代誤謬是將《航行》所描寫的內容完全視為幻想。

為了安全返家傳述所見，聖布倫丹由「上帝應許之地」回到了愛爾蘭，完成了整個航程。《航行》輕描淡寫的記述返程：「然後，他們由那片土地上載著水果和各種寶石，賜福後遣散了那名庶務和年輕人，聖布倫丹和他的弟兄們回到皮革圓舟，駛入濃霧之中。他們越過濃霧，來到一個名為愉悅島（Island of Delights）的地方，在那兒接受了三天親切的招待，並受到祝福後，直接回到家鄉。」這樣的航線亦有合理的解釋。駛離霧區後，聖布倫丹的船隻順著海灣洋流及穩定的偏西風和偏西南風，順利的航越大西洋，直接回到愛爾蘭。這是很合理的東向航線，許多小型遊艇仍然走這條航線，甚至比皮革船還小的划槳式無頂船隻亦取道這條航線。這是一條順風路線，值得留意的是那些划槳船隻雖然由遙遠的北美海岸出發，卻直接航向愛爾蘭西岸登陸，正是《航行》中聖布倫丹回航的地方。

回到修道院後，《航行》中的聖布倫丹受到熱切的歡迎，「他告訴眾人有關行程中所發生的事情，以及上帝特別顯現的各種奇觀。」然後，他告訴追隨者他即將死亡一事，並將後事安排好，不久，他在教堂中舉行聖禮後，倒在「門徒的懷中，並將靈魂交與上帝」。這位愛爾蘭塞爾特教會中最著名的航海修士就此長眠。然而愛爾蘭的航海事蹟因為他的過世而跟著終結嗎？答案仍在《航行》之中。書中並沒有說聖布倫丹是第一個前往「上帝應許之地」

的人。相反的，記述中說另一名愛爾蘭修士告訴他有關「上帝應許之地」的事；這位聖巴林（Saint Barrind）已在愛爾蘭西岸修道院院長陪伴下去過那兒，這名莫諾克（Mernoc）院長定期拜訪「上帝應許之地」。聖布倫丹歷經七季的航行，卻還無法到達「上帝應許之地」時，也是綿羊島那名「庶務」充當領航員，帶領他們前往該地，並告知該地的情形。

在「上帝應許之地」也是一樣的情形。他們遇到了住在那兒的年輕人。這個人不但知道聖者的名字，並使用同樣的語言溝通。扼要的說，《航行》中所描述的，和迪丘爾所寫的，以及古斯堪地那維亞及其他當代資料中皆有相近的地方：那些乘坐小船從一地到另一地的愛爾蘭修士，以小群體的方式定居在北大西洋各地，對他們而言，「上帝應許之地」是一個終極標的。在《航行》的文字中，聖布倫丹的航行比較像是神職人員所帶領的宏偉鄉村之旅，前往探訪在最遠哨站居住的虔誠鄉人，而非一次真正的探險；因此，歷險的範圍僅限於海洋和他們已知的世界。

《航行》中又有一個重要的事實。記述中強調聖布倫丹並非單次直航至「上帝應許之地」。相反的，他進行了一連串的航行，以七年的可航行季節，最後才在那名「庶務」的引導下到達「上帝應許之地」。在聖布倫丹去世和《航行》以現在的面貌出現之間，必然納入了聖布倫丹的航行，以及其他愛爾蘭修士乘坐小船航行在北大西洋的故事，並將這些人的經歷併入聖布倫丹的七年航行中。這是架構史詩的常見過程：次要人物的歷程併入中心人物的經歷中，好顯示他的功績非凡。這樣的過程非但沒有讓聖布倫丹的歷險失色，相反的，這趟航行是個象徵，並讓其他航海修士追隨其足跡。同時，他的事蹟在接下來的世紀中，對於那些由愛爾蘭出發的基督派修士也是一個里程碑。沒有《航行》，他們的努力也不會在今日依然醒目發光。《航行》中的多趟經驗和一群航海者以單一航程到達「上帝應許之地」的故事截然不同。《航行》是重要的基督徒航海文化紀錄，一艘又一艘的船隻經常性的往來北大西洋探險和交流。

以這樣的觀點看，愛爾蘭人在大西洋的航海活動其實和人類歷史中的世界探險有特殊的關聯。通常，先鋒者總是遭人遺忘。他們的努力若非沒有紀錄，就是紀錄少有人讀。例如古斯堪地那維亞人探訪格陵蘭和北美的事蹟，出了斯堪地那維亞半島即少有人知。但相反的，以《航行》中的聖布倫丹為代表的愛爾蘭航海活動則廣為流傳。《航行》所含的宗教色彩為聖布倫丹旅程建立了智識性威望，而在歐洲流傳達五百年之久。這樣的強化效果，對於打破心態封閉的世界極有助益，並激勵人們想像一個卓越的西方世界。它也促使繪製地圖者繪下西方海洋中的島嶼。另一個迷人的可能性是：那些讀過《航行》並相信聖布倫丹探訪過西方的中世紀學者，也相信愛爾蘭人確實駕駛皮革船到達格陵蘭和北美，一如我們現在已經證明了它的可行性。如果這樣的推測成立，十世紀以後的歐洲必然已經察覺新世界了。

這些慎重乘著無頂小舟航向大西洋的僧侶又是怎麼樣的人？許多人葬身海洋，不再回返。在「布倫丹號」上，我們擁有無線電和外界保持聯絡，而且我們知道，海岸巡防隊和北大西洋的遠洋漁民只要速度夠快，一定可以在我們發生意外事故時拯救我們，但那些愛爾蘭修士和他們的圓舟可沒有這樣的優勢。一艘像「布倫丹號」這麼大的船，可能必須擠乘十來個人，他們的海上生活相對的更不舒適。船上的生活可能更冷、更濕，在某種程度上，比我們在「布倫丹號」上的生活更與世隔絕。宗教的奉獻是他們的動力，也是他們成功最重要的因素；而北方海域長程航行的適應力則是宗教動力之外的實際功臣。身為修士，習於艱苦的生活是必要條件。中世紀的修道院生活，食物來源少，冬季物資短缺，居處為石頭小室，禁食，禁慾，長期的單調生活，服從和紀律，都是駕駛無頂船隻長途旅行的最佳訓練。相對的，他們的心態必然也和體能狀態等齊。他們的領導者，即使不因為等級和背景，也必然是個追求知識，全心信奉上帝的堅毅混合體。這種信奉不但激勵他們前往海洋航行，到了海上，更令他們在艱困中保持鬥志。在這樣的航行中，正確的操作和安全上岸一樣重要。駕駛船隻出海在本質上即是信仰上帝，神諭顯示奇妙景象，若上帝允許，他們即得以一路平順。萬一詭譎的風或潮流打擊，那也是上帝的旨意。若是船隻翻覆，人員葬身海底，亦因在服侍上帝中死亡，而得到神的雙倍賜福。

在這些航行中，服侍上帝並沒有現代前往海外宣揚宗教的內裡。相反的，愛爾蘭修士尋求的領域是地平線外未知和無人居住的土地，是上帝啟示的神奇之地。用適合當時的字彙，那些地方是「上帝應許之地」。能夠到達那些地方是上帝神聖的贈禮；而居住其上，隔離於邪惡世界之外，則是更崇高的恩賜。在人類所有的探險故事中，再也沒有比這個更強烈的動力。這是探險最聖潔的動機，再無其他可以比擬，因此沒有理由他們不懷抱著這樣的信念航越大西洋。

「布倫丹號」也證明了中古船隻的設備足以承載這些航海修士達成海洋之旅的企圖。令我們深感驚訝的是，「布倫丹號」上的中世紀設備經常足以和現代的船隻媲美；一艘航行於北大西洋的無頂船隻克服了許多嚴苛的情況，她甚至比現代船隻優越。木頭、皮革和亞麻繩在許多情況下顯然比金屬、塑膠和尼龍更為耐用；而這些材料不但易於操作，同時符合日常的實際需求。在我們這艘小船上僅能攜帶少數手工具和少量的備用物下，這點具有生死攸關的重要性。現代的設備極為好用，可是一旦損毀，經常無法當場修復，但傳統的器具，雖然笨拙而低效率，卻能度過艱難的環境；這才是關鍵所在。也許歷史學家無法了解中世紀航海者在使用黃銅配件、挑選木頭、皮革和亞麻繩上所花的心力；而現代航海者則遺忘了傳統材料在海上面臨險境時所具有的彈性和耐用。

相同的，中世紀航海者大概也不想由現代航海者身上學得提升個人舒適和生計的辦法。除了現代的防水衣著，中世紀航海者使用的棉製長褲、襯衫和斗篷，要比現代的合成纖維來得好。他們駕駛無頂船隻展開寒冷潮濕的航行時，肉乾、魚乾、燕麥和乾果是最具效能的食物。這些食物比起現代的脫水真空食物更易於保存，更具營養，也更美味。他們可以使用皮囊裝盛淡水，在缺水時張開整張皮革收集北方海域的降雨，或者在「踏腳石航線」上的小島停留，尋找水源。中世紀航海者更可從豐富海域中釣魚或獵捕海鳥補充新鮮食物。聖布倫丹一行修士很幸運的利用那頭死亡的鯨魚，得到三個月份的肉食；但很顯然的，他們習於在拜訪有人島嶼時取得新鮮的補給，也利用「踏腳石航線」上各個補充地點解決後勤問題。

中世紀愛爾蘭人的航海少有人知，原因或許是傳述者所描述的遙遠國度和幻想怪獸對現代的評論家而言過於無知。這些航海故事看來誇大、單純和神奇。但真正的問題不在於中世紀作者所寫的文字，而是現代人對於古老經驗的認知。若以二十世紀的超高標準，這些故事顯然不太具有價值，同時也顯得幼稚。但「布倫丹號」讓我們以另一個角度看待這些故事。「布倫丹號」讓我們回到和古代相近的環境，促使我們了解這些故事的背景。我們常為海上發生的事情而動容，甚至產生敬畏。有些事件因為視覺上的壯麗混合了實際危險的刺激性而令人難以忘懷。例如，「布倫丹號」在濃霧和急流中接近法羅群島荒厲陰森的高崖，那令人屏息的一刻；在拉布拉多浮冰之間的長時間奮鬥，那些呈現出多層次的美麗色彩，將會持續留在我們的記憶之中。

我們的記憶不止這些。也許是因為北方沉緩動人的落日，也許是格陵蘭濃霧區將人的視界限制在狹窄的空間，而令小到羊毛毛線衣上閃亮的水珠都清晰可見。還有，第一群巨頭鯨出現在皮革船四周，噴吐水柱，騰躍沉潛，成為我們經常可以瞥見的海洋旅伴。在書上讀到這樣的情景，加上自己的想像，甚至見到動人的照片；但實景要比由文字、照片和想像混合而來的期待更令人感動，並時時打動我們的二十世紀心態。對於那些渴望見到上帝神蹟的中世紀航海者，這些景觀必然更加壯麗。由某一個角度看，他們的文字雖然沒有真正描寫出這類的動人景致，但他們返鄉將這些動人的景物毫不吝惜的與人分享。

永遠的記憶

中世紀的賞物觀正是「布倫丹號」帶給我們最好的教育，並補充了實驗室有關亞麻和橡樹皮鞣製皮革的科學實驗、日常測錄風和海洋狀態、背風及順風航行，以及為海洋考古學家評估皮革船的海洋航行狀況等報告。體驗中世紀的航海生活方式，也是現代的課程：由我們從布蘭頓溪啟程一直到我們在紐芬蘭上岸為止，我們榮幸的接觸北大西洋一帶的航海業聚落。我們將「布倫丹號」由登陸點沛克福島移到本土的瑪斯格瑞弗港小漁港時，當地的漁船紛紛放下當天的工作，護送我們入港。我們接近港口時，防波堤上擠滿了群眾。他們來自附近的小漁村和散置海灣的木構屋舍村落。他們站在那兒，向我們揮手，並發出喝采。他們以皮革船沿途不斷感受到的熱情歡迎「布倫丹號」。

我們將「布倫丹號」繫泊在一群漁船邊後，第一批湧上船的包括當地的代表。能否請你們參加一個小型的歡迎會？當然，我們一定去。第二天，漁夫太太們清洗、烹調了丈夫、兒子們由海洋中帶回來的食物，提供了成堆的龍蝦、蟹腳，以及當地佳餚油炸麵糊鱈魚舌。

那個晚上，我不時凝視著堆滿食物的長桌，想著我們何其幸運，這一路上，「布倫丹號」在前往新世界的旅程中，所到之處皆遇見這樣的人。因為他們的激勵，我們完成當初啟程的目的，並且擁有許多在北大西洋登陸的美好記憶。

三個白天以捕魚為業的漁民組成了樂團，演奏紐芬蘭海岸的當地民謠，許多曲子的基調都具有上一個世紀愛爾蘭移民帶到此地的傳統愛爾蘭氣氛。人們開始跳舞。聽著在空氣中旋動的音樂，看著跳舞的人們自然流露著快樂，我想著我們接下來得做的事。喬治得回去英格蘭和他的妻子朱蒂絲團聚，找一份和「布倫丹號」大副全然不同的工作。圖龍杜爾已經有了回去法羅群島的機票，他將在家裡完成航行中的繪圖，並再次雕塑；亞瑟看來和往常一樣隨遇而安，計畫去美國和加拿大旅行。我回到辦公室後，則要整理一堆報告和航行的全部紀錄與結果，同時接續完成數個月前在圖書館中開始的一些工作。

這也是思索答案的好時機，思索未來會不斷被問及的問題：在已知要面對的不適和艱難之後，我們還會進行這項「布倫丹航海計畫」嗎？就我自己來說，我很確定自己的回答：如果這樣的探險有助於我們了解和欣賞古代的事物，如果沿途仍有自始至終的相同熱忱、協助以及好運氣，我的回答是——一定！

附錄一

《航行》內容概要

《修道院院長聖布倫丹之航行》（*Navigatio Sancti Brendani Abbatis*）留傳後世的文稿極多，美國學者卡爾・塞爾莫（Carl Selmer）以近三十年時間尋找各種版本，承認猶未盡其功。他窮經皓首編纂了簡明易讀的拉丁文版《航行》（*Navigatio*），貢獻良多。他挑選一百二十種版本中的十八種做為編纂素材，由聖母大學（University of Notre Dame）出版部出版，為「中世紀研究」（Medieval Studies，一九五九）系列的第四部。

在塞爾莫完成這本書之前，可說沒有好的版本讓《航行》學者在拉丁文測驗中採用。在此之後，企鵝出版公司（Penguin Books）的《聖者風貌》（*Lives of the Saints*，一九六五）及都柏林學院（University College Dublin）約翰・歐米拉教授（Professor John J. O'Meara）的《聖布倫丹之航行》（*The Voyage of Saint Brendan*，一九七六）皆為英譯本。他們的譯本，特別是後者，在重要的宗教、學術和海事寓意等皆忠於原著。以下的各章概要僅述其意，為《航行》內文的架構，藉以說明這個出色的海洋探險故事：

第一章

巴林修士造訪聖布倫丹時，聖布倫丹正擔任有三千名修士的克隆弗特修道院院長。巴林告訴聖布倫丹自己前去拜訪聖莫諾克一事。曾是門徒的聖莫諾克隱遁過一段時間，現在則是外海一座小島的修道院院長。聖莫諾克邀請巴林乘船同行前往「上帝應許聖者之地」。他們往西航行，經過濃霧區後，到達一處開闊的土地，其上有豐富的水果和花朵。他們在這片土地上走了十五天，來到一條由東向西流的河川，並遇到一個人，這人告訴他們不應再往前走，應該返航回鄉。他說這座島嶼在開天闢地之初即已存在，而且巴林等人雖然不覺得飢渴，實則上岸已有一年的時間。這個人陪著他們回到船上，隨後消失無蹤。巴林一行人經過濃霧區回到聖莫諾克的小島修道院。在島上，有些修士告訴巴林說聖莫諾克常常乘船前往「上帝應許之地」，並在那兒待上一段時間。

第二章

巴林回到他自己的小石室。聖布倫丹由修道院中挑選了十四名修士，表示他極希望前往「上帝應許聖者之地」拜訪。這些修士立刻表示願意相陪。

第三章

進行齋戒後，聖布倫丹和隨行修士先至亞朗群島之伊尼希莫爾島拜訪聖安達，停留三天，並請他祝福。

第四章

聖布倫丹等修士在「布倫丹之座」（Brendan's Seat）這座山下方的窄溪邊搭了帳棚。他們在這裡建造一艘木架船，船身為以橡木樹皮鞣製的牛皮，牛皮接合處並抹上油脂密合。他們在船上安置了桅桿、船帆和舵槳，以及四十天量的物資、備用的牛皮及塗抹皮革的油脂。

第五章

他們正準備出發，三名修士來到海灘，請求讓他們上船一起前往。聖布倫丹同意了，但他警示其中二人將會遭遇厄運，另一人則不再返鄉。

第六章

他們往西航行了十五天，結果在無風無浪的情況下迷失方向，漂流到一座高聳的多岩島嶼，潺潺溪流由高崖上流下。他們艱辛的找到了一個縫隙般的小港口。上岸後，他們遇到了一隻流浪狗。這隻狗帶著他們來到一處聚落。他們進入一間大廳，發現有人已經替他們準備了食物。他們停留了三天，天天享用新鮮食物，卻從沒見過一個人。

第七章

他們離去之前，三名最後加入修士中的一人，想要竊取他發現的一付銀馬勒，遭到聖布倫丹斥責。就在那一刻，一個小邪魔自那名修士的胸膛竄出，修士隨即死亡。

第八章

他們正要上船的時候，一名年輕人帶著一籃麵包和一罐水出現，並警告他們這會是一趟遠程航行。

第九章

他們在第二座島登陸。島上有許多大溪，溪中魚類豐沛。島上終年野放成群的白色綿羊，因此他們稱呼此島為綿羊島。他們由濯足禮拜四（Maundy Thursday）待到聖禮拜六（Holy Saturday，復活節前一日——譯注）。一名島民為他們帶來食物，並預言他們會在復活節到達附近一座島嶼，並在往西不遠處的第三座島嶼「鳥類天堂」登陸，停留到聖靈降臨節（Pentecost）後的第八天。

第十章

最近的一座島嶼多石而光禿。他們用繩子將船拖上岸，生了火烹煮得自綿羊島的肉品。就在水快煮滾時，島嶼開始搖晃移動，修士們倉惶的回到船上。他們看著「島嶼」在海面上漂移遠去，他們所生的火還在燃燒著。聖布倫丹告訴修士們，這座「島嶼」是海中體型最大的魚，叫做「傑斯科留斯」（Jasconius）。

第十一章

修士們航行越過綿羊島西邊的狹窄水道，到達「鳥類天堂」島。他們拉著船溯溪幾近一哩來到源頭，發現一棵巨大神木上棲息著密密麻麻的白色鳥。一隻溫馴的鳥兒飛到船上和聖布倫丹說話，牠說鳥是人類的靈魂，而聖布倫丹必須花七年的時間才會到達「上帝應許之地」。在晚禱和其他祈禱時間，那些鳥兒和他們一起唱誦聖詩，歌詠聖經章節。他們在島上停留了一些時日，食物皆由在綿羊島提供他們飲食的「庶務」帶來給他們。「庶務」也替他們帶來淡水，並警告他們不要飲用島上的泉水；因為這些泉水會令人沉睡。

第十二章

他們繼續在一望無際的海天之間航行了三個月，當望見陸地時，他們精疲力盡幾乎無法逆風划船。最後他們到了一個小小的登陸點，並在兩口井裡補充船上的淡水，其中一口清澈，一口混濁。他們在這裡見到一座墳墓及一個白髮老人。老人帶他們前往兩百碼外的修道院。十一名守禁語戒律的修士在門口各持聖物匣和十字架，唱著讚美詩迎接他們。他們擁抱這些航海修士，修道院院長則幫他們濯足。他們和守戒的修士們一起坐下來食用甜美的根菜和白麵包。這時院長打破禁語戒律向聖布倫丹解釋那些白麵包神奇的出現在食品室，而禮拜堂的油燈也從未燃盡過。修道院裡從不吃熟食，而總數二十四名修士也不見蒼老。

用餐結束，聖布倫丹被領到教堂，內有二十四個座位圍成一圈，並使用方形水晶器皿。教堂本身也是方形。晚禱之後，修士訪客被帶到修士小室中休息，聖布倫丹和院長則留下等待目睹油燈奇蹟。等待之際，院長對聖布倫丹表示他們在島上已有八十年，從未聽聞人聲，平常則以手勢溝通，所有修士既不曾生過病，也不為世俗紅塵所干擾。突然，一支燃燒的箭由窗口急速穿入，點燃了那些燈，又由窗口迅速逸出。

第十三章

聖布倫丹一行人與聖艾爾柏的修士們共度耶誕節，並在主顯節後第八天繼續航程，靠著風力和划槳直到四旬節（Lent）；由於食物和飲水告罄，他們非常沮喪。但三天後他們來到了另一座島嶼。他們在島上找到了清澈的水井，四周皆是花草和根菜，魚則沿著河床游向海洋。他們採集花草和根菜為食，但井水則令人沉睡。有些人睡了三天，有些人兩天或一天。聖布倫丹為他們禱告，等他們醒來後，即決定要離開這座島嶼。他們僅攜帶少量的飲水和河中捕來的魚，繼續往北航行。

第十四章

三天之後，風力停息，海面平靜有如凝結了一般。聖布倫丹要修士們停止划槳，順從上帝的旨意漂流。他們毫無目的地漂流了二十天，直到一陣西風將他們吹往東邊。

第十五章

風勢吹送他們回到綿羊島，他們在前一年的同一個地方上岸。那名「庶務」快樂的歡迎他們，搭好帳棚，並替他們準備了洗澡水和乾淨衣物。在他們慶祝聖禮拜六並用過晚餐後，「庶務」要他們回到那頭鯨魚處慶祝耶穌復活節，然後前往「鳥類天堂」島。他則會在他們停留期間划船送麵包和飲水過去。

他們照做，登上了鯨魚背，駕駛船隻到「鳥類天堂」島聆聽鳥叫聲。「庶務」告訴聖布倫丹說他們將會重複如此行程達七年之久，在綿羊島過濯足禮拜四，在鯨背上過復活節，在「鳥類天堂」度過復活節到聖靈降臨節這段時間；耶誕節則與聖艾爾柏修士團共度。

一直到他們駕駛圓舟出航那天，都由「庶務」從綿羊島上帶食物過來，船上食糧也來自綿羊島。

第十六章

他們在海上航行了四十天之久，見到一頭巨獸隨著船隻前進。牠不但由鼻孔中噴出水沫，還急速向他們游來，彷彿要吞噬他們一樣。這些修士心生恐慌，嘴裡呼喚著上帝名諱，聖布倫丹則安慰他們。這頭巨獸游得更近，並在船隻四周鼓起大浪，修士們更加害怕了。此時，又有一頭怪物由相反的西方出現。牠在離船隻不遠處開始噴火，攻擊第一隻巨獸，並在修士面前活生生將巨獸切為三段，然後游回牠出現的方向。

有一天，這些航海修士見到一座林木蓊鬱的島嶼。登陸後，他們發現那巨獸的尾巴部分，聖布倫丹說這是可以吃的；於是他們架起帳棚，切下他們帶得走的獸肉，又在島嶼南端找到一口清澈水井，採集許多花草與根菜。夜裡，不知名的動物將那巨獸吃得精光，到了早上只剩骨頭。

暴風雨、強風、冰雹和大雨將這些修士困在島上長達三個月。有一天，海水將一頭死魚沖到岸上，修士們吃了其中一部分，其餘的聖布倫丹囑咐鹽醃保存。天氣轉好，海浪也平緩下來，他們又準備啟程。

船上裝載淡水、食物和採集來的花草與根菜，修士們揚帆往北出發。

第十七章

有一天，他們來到一座略高於海平面的平坦島嶼。島上沒有樹，但有不少紫白色的水果。此時三團唱詩班繞行島上，一團是白色穿著的男童，一團是藍色穿著的年輕人，另一團則是紫色穿著的老年人。他們一邊繞行，一邊詠唱讚美詩。聖布倫丹的船在早上十點靠岸；中午和下午三時再度吟唱聖詩，並進行晚禱。他們結束儀式後，一大片明亮的雲朵飄至島嶼上空，遮掩唱詩班，他們消失無蹤。第二天拂曉，晴朗無雲，唱詩班再度出現，他們唱著詩歌，並且舉行聖餐禮。其後，年輕唱詩班中的兩人帶了一籃紫白色水果到船上。他們邀請三名後到修士的第二人加入他們。聖布倫丹答應了，於是當圓舟再度揚帆，這名修士留在島上加入青年唱詩班。下午三點，聖布倫丹等修士吃了一個唱詩班送的紫白色水果。這些水果全都相同，尺寸如大球一般，果汁豐沛。聖布倫丹由一顆水果中擠出了一磅果汁，分給修士飲用。這些甜如蜜的水果一顆夠讓一個人食用十二天。

第十八章

幾天後，一隻大鳥飛越船隻，啣來一枝不知名的樹枝。這隻大鳥將樹枝放到聖布倫丹的腿上。樹枝末端結著一串顆粒大如蘋果的鮮紅色葡萄。這些葡萄提供了修士們八天的食物量。又經過了三天沒有食物的航行，他們見到一座島嶼，島上的樹木結著同樣的果實。空氣中瀰漫著石榴的香味。他們在島上紮營，停留了四十天，並採集泉水附近的水果、花草及根菜。

第十九章

他們貯存了水果，讓船隻漫無目的地漂行。一頭半獅半鷲的怪獸（Gryphon）襲擊他們，就在這頭怪獸伸出爪子時，那隻為他們帶來葡萄的大鳥適時出現，將半獅半鷲怪獸驅離，並攫奪其眼睛，怪獸越飛越高，最後被大鳥所殺，在修士的眼前落入海中。大鳥則隨後飛離。

第二十章

聖布倫丹一行人再度到了聖艾爾柏的修道院，並在那兒度過耶誕節。其後他們航行了很長的時間，並像上回一樣，從濯足禮拜四至聖靈降臨節皆滯留在綿羊島和「鳥類天堂」島。

第二十一章

有一段航行，他們於聖彼得瞻禮節（Feast of Saint Peter）來到一處清澈的海域，可以看到棲息在海床的各種魚類，有如一群群放牧的牛羊。他們頭尾相接呈圈狀棲息，聖布倫丹一唱起詩歌，魚兒便往上游向船邊，成群繞著船邊游，近到修士可以直接看見。彌撒結束時，魚群逃命似的快速游走。他們以滿帆的速度，花了八天時間才駛出這片清澈水域。

第二十二章

有一天，他們在海上見到一根柱子。那根柱子看來很近，卻花了三天時間才航行到柱子所在。柱子高到聖布倫丹見不到頂端，四周還有寬網孔包纏著，船隻可以通過網孔的開口，銀色的網孔比大理石還硬，而柱子本身則是明亮的水晶。他們收下桅和帆，拉起划槳，將船拉過網孔；他們可以看到網子和柱基延伸到清澈的水底。海水透明有如玻璃，穿透的陽光和水面一樣明燦。

聖布倫丹測量網孔尺寸為每邊六至七呎。他們接著航行到四方柱的一邊，聖布倫丹測量每邊為七百呎。第四天，他們在柱子一邊的凹處找到一個聖餐杯和水晶聖餐盤。

聖布倫丹測量完後，吩咐大家進餐。然後他們撐住網孔，讓船駛出來，再立起桅桿，升上帆，往北邊繼續航行八天。

第二十三章

第八天，他們來到一處崎嶇而多岩的島嶼，島上滿是熔渣和鍛鐵舖，既無樹也無草。聖布倫丹非常擔心，但風力將他們筆直的吹向那座島嶼，他們聽到一陣陣鼓動風箱、鐵和槌子敲在鐵鉆上的聲音。

有個島民從鐵舖裡走出來，見到船隻後又走入了屋內。聖布倫丹要修士努力駛離這個地方。就在他下令時，那個島民再度出現，用火鉗夾著一大塊燃燒的熔渣丟向他們。那塊熔渣越過他們上方飛行了二百多碼，落入海中，海水開始翻騰和冒煙，有如熔爐一般。他們的船隻行駛約一哩遠後，更多的島民跑到岸邊朝他們丟擲熔渣。整座島嶼看來有如著火一般，海水翻騰，空氣中充滿了咆哮聲；一直到他們見不到島嶼，還是聞得到一股惡臭。聖布倫丹說他們到了地獄的邊緣。

第二十四章

有一天，他們見到北方的雲層下有一座冒煙的山。風將他們急促吹向那座島嶼，船在距離岸邊不遠處擱淺。他們眼前是一座煤黑色的高聳陡崖，高不見頂。最後加入的第三個修士跳下船，走向崖腳，卻哀叫著他無法回來。其他修士眼見他被惡魔擄走，丟進火裡。一陣順風，吹著船隻離開該地。他們回頭眺望時，山上冒出的煙已被吞吐的火焰取代，整座山看來有如燃燒的烽火台。

第二十五章

他們往南航行了七日，見到一幕奇景——一個人坐在岩石上，斗篷懸掛在他面前的一座鐵製器具上。海浪不時沖蝕那塊岩石，並偶爾打上那個人的頭頂，風吹著斗篷，不斷的拍打在他的眼睛和額頭上。聖布倫丹問他是何人，他自稱為猶大（Judas），主讓他在聖日時由火焰地獄中出來坐在石頭上透氣。夜裡，海上出現了無數惡魔，團團圍繞著岩石，發出尖銳的叫聲要聖布倫丹離去。聖布倫丹和他們爭論，而惡魔們則在船隻啟程後尾隨了一段距離，然後返回，以極大的力氣將猶大抬起，並大聲吼叫。

第二十六章

往南航行三天後，聖布倫丹一行人到了另一座小島。這座島是圓形的，周遭大約有二百碼，皆是陡崖，沒有可以上岸的地方。如燧石般的岩石光禿一片。最後，他們找到了一處登陸點。那是一處很窄的凸岩，只能容納船頭。聖布倫丹獨自上岸，並攀登到島嶼頂端。他在島嶼東方找到兩個洞口相對的山洞，其中一處洞口有一道淡水泉。這個洞內住著一名年老隱士，白髮鬚覆蓋著全身。他告訴聖布倫丹，他原是聖派崔克修道院的修士，聖派崔克去世後，其靈魂指示他乘船出海。船將他載到這座島上，一住三十年，每三天有一隻海獺捕魚供他食用，也帶燃木給他使用。後來發現了這兩座山洞和泉水，又住了六十年，現在已經一百四十歲了。隱士要聖布倫丹到淡水泉取水，因為回到綿羊島和「鳥類天堂」島還需航行四十天。之後，他還得再航行四十天，才會到達「上帝應許聖者之地」；居留四十天後，上帝將庇佑他平安回到愛爾蘭。

第二十七章

聖布倫丹在老隱士祝福後，啟程往南前進。他們隨風任意漂流，僅以取自島上的淡水維生。在聖禮拜六，他們來到了綿羊島。那名「庶務」在上岸處迎接他們，幫助每個人下船，同時為他們準備晚餐。其後，他和聖布倫丹等人一起啟程，在巨鯨「傑斯科留斯」的背上停泊；「傑斯科留斯」載著他們到「鳥類天堂」島。「庶務」囑咐將貯水器皿裝滿淡水，他這次要和他們一起航行，替他們導航。他說沒有他，聖布倫丹一行人永遠到不了「上帝應許聖者之地」。

第二十八章

聖布倫丹等人和「庶務」又回到了綿羊島裝載補給品，以因應接下來四十天的航行。接著，他們往東航行了四十天。「庶務」在船頭指引方向。四十天後的一個晚上，大霧籠罩，他們幾乎無法看見對方。「庶務」告訴聖布倫丹說那些濃霧永久繚繞著他已尋找了七年的土地。一個小時後，一道強光照耀，船已上了岸。修士們下了船，走上一片樹木結實纍纍的土地。他們在這片土地上走了一圈，天色仍然明亮。他們吃了水果，喝了水。在島上探索了四十天，仍然沒有走到盡頭。有一天，他們來到一條大河旁邊，聖布倫丹說他們無法過河，也不知道這片土地有多大。他們在這裡遇到一個年輕人；這個年輕人擁抱每一個人，叫著大家的名字，並說上帝故意讓他們一路延遲，好讓他們在大海上見識神的奇蹟。年輕人帶他們採集水果和寶石，以準備返航，因為聖布倫丹的逝日已近。年輕人說，這片土地會在基督徒受到迫害時，為聖布倫丹的後繼者所知；而河流依然分隔島嶼。

聖布倫丹採集了一些水果和寶石，在「庶務」的導航下穿越濃霧。其後他們來到「愉悅島」（Island of Delights），拜訪島上的修道院長，停留了三天。聖布倫丹由此回到家鄉。

第二十九章

修道院院眾熱烈歡迎聖布倫丹回來，他詳細的告訴大家他所記得的旅程事情。最後，他告訴眾人，根據「上帝應許之地」那個年輕人所言，他將於不久之後死亡。預言很正確。在他安排妥後事，於教堂舉行聖禮後，在門徒的環繞下榮歸天國。阿門。

附錄二

《航行》與「布倫丹號」

「布倫丹航海計畫」在某種程度上是一個推理故事。我們可將中世紀文本《航行》視為一啟人疑竇之「重案」的線索清單。這個「重案」即指發現北美洲的時間要較一般認知的早上數世紀；事件中的「嫌疑者」則為早期愛爾蘭基督修士航海者。我們鑄造典型的推理模型：仿造一艘皮革船，追尋北大西洋的線索，檢視他們造訪的地方，這不失為重建「嫌疑者活動」的好竅門，審視他們在體力上是否真能達成目標，他們的動機和方法具有什麼啟示。

虛構小說裡最好的偵探，第一步總是試著建立罪行的準確時間；而處理聖布倫丹航行的歷史偵探在這點上更需要特別謹慎。按照《航行》文中的一貫風格和語調，這一趟航行（或數趟）在航海者為愛爾蘭基督教徒的前提下，最早的時間應該是在五世紀初期愛爾蘭改信基督教之際。很可能，航行時間並非發生於聖布倫丹在世之前，即約西元四八九至五七〇年（一說五八三年）。由另一個角度看，航行的最後一趟應該是在《航行》完成之時。那是什麼年代？各家學者說法各異。最保守的估計，傳世的文稿至少有三個版本是第十世紀。但這只是撰寫文稿的日期，集結故事的時間必然更早於撰寫時間。有一個說法是《航行》集結於九世紀。傑出的塞爾特文化專家，即都柏林高等研究學院（Dublin Institute of Advanced Studies）的金姆・卡尼教授（Professor Jim Carney）對此有深入研究，並認為時間應該更為早遠。他認為《航行》的拉丁文版本應該成於西元八百年左右，這點和大多數人看法相同。而其原始版本可能在聖布倫丹時代即已存在。卡尼教授甚至找到一些文獻，顯示聖布倫丹也是個詩人。

這些文學學者皆是來協助歷史探案的法庭專家。儘管他們對於《航行》年代的看法不同，實質上並不損及此一案件——即《航行》敘述「上帝應許之地」最保守的年代早於古斯堪地那維亞有關新世界的記述。因此，愛爾蘭人是否比雷夫・艾瑞克遜（Leif Eriksson）更早到達北美，頗值得探究。（Leif Eriksson，九八〇～一〇二五，為著名探險家〔Eric the Red〕之子。Eric the Red為第一個發現格陵蘭的人。一〇〇二年，雷夫・艾瑞克遜由格陵蘭往西航行，到了一處生長葡萄的地方，於是命名為「Vinland」，據說即為加拿大紐芬蘭北部——譯注）

按照慣例，推理者的下一步是衡量線索清單的整體價值。這意味著評估《航行》的記述是否可信，值得投入時間調查傳說中的聖布倫丹航海事蹟。最先要探究的是不同版本的《航行》有多少共通點。不談其他的語文，光是留存的拉丁文版本即有一百二十種，而它們之間的差異極小。從另一角度而言，目擊者一再重述故事，並執著於所見而不動搖。儘管如此，推理者仍然不得鬆懈。在做為地理或歷史證據時，中世紀文稿的文字有時也頗微妙。這些文字的細節通常有些含糊，即使具有細節，也經常反覆無常充滿矛盾。問題在於《航行》等中世紀文稿並非實用手冊或航海指南。因此，歷史推理者必須排除文字中所有宗教、寓意及神秘的因素，同時仍能保持警覺，找出任何珍貴的實用資訊。

幾乎沒有同期的文字能像《航行》一樣，提供豐富的數據和方向。內文中不同航程各段航行天數、不同航程中的水手人數、啟程和登陸的日期，甚至還記述了島嶼修道院和船隻停泊處之間的相距碼數。不過，早期文字記錄的數據通常不那麼準確。數據在口說故事到紀錄文字經常會產生誤讀或誤引。同樣的中世紀作者常常象徵性的使用數據，例如用「三」（three）代表「三位一體」（Trinity），或用「十二」代表「十二使徒」，同樣的，他們也用「四十天」代表「很長的時間」，後者在《航行》中經常可見。也因此，謹慎的推理者必須找到非象徵性的數據，甚至除非這些數字在上下文中具有某種程度的作用，否則不應輕信。

《航行》所記述的方位也是一樣。《航行》經常提到愛爾蘭修士駕駛皮革船航行到各處的方向。然而，也很有可能，記述者在轉述時將北誤述為南，或類似的誤植。和數據問題一樣，基本的檢視能看出方位是否在上下文中具有邏輯性，同時極為謹慎的使用為證據。《航行》提到聖布倫丹前往「上帝應許之地」那最後一段航行，述及他們由一座大西洋島嶼航向「東方海岸」，也有評論表示是「東方」。這顯示這些修士並非往西橫越大西洋，而是反向而行。但這個爭議卻是錯置的，因為在整本書中，皆提到「上帝應許之地」位於海洋的西邊。

這在《航行》的第一章已提及。聖布倫丹為了前往該地，「約夏至」時乘坐特別建造的圓舟向西航行。他到達「上帝應許之地」，返航時直接經海路在愛爾蘭西岸登陸，這即顯示他應該是由西邊回來。由細節上看，文字中提到的「上帝應許之地」是在西邊，這也應該是將中世紀文字轉化成現代語詞時，無法掉以輕心的要項。

「布倫丹航海計畫」的執行，對於這樣的查證有極大的幫助。如果一切順利，這類航行的田野實驗是唯一可以將《航行》文字化為實際的方法。「布倫丹航海計畫」在一九七六和一九七七年的兩次航行，不但證明仿中世紀規格的皮革船沿著惡劣航線由北大西洋航行到彼岸的絕對可能性，也矯正人們對於《航行》的諸多質疑。這樣的結果極其迷人。

首先，證之我們乘坐「布倫丹號」的航行經驗，中世紀文本的記敘頗為真實。我們現在可以斷言，《航行》的作者顯然明白乘坐皮革圓舟出海的真正狀況。他知道要在逆風下划動一艘高浮在水面的船隻是不可能的，因為不論你如何想要遠離，強風仍會將你吹向惡劣的海岸。《航行》描寫圓舟如何擱淺，或聖布倫丹修士們如何以拖索將船拉上淺溪，我們以自己的經驗可以了解到其過程及可行性。即使在遇到《航行》中的「浮在水面的水晶柱」，也就是面臨冰山的特殊狀況，二十世紀的皮革圓舟採取的行動仍然和中世紀沒有兩樣。當然，我們在駕駛「布倫丹號」經過拉布拉多浮冰區時，並沒有卡在浮冰之中；但若是我們必須面對同樣的情形，我們恐怕也得像《航行》上描寫聖布倫丹等修士靠人力將船撐過「大理石網子」，好接近冰山。在這樣的情形下，重新經歷這趟行程不僅只是驗證過去未經驗的細節；

也為過去不受認同的細目點亮明燈。而《航行》描寫聖布倫丹攜帶備用牛皮和油脂上船的情節，也可再次驗證。我們預計「布倫丹號」需要再次塗抹油脂，後來我們在冰島也的確進行了這項工作；在格陵蘭東部海上，若非使用備用牛皮裝配反浪裝置，我們可能早已進水而沉沒。《航行》所提到的細節，不論如何細微都是根據事實而來，也許這才是應該特別提及的。

由較為科學的角度看，像「布倫丹航海計畫」這樣的研究，成果算是頗為豐富。「布倫丹號」為中世紀航海帶來了新的認識。「布倫丹號」僅靠著四、五名船員，相對的人手不足。聖布倫丹共有十四名船員（此一數據顯然不是象徵性的，而是合理的數據），至少在需要手動划槳時有較大的助力。即使如此，《航行》很清楚的指出，在北方海域，長程航行最好的方式是靠船帆動力，而非划槳。中世紀船員想必較有紀律和耐心，修士更不在話下。但即使是修士，也必然在遠離陸地後，寧願在枯燥的海上藉由船帆行駛，而非在波浪晃動的海面划船。我們可以大膽假設，在長程航行中航海圓舟一天能急航五十或六十哩；早期其他笨重的船隻應該也是一樣。要是一切順利，在有經驗的船員操控下，小型船隻在順風時也許一天可行駛一百五十哩。按照我們的經驗，一天行駛二百哩則可能過於樂觀。如果「布倫丹號」的性能可當成一定的標準，在航程上應增加百分之四十的偏航和繞行。

另外，理論學者認為：早期船隻因惡劣天候偏離航道而有了新發現，「布倫丹號」的經歷很能支持這一點。一九七六年七月，我們由法羅群島航行到冰島途中，遭遇持續而強烈的東風，要不是我們盡最大的努力在預計進行補給的冰島上岸，我們很可能會被吹至格陵蘭。

在地理方面，「布倫丹航海計畫」成功連結了《航行》中所暗示的地點，例如綿羊島為法羅群島；「鳥類天堂」島為同屬於法羅群島的麥京斯島或瓦佳島；噴火的山和丟擲熔渣的鐵匠島則是冰島南部，另外還有「水晶柱子」相對於冰山、「傑斯科留斯」相對於大鯨魚。更忠於《航行》的也許是，「布倫丹號」顯示了這些北大西洋的上岸地點藉由夏季風勢可合理的串連；這些地方的民間傳說及考古研究也植基於愛爾蘭訪客。此行最重要的意義是使現代航行和古代故事完整重疊。如果僅有聖布倫丹上岸的地點符合現代的地理環境，也許就會顯得過於主觀，但如此完整的吻合則不僅只是巧合而已。

同時，「布倫丹航海計畫」並不期待或嘗試解釋《航行》中的每個地點。有些地方籠統到無法辨識；有些則不在我們的航線之內。事實上，如果《航行》是匯集聖布倫丹和其他修士的多次航行，那麼許多地點也順理成章的可能在別的航線上。《航行》的大致航線為北和西，就如同「布倫丹號」所證實的，這也是皮革船前往北美的航線。

「布倫丹號」拋出的另一個餘波是古斯堪地那維亞人。古斯堪地那維亞的冒險故事中，儘管線索模糊，還是有三筆資料有關於愛爾蘭與新世界。在艾瑞克遜的冒險故事中，兩名美洲原住民（Skraelings）報告說，他們知道部落附近有一些穿著白衣服的人，他們撐著上面掛著布的竿子成列前進，並一路大聲喊叫。古斯堪地那維亞認為原住民所說的就是愛爾蘭人。第二個是冰島的《移民紀》，提到一個「有些人稱為偉大愛爾蘭（Ireland the Great）」

的國家。那個國家位於海洋西邊，距離芬蘭佳地（Vinland the Good）不遠。書中說一名古斯堪地那維亞人因為惡劣天氣而被吹送到該地，因無法逃脫而受到當地居民的洗禮。第三個故事則來自一名叫戈列弗・剛勞遜（Gudleifr Gunnlaugsson）的冰島商人。他被強風由愛爾蘭西岸吹過海洋，在一個不知名的地點上岸，他聽出當地居民的話語中夾帶有愛爾蘭語。可以想像的，這些故事的細節都是一筆帶過，不具太多重要性。但將它們擺在一起時，似乎就較為具體。而且在「布倫丹號」成功橫越大西洋後，也許值得全盤看待古斯堪地那維亞人對北美洲的心態。有趣的是，撰寫這些故事的人毫不懷疑的接受了遙遠西方有個「偉大愛爾蘭」的說法。畢竟，古斯堪地那維亞人第一次到達赫布立群島、法羅群島和冰島時，發現愛爾蘭人已在他們之前到達，並在那些島嶼上定居。如果古斯堪地那維亞人和歷史上的航海探險家一樣，他們必會向當地人探詢海洋知識，雇用已航行至未知海域的領航者；因此，連他們雇用陸上斥候也極為有趣。艾瑞克遜冒險故事中提到松芬・卡爾塞夫尼（Thorfinn Karlsefni）到達西方土地時，派了兩名愛爾蘭斥候上岸偵查。這兩名斥候不但健步如飛，同時偵測新地點的本事極佳。在這樣的情形下，也許可以想像古斯堪地那維亞人不但雇用愛爾蘭人當斥候，也雇用愛爾蘭人在探索船上工作。

不過即使對急於想解開《航行》之謎的推理者，這點也只能保留在臆測階段。我們曾在紐芬蘭海岸檢視了另一項更大膽的假設。在「布倫丹號」橫越大西洋的同時，一群考古學家在俯望聖隆納爾灣（Saint Lunaire Bay）灣口的一塊大圓石上，研究雕刻在上面的線條，試著解讀線條的意義。岩石上的線條看來是人工刻上的，而且是使用類似金屬材質的尖銳工具所刻成。有些線條幾乎已被岩石上的厚厚地衣覆蓋，其中一個十字型圖案過去似乎曾為了檢視而清理過，但上面亦已長出較新的地衣。剛好這片新地衣可以測定年代，而其年代至少已有一百五十至二百年；這個年代已比當地人類居住的歷史還久。覆蓋其他線條的地衣年代更久遠，有些人已經迫不及待的宣稱這些十字型圖案是歐甘文字（ogham），為古代的愛爾蘭文字形式，大多刻在石頭上，為基督教派修士所喜愛。歐甘文字學者對此存疑，雖然這些文字並非完全不能解讀，但仍然是謎團。研究工作仍然在進行中，包括為覆蓋在濃密地衣層下的刻文標定年代，以及確定這些文字是否以金屬器具刻成。不過還有其他的可能刻文者。聖隆納爾灣距離古斯堪地那維亞人位於草原灣（L'Anse-aux-Meadows）的聚落不遠，刻文者可能是來自該聚落的流浪漢；在聖隆納爾灣灣口還有一艘配備大砲的沉船，正好位於那塊神秘石頭的下方，可能是倖免者游泳上岸，並以刀子刻下那些圖案。不論答案是什麼，思索和深入探查的空間很大，特別在「布倫丹號」證明皮革船足以橫渡大西洋，「嫌疑者」可在辯解的時間抵達「案件」現場。很顯然的，歐洲人探索北美洲的歷史尚未有定論。

附錄三

「布倫丹號」

設計

「布倫丹號」的設計根據人種誌、文學和考古學三項參考資料。人種誌的資料最為豐富，涵蓋詹姆斯·洪尼爾（James Hornell）在一九三八年一月發表於《航海者鏡刊》（Mariner's Mirror）的〈愛爾蘭圓舟〉一文，文中描述了幽谷半島的愛爾蘭圓舟樣式。洪尼爾的描述對照於現代的幽谷圓舟，後者二十一呎四吋的長度相對於前者「四臂」的尺寸。另外，克里郡格里格瑞堡（Castlegregory）的圓舟建造人約翰·固溫也提供了補充資料。西歐使用皮革船的歷史文獻則來自多種早期記述，其中最主要的參考資料為G. J.瑪卡斯（G. J. Marcus）一九五二年收集在《塞爾特研究》（Etudes Celtiques）第六卷的《早期塞爾特航海要素》（Factors in Early Celtic Navigation），文中的皮革船例子包括凱撒大帝、老普林尼和索利納斯。但和「布倫丹號」最有關的細節則來自亞當南（Adomnan）的《哥倫巴之一生》（*Life of Columba*），以及不能不提的《修道院院長聖布倫丹之航行》（*Navigatio Sancti Brendani Abbatis*）。都柏林愛爾蘭國家博物館展出的早期基督徒工藝品顯示了愛爾蘭運用木材、皮革和金屬的情形，這些資料也決定了建造「布倫丹號」的實用

「布倫丹號」設計圖

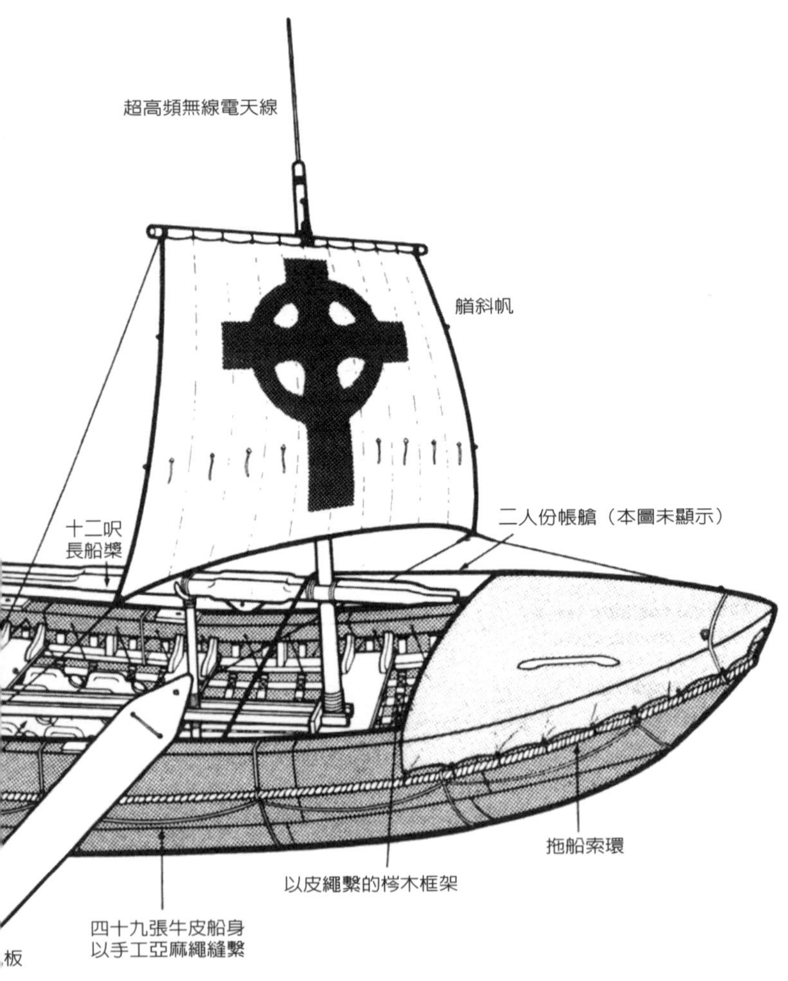

超高頻無線電天線
艏斜帆
十二呎
長船槳
二人份帳艙（本圖未顯示）
拖船索環
以皮繩繫的梣木框架
四十九張牛皮船身
以手工亞麻繩縫繫
板

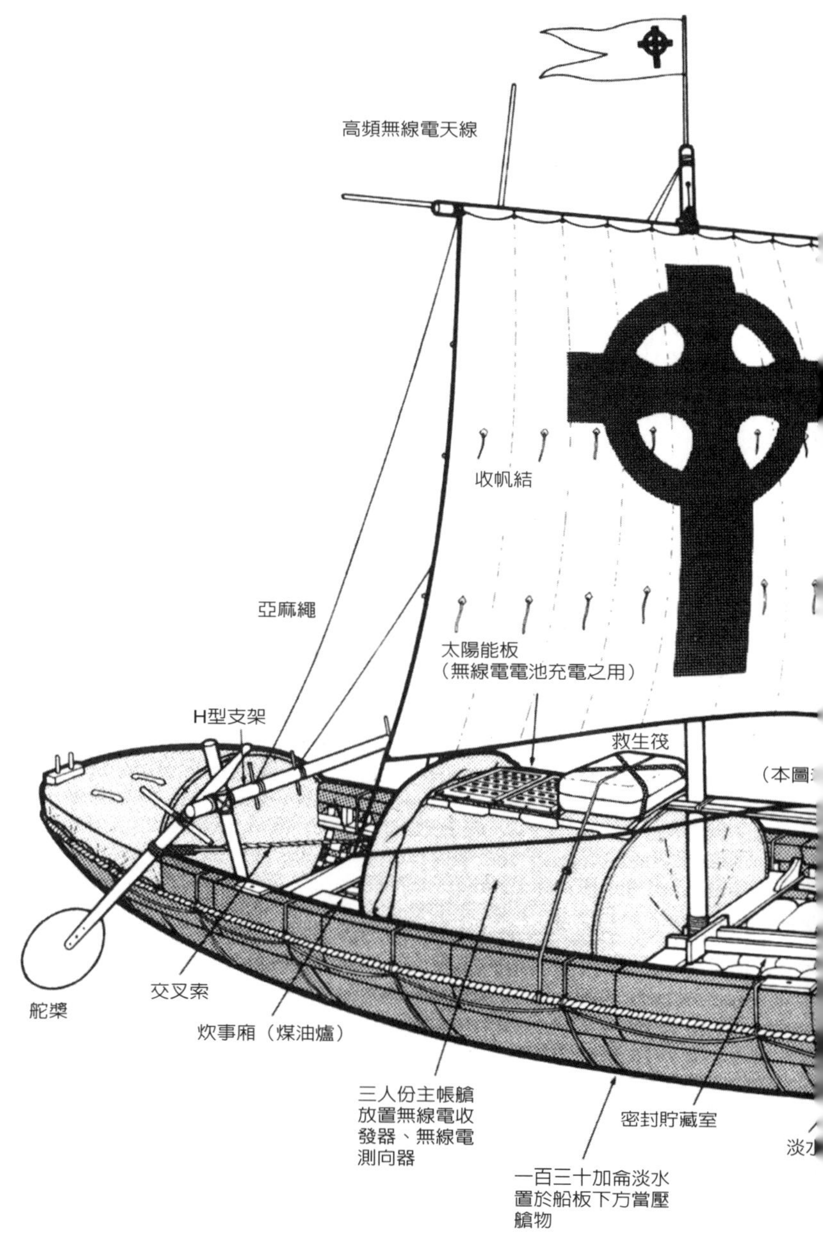
高頻無線電天線
收帆結
亞麻繩
太陽能板
（無線電電池充電之用）
H型支架
救生筏
（本圖
舵槳
交叉索
炊事廂（煤油爐）
三人份主帳艙
放置無線電收
發器、無線電
測向器
密封貯藏室
一百三十加侖淡水
置於船板下方當壓
艙物

技術。約翰・J.華特婁（John J. Waterer）在一九六八年《中世紀考古》（*Medieval Archeology*）第十二卷發表的《愛爾蘭書包或皮囊》（*Irish Book Satchels or Budgets*）對於皮革運用的精到研究具有無上價值。早期船隻的圖片很少，但我倒是在科克郡班翠（Bantry）附近一直立原位的十字架上見到一艘愛爾蘭無頂船隻的雕刻。這個雕刻的年代為八世紀，保羅・強森（Paul Johnson）在《古代》（*Antiquity*）第三十八卷中曾加以著墨。

在設計「布倫丹號」的時候，科林・穆迪建議將船身重量減到最輕，好貯放更多的補給，並符合長程航行中上岸、靠風力推進，甚至僅靠我們四、五名船員划槳的實際需求。在穩定性方面，船身每一區的連結皆比現在小型的圓舟來得結實。按他的設計，船身長三十六呎，橫梁長八呎；船身淨重二千四百磅，船帆及索具設備為一千二百八十四磅，加上補給、淡水、船員和漫入船中的海水，「布倫丹號」在海面上的總重約達五噸。主帆為一百四十平方呎，前帆則為六十平方呎。這兩道船帆為亞麻材質，由馬爾頓（Maldon）的亞瑟・泰勒父子公司（Arthru Taylor and Son）所承製，皆可加上輔助帆，主帆下方為三呎，前帆下方為二呎。輔助帆最能發揮功能的是在風自船尾正角吹入的時候。操舵部分是一把有大舵葉的舵槳置於右舷。我們曾經在海上試驗過雙舵槳和一具長櫓舵槳，但效用不高，也沒有必要。我們也試驗了不同長度的槳櫓，最後確定最合適的長度為十二呎；槳櫓架在槳架及樁釘在槳手座的三角形木樁上，槳片則為傳統圓舟極薄的槳。

材料研究

在「布倫丹航海計畫」的準備過程中，最迷人，也最令人有成就感的可能就是研究中世紀材料。這個階段的工作是試驗中世紀的材料在各方面是否適用於橫渡大西洋。有些實驗很簡單，例如將皮革泡在海水中，看看是否會分解或招來藤壺。其他的試驗則在實驗室進行；這方面要感謝米爾頓公園區（Milton Park）由羅勃・賽克斯博士主持的英國皮革製造商研究協會，德貝郡的W.&J.理查遜製革廠，以及哈洛德・柏金位於柴斯特菲爾德的約瑟・克雷頓父子製革廠（Joseph Clayton and Son）。儘管皮革是極佳的材料，並有令人振奮的回饋，但若失於精確運用，不但極易出差錯，更有可能招至損壞。準備「布倫丹號」船身使用的皮革時，製革廠和實驗室對於表面裂口、皮革紋理的拉力、泡入鹽水部分的張力，以及受潮皮革的穩定性等問題皆極細心。我們發現，中世紀的材料如果經過妥當的處理，極適合橫渡大西洋；這是我們樂於見到的試驗結果。

一、船身皮革：《航行》上描寫聖布倫丹等修士以「橡樹樹皮鞣製的牛皮」覆蓋在船身木框上，並攜帶了同樣的牛皮上船備用，並仿大船建造了兩艘小皮革船當附屬船。羅勃・賽克斯博士的研究員試驗了康瓦耳郡格蘭滂約書亞・克羅岡父子公司的比爾・克羅岡所提供的材料，並和不同鞣製法生產的皮革在同樣的條件下比較。他們試驗的項目包括防水度、面積伸縮穩定性，後者特別偏重浸泡鹽水後的情況。圖表一是由英國皮革製造商研究協會所提

	1		2.力學環境下的滲透性	
	橡樹樹皮鞣製革	橡樹樹皮鞣製革在鹽水攪浸3天，乾燥後再浸泡24小時	未經處理的橡樹樹皮鞣製革	橡樹樹皮鞣製革在鹽水中攪浸3天，乾燥後進行實驗
最大張力 kg/mm2	2.5-3.0	2.8-3.2		
破損延伸度	20-25%	35-37%		
24小時後增加的重量			0.4%	3.3%
局部增加			0.7-1.8%	2.1%
24小時後的傳輸率（防水度）kg/m2/hr			無法測出	無法測出

圖表一

供，詳細列出橡樹樹皮鞣製的皮革在不同實驗中所產生的出色穩定性。

在功效方面，這些實驗顯示了橡樹樹皮鞣製革即使在受潮時仍然非常強韌，並不會因為潮濕而減低；同時，研究協會過去的資料顯示，橡樹樹皮鞣製革具有彈性纖維易於吸收防水塗料或油脂。格蘭滂的克羅岡總共供應了五十七張取自牛肩及牛腿的牛皮，做為「布倫丹號」的船身材料。這些牛皮皆以鱈魚油浸過，粗略乾燥後捲起。

二、塗料：五十七張浸過鱈魚油的牛皮，接著送至約瑟·克雷頓父子製革廠，由哈洛德·柏金負責監工。廠內的實驗室一直和英國皮革製造商研究協會協力進行塗油皮革的實驗。《航行》上提到修士們使用「油脂加工覆蓋船身的皮革」，並「在牛皮縫合處塗抹油脂」，因此我們只試驗書中提到的中世紀油脂，亦即獸脂、蜂蠟、魚油和羊毛油，同時分為單種和混合使用實驗。適當的塗料對於皮革船身的耐用度有關鍵作用。在技巧上，並非只是將油脂塗在皮革上防水即可，而是必須達成防水功能，又不傷及皮革品質。過量的融油浸入皮革纖維後，皮革會變得過於柔軟；相反的，油脂塗得太少，防水性則不夠。經過多次試驗，我們發現最合適的油脂是羊毛油。我們的羊毛油來自W.&J.懷黑得（萊斯特戴克）有限公司（W. & J. Whitehead〔Laisterdyke〕Ltd.），布雷得弗郡（Bradford）一流的精紡商。牛皮浸入攝氏五十度的羊毛油中達十二小時，然後堆疊在一起放置數週，牛皮之間還得有羊毛油讓它完全滲入牛皮。這樣的程序約吸收了百分之三十至三十七的羊毛油。中世紀的愛爾蘭修士很有可能是以手工慢慢揉抹牛皮，不斷的將油脂倒到牛皮上加以擦揉才能達到這樣的效果。約瑟·克雷頓父子製革廠和英國皮革製造商研究協會成功的合作，讓「布倫丹號」有機會比較第一批皮革和橫越大西洋後的皮革其間的差異。整體來說，在結構和性能上，「布倫丹號」的皮革由啟程到完成航行改變得並不多。請見圖表二。

三、皮帶：德貝郡的W.&J.理查遜製革廠提供二哩長的皮帶，將「布倫丹號」的木構船身繫綁在一起，這些皮帶也在船上部分地方做為短繩。一開始，送到實驗室實驗的皮帶有

	造船廠供應的皮革	橫越大西洋後的皮革
二氯甲烷萃取百分比（大部分來自油脂）	34	27
浸泡72小時鹽水後的水份吸收力	+14%	+10.5%
24小時後的局部伸縮力	小於1%	+2.7%
24小時伸縮後的水份吸收力	0.4%	+2%
滲透儀顯示的滲透時	無法測行，滲透2千小時後實驗停止	無法測行，滲透750小時後實驗停止

圖表二

五種，測驗結果請見圖表三。

最後，我們選定至少在羅馬時期即已開始使用明礬塗漬的皮帶。這些皮帶送到「布倫丹號」使用時，還先浸漬過獸脂和魚油。

四、繩索：貝爾弗斯特的亨利・坎貝爾公司（Henry Campbell and Company）為我們製作了二十三哩長的亞麻繩，做為縫繫皮革的線；並在貝爾弗斯特製繩廠（Belfast Rop Works）的協助下替我們製作了亞麻索具。在廠長詹姆斯・漢歇爾（James Henshall）建議下，坎貝爾公司的亞麻繩接合「布倫丹號」的橡樹樹皮鞣製革，由鞋業暨商業聯盟研究協會（Shoe and Allied Trades Research Association）進行測試。圖表四顯示了亞麻繩在這些試驗中良好的性能，在遇潮時更堅韌，若繫合橡樹樹皮鞣製革則愈加堅固。皮革中的鞣酸侵入亞麻纖維中，減低黴菌生長的機率，令亞麻繩更具抗腐性。

	未塗上明礬	塗上明礬	填充明礬	硫化處理	生皮
浸水20分鐘後的吸水率 %	82	77	74	12	29
浸水一夜後的吸水率 %	76	78	71	23	101
浸水前的張大 kg/mm2	1.25	3.76	0.81	5.22	10.58
浸水20分鐘後浸水一夜後	1.31	2.90	0.81	3.70	4.59
	1.44	3.32	0.54	1.99	2.44

圖表三

建造

科林．穆迪設計的「布倫丹號」材料尺寸為：舷緣為一吋乘六吋的橡木板，船身框架為二吋乘八分之五吋的梣木板，縱梁為二又二分之一吋乘八分之五吋的梣木條。前桅和主桅分別為十二呎和十九呎長，原本取自一棵幼梣木，但這些原木在試驗時產生裂縫，於是龍弗郡的葛蘭隆兄弟木材廠的派迪．葛蘭隆親自督導，找到紋理密實的梣木。他也為船身框架、縱梁和船槳挑選了上好的梣木。固定於內龍骨的桅桿基座則為橡木。

克洛斯哈文造船廠的派特．雷克和麥可．墨非（Michael Murphy）修正船身的框架，再以明礬塗漬過的皮帶固定。每一條皮帶皆事先用手工延展，以減低原來的伸縮性，然後再浸濕，並趁著潮濕時捆繫框架。完工的框架上塗過一層羊

	承受重量 kg/f	承受重量百分比
未加工	6.37	3.75
浸泡海水2週	6.30	4.30
繫綁橡樹樹皮鞣製革並浸泡海水2週	8.69	5.75

圖表四

毛油保護木質。其後的檢驗顯示羊毛油深漬入木材裡。

覆蓋船身的牛皮共四十九張。這些牛皮平均厚度為四分之一吋，每張平均面積為四十五吋乘四十七吋。

用來縫繫牛皮的亞麻繩為十四股，亦即以手工將十四股單線搓成一股。成品經過羊毛油、蜂蠟和樹脂混合液浸漬，好在穿過牛皮時將縫孔填滿。挽具師傅約翰．歐康尼爾以及來自艾爾尼安布洛克斯（Eldonian Brookes）瓦爾薩馬鞍廠（Walsall）的馬鞍大師艾迪．興頓（Eddie Hinton），為我們挑選了最適合的縫合法。船中心線是採用倒針法，其他地方則採用雙針法。雙針法是由皮革的兩面相互穿針。每針相隔約二吋，並縫兩道，兩道相距約〇．八吋。皮革接合處都以二吋寬度重疊。船頭和龍骨骨脊是最常擦撞及觸地的部位，因此約翰．歐康尼爾在這些地方重疊四層牛皮補強；船尾處也以皮革條在龍骨處補強，好在必須以船尾登岸時加以保護。

橡木龍骨墊木是二分之一吋的紅銅鉚釘釘透皮革連結在一起。鉚釘技術是早期基督教愛爾蘭的先進工藝之一。船身皮革並沒有直接固定在架構上，而是緊繃其上，拉蓋過上舷緣後往下拉到舷緣底部，然後以細圓形皮帶固定。哈洛德．柏金（Harold Birkin）提議

船員	負載	哩/小時
十名	沿海負載急進	5.03
	沿海負載緩行	3.78
	海洋全負載緩行	3.80
六名	沿海負載緩行	3.19
	海洋全負載緩行	3.00
四名	沿海負載緩行	3.89 (順流，無法逆流操槳)

1.河流：查爾斯河。水道：順流及逆流510公尺。風力：三級西風。水流：1.3浬。

2.說明：沿海負載為陸地在望的情況下，船上物資及設備足夠單日航行。海洋全負載為船上的淡水、食物和裝備足夠船員十名航行三週。

圖表五

使用的細圓形皮帶由獅子皮革公司（Lion Leathr Company）供應。

性能

一、船槳：在紐芬蘭的瑪斯格瑞弗港上岸五週後，「布倫丹號」到了一個和紐芬蘭原始海岸完全不同的地方。在仰望波士頓高樓大廈的查爾斯河（Charles River）下游，十位來自聯合划船俱樂部（Union Boat Club）的自願槳手划著「布倫丹號」前進。這項實驗的目的是要找出，不論有無划皮革船經驗，多少划槳手才是在各種不同環境中最適合的配置。圖表五說明了我們在航行中僅有四個人操舟，人員嚴重不足。圖表也顯示十名船員可在非不利狀況下快速前進；而六到八名則可逆風操槳。值得強調的是，這些實驗僅是我們自己的海洋航行經驗，根據中世紀文本，愛爾蘭修士長程航行應該是靠風力完成的。而船槳則是在沿岸划行或登陸等特別狀況使用。

二、船帆：由於缺乏器材，很難準確測出「布倫丹號」的船帆性能。很顯然，要在一艘皮革船上裝置先進的測程儀是很不切實際的，我們唯一的工具僅有簡單的船尾計程儀。我們使用的是華克計程儀（Walker Knotmaster），製造商還警告我們，時速低於二浬時，這個型號的儀器會出現誤差。不過，在沿岸航行時，我們仍然藉由這個儀器做了以下的紀錄：

A.二十四小時內的最高速為一一五哩。單日哩程數最低的，不用說，必然是無風的零哩；在氣候惡劣時，「布倫丹號」常被逆風吹回原地。單日平均航程為四十哩，緩行若達每小時二至三浬，就算很不錯，不過這需要三至四級風，船隻亦必須滿帆。理想的狀況是五至六級順風，時速可達五至七浬。紀錄上的最高航速為十二浬，當時的天氣惡劣，海上浪濤洶湧；在法羅群島麥京斯灣每小時達十二浬以上，原因為附近高崖造成的激流效應。

B.偏航僅能靠目測尾波及船尾安全索之間的角度。在逆風時，「布倫丹號」通常以五十度至六十度角偏著風，如果是以九十度偏著風，則表示偏航三十度。在六級及六級以上的強風下，不論海浪狀況，頂風而行都是件危險的事，此時最好順風而行。使用下風板似乎是有點時代錯亂，因為並沒有證據顯示中世紀早期曾使用過下風板。風力達五至六級時，由於下風板會兜起大量海水進船，我們通常避免使用；而在風力較小時，由於是在下風面划槳，需要較多的人力，對於僅四、五個人的配置，下風板起不了多大作用。在舵手後方的第二塊下風板實際上會增加偏航程度，用了反而不利。整體來說，在航行時使用下風板可以減少偏航十度，卻無法讓「布倫丹號」的船頭抬高。在下風面划槳，較多的船員配置才能產生較高的效率。

C.海洋適應性。「布倫丹號」的各項性能中，最引人注目的是她穩定的海洋適應性，即使在極惡劣的氣候下也不例外。她在長時間的激烈海面和強風中安全過關。我們最常使用的方法是在風力達五至六級時，讓主帆減少一個縮帆結，在六級以上則降下並收起主帆，僅將艏斜帆調順風方向，再視情況收帆。設計者認為「布倫丹號」的船帆設備不夠，但這卻成了安全的因素。在惡劣的海面，兩道主拖船索皆成綑繞捲於船尾，對於船身在海面上保持直線航行具有重要的功用。半加侖帆布袋灑油入海亦有幫助。在順風下保持和油漬一直線是必需的，但通常很難。灑油器上的額外油袋讓灑油的工作方便很多。一般公認魚油要比礦油好，而我們使用的鯨油是其中最好的。在平穩的海面，船頭掛上錨的效果極好，不過惡劣的海上使用海錨則可能會產生危險；船隻可能會被巨浪往上拋，而湧上船身的海水力道及重量可能會撕裂防水布。

「布倫丹號」的穩定性是成功橫越大西洋的重要因素。她的穩定性歸功於科林·穆迪的設計，以及一半貯存在船板下方的一千六百磅淡水的壓船平衡功能。毫無疑問的，最大的危險即是在海上翻覆。實驗證明即使沒有壓艙物，刻意要在海上翻覆都很不容易。在主桅桿橫向海岸線傾覆時，「布倫丹號」還能在五個人的努力，以十二分鐘的時間將船上的積水舀出，讓船身恢復挺直。船頭、船尾和槳手座下方的保麗龍浮具，也讓「布倫丹號」即使在完全沉沒時能浮出水面。

安全性

鑑於「布倫丹號」的航行危險中，最值得注意的是船員的安全，因此船上配備了一艘八人座的救生筏，為鮑弗（海空）設備公司（Beaufort〔Airsea〕Euipment Ltd.）特別為這次航行準備的，而且在司令官的慷慨應允下，「布倫丹號」全體船員到西非爾公園區（Seafield Park）的皇家海軍安全設備暨求生學校（Royal Naval Safety Equipment and Survival School）短期進修。我們在那兒學習如何使用救生筏和信號彈，以及一般求生方法。在「布倫丹號」航行的海域，若船員落海，最大的致命危險是寒冷而非溺斃。因此每名船員所穿著的赫利．漢森牌（Helly Hansen）航海裝都有可以輕易扣上的救生索。在極惡劣的氣候下，這條救生索則轉繫到鮑弗防水衣（樣式有如直升機乘客裝或一般用途的連身裝）。這些衣服是由愛爾蘭皮革聯盟（Irish Leather Federation）熱心贊助，在惡劣的氣候下有極大的效用。如果有人在航行中落海，必然無力將船調頭營救，因此船員都知道救生索的重要性。

用來報備每日方位，我們使用的是一具晶體控制的站台對站台雷松（Raytheon）1209C 型無線電收發機，使用二、四及八兆周波段，天線高十五呎，通訊距離為一百五十至二百五十哩，依緯度和電波傳送的繁忙程度而定。雷松無線電性能極好，電源則來自兩塊陸卡斯（Lucas）太陽能板。這兩塊以皮帶綁在艙頂的太陽能板可為兩具陸卡斯「先導者」（Pacemaker）汽車電池充電。雖然一開始時我不免疑慮，但這座太陽能板每天具有收發無線電達五分鐘的電力，而最大的優點是不需要維護。「布倫丹號」船上沒有任何形式的引擎，因此也無法發電。海音（Seavoice）超高頻船對船移動式無線電為防水的行動電話款式；而海對空的無線電則是公園空訊電子公司（Park Air Electronics）借給我們使用的。「布倫丹號」能順利的對外聯絡，很多地方全賴瓦倫提亞、瑪林岬、史鐸諾威、鐸斯哈文、威斯特瑪納、雷克雅未克、普林斯．克里斯汀遜、卡特萊特（Cartwright）、聖安東尼和紐芬蘭聖約翰市站台人員的技巧和耐心。特別要感謝的還有冰島漁業研究船「亞尼．弗瑞德瑞克遜號」（Arni Fridriksson），以及許多橫越大西洋航線的機員們，特別是經常收到在大西洋緩行的「布倫丹號」微弱信號的冰島航空公司（Loftleidir/Icelandic Airways）。肯特郡艾里斯（Erith）的奔迪波電子公司（Burndept Electronics）慷慨的借給我們一具BE369型浮標，以備需要求援時可以使用。在一九七六年那次航行，「布倫丹號」離陸地不遠，當時收聽天氣預報和獲取無線電方位，都仰賴布魯克斯及蓋特豪斯（Brokes and Gatehouse）的荷馬—蒼鷺（Homer/Heron）收音機，它即使在格陵蘭外海遇到狂風大浪，依然無傷其功能。「布倫丹號」船底大量積水全靠孟斯特西姆斯（Munster Simms）唧筒發揮功能，在船身被浮冰刺破時更是重要。當然，中世紀的修士只能靠木杓，或者木桶和皮桶汲水了。

BBC地球臥遊系列

城邦書號	書名	著編者	定價
MB1001E	大旅行──七位旅行名家七段冒險歷程	柯林・施伯龍等	1000
MB1002E	火車大旅行──六位名家六段火車風情	馬克・涂立等	特價599
MB1003E	不可思議的旅程──六種動物的自然旅行	奈吉爾・馬文	特價799
MB1003	不可思議的旅程──六種動物的自然旅行（平裝版）	奈吉爾・馬文	399
MB1004E	歷史鐵道大旅行──七位名家七段火車浪漫遊	艾力克賽・賽爾等	特價799
MB1005E	亞歷山大東征傳奇──從希臘到印度的帝國之夢	麥可・伍德	特價799

當代名家旅行文學

城邦書號	書名	著編者	定價
MM1001D	走過興都庫什山	艾瑞克・紐比	特價199
MM1002	那裡的印度河正年輕──小西藏巴提斯坦漫遊記	黛芙拉・墨菲	320
MM1003	交會的所在──追尋亞美尼亞人的蹤跡	菲利普・馬斯登	320
MM1004	千里入禁地（上）──丹斯格橫越亞洲之旅	尼克・丹斯格	260
MM1005	千里入禁地（下）──丹斯格橫越亞洲之旅	尼克・丹斯格	260
MM1006	東方王朝──印尼三島之旅	諾曼・路易斯	300
MM1007	尋找說故事的人──追隨史蒂文生的南太平洋之旅	葛文・貝爾	320
MM1008	精靈之城──德里一年	威廉・達爾林普	340
MM1009	白色南國──南極大陸新奇之旅	莎拉・威勒	340
MM1010	2500公里的足跡──一個女子、四隻駱駝橫越澳洲沙漠	羅蘋・戴維森	300
MM1011	拉達克之旅	安德魯・哈維	300
MM1012	香料群島之旅──追尋「天擇論」幕後英雄華萊士	提姆・謝韋侖	300
MM1013	慢船到中國（上）	葛文・楊	280
MM1014	慢船到中國（下）	葛文・楊	280
MM1015	深入賽普勒斯──神話與戰爭紋身的國度	柯林・施伯龍	300
MM1016	意志極境──徒步橫越南極大陸	雷諾夫・費恩斯	340
MM1017	西藏追蹤（上）──追尋楊赫斯本探險傳奇	派區克・法蘭區	280
MM1018	西藏追蹤（下）──追尋楊赫斯本探險傳奇	派區克・法蘭區	280
MM1019	老巴塔哥尼亞快車（上）──從北美到南美的火車之旅	保羅・索魯	280
MM1020	老巴塔哥尼亞快車（下）──從北美到南美的火車之旅	保羅・索魯	280
MM1021	夢憶非洲	庫琪・高曼	320
MM1022	綠色安息日──人類學家海爾達玻里尼西亞生活紀實	索爾・海爾達	320
MM1023	葉門──字典國度奇幻之旅	提姆・麥金塔－史密斯	320
MM1024	亞平寧的愛情與戰爭	艾瑞克・紐比	300
MM1025	萬物之名──刻鏤在埃及塵沙中的生命、語言與開端	蘇珊・布琳德・莫若	280
MM1026	傳說之城──踏尋英俄大競力的歷史現場	菲利普・格雷茲布魯克	340
MM1027	赫丘力士之柱（上）──周遊地中海	保羅・索魯	300
MM1028	赫丘力士之柱（下）──周遊地中海	保羅・索魯	300
MM1029	幽黯國度──記憶與現實交錯的印度之旅	V.S. 奈波爾	340
MM1030	險峰歲月──第一個登上聖母峰的探險家希拉瑞傳奇	艾德蒙・希拉瑞	340
MM1031	金色船隊──史上最後運穀大賽	艾瑞克・紐比	320

MM1032	世界的盡頭——種族與文化的邊境之旅	羅柏・卡普蘭	460
MM1033	雲霧森林——亞馬遜叢林探險紀事	彼得・馬修森	300
MM1034	尋找聖靈戰士——俄羅斯東正教倖存史	菲利普・馬斯登	300
MM1035	在印度的微光中——諾貝爾桂冠詩人帕茲的心靈之旅	歐塔維歐・帕茲	260
MM1036	出發與抵達	艾瑞克・紐比	260
MM1037	尋找烏巴——沙海下的亞特蘭提斯	麥可・克萊普	380
MM1038	非洲沉默——珍稀動物悲歌	彼得・馬修森	300
MM1039	印度沒有句點	馬克・涂立	360
MM1040	順風車遊越南	凱倫・穆勒	340
MM1041	日本驚奇——追隨一位傳奇女子的文學之旅	伊芙琳・凱	220
MM1042	窮山惡水美國夢	強納森・雷班	340
MM1043	最後的貝都人	麥克・艾許	360
MM1044	騎大象走印度	馬克・山德	300
MM1045	奧圖曼大地巡禮	菲利普・格雷茲布魯克	300
MM1046	阿富汗護身符——中亞高原萬里行	席拉・潘恩	320
MM1047	叢林詭計——航向印尼獵頭族禁地	馬克・山德	220
MM1048	錫卡的鳳凰木——非洲童年憶往	艾絲珮絲・赫胥黎	360
MM1049	尋找成吉思汗——騎馬橫越蒙古大草原	提姆・謝韋倫	320
MM1050	與丹吉爾人同行	提姆・麥金塔－史密斯	380
MM1051	維迪亞爵士的影子——一場橫跨五大洲的友誼	保羅・索魯	420
MM1052	航向長夜的捕鯨船——《白鯨記》背後的真實故事	拿塔尼爾・菲畢里克	320
MM1053	超越天與地——雷龍之國不丹的隱秘歲月	潔米・惹巴	360
MM1054	印度：受傷的文明	V.S. 奈波爾	260
MM1055	長江萬里行——一條時間之河的故事	賽門・溫徹斯特	400
MM1056	在信徒的國度——伊斯蘭世界之旅（上）	V.S. 奈波爾	300
MM1057	在信徒的國度——伊斯蘭世界之旅（下）	V.S. 奈波爾	300
MM1058	尋找白鯨記	提姆・謝韋倫	260
MM1059	沿岸航行	強納森・雷班	360
MM1060	重返西西里	諾曼・路易斯	200
MM1061	千里下恆河	艾瑞克・紐比	340
MM1062	三等車票	希瑟・伍德	460
MM1063	縱走日本二千哩	亞蘭・布斯	340

不歸類

城邦書號	書名	著編者	定價
MI1001D	人猿泰山（電影原著小說）	艾德格・萊斯・伯洛茲	199
MI1002	安娜與國王	安娜・李奧諾文斯	280
MI1003	一個騎兵在中國——從北京古城到雲南邊境五千里遊蹤	文格德	240

探險與旅行經典文庫

城邦書號	書名	著編者	定價
ML1001E	我的探險生涯（上）──西域探險家斯文・赫定回憶錄	斯文・赫定	上下冊
ML1002E	我的探險生涯（下）──西域探險家斯文・赫定回憶錄	斯文・赫定	合購399
ML1003C	阿拉伯沙地－當代探險名家塞西格阿拉伯沙漠之旅	威福瑞・塞西格	480
ML1004C	獨自一人──南極洲歷險記	李察・柏德	480
ML1005C	沼地阿拉伯人──當代探險名家塞西格阿拉伯沼澤之旅	威福瑞・塞西格	480
ML1006C	新疆地埋寶藏記	愛爾伯特・馮・李・寇克	480
ML1007C	夜航西飛	白芮兒・瑪克罕	480
ML1008C	戈壁沙漠	蜜德雷・卡柏等	480
ML1009C	智慧七柱（上）附DVD	T.E.勞倫斯	299
ML1010C	智慧七柱（下）	T.E.勞倫斯	480
ML1011C	拉薩之旅	亞歷珊卓・大衛・尼爾	480
ML1012C	日昇之處	亞歷山大・威廉・金雷克	480
ML1013C	康提基號海上漂流記	索爾・海達爾	480
ML1014C	山旅書札──一位女士在洛磯山脈的生涯	伊莎貝娜・璐西・博兒	480
ML1015C	小獵犬號航海記（上）	達爾文	480
ML1016C	小獵犬號航海記（下）	達爾文	480
MM1017C	前進阿姆河之鄉	羅勃・拜倫	480

旅人之星

城邦書號	書名	著編者	定價
MS1001	看不見的巴黎	楊子葆	299
MS1002	印度謎城──瓦拉那西	林許文二／陳師蘭	399
MS1003	日光城市・雪之領域	鄭栗兒	320
MS1004	想飛的翅膀	鄭明華	220
MS1005	旅行何必正經八百	溫小平	230
MS1006	帶著娃兒移居北海道──台灣媽媽北國生活札記	李道道	220
MS1007	一個台灣醫生的絲路假期	歐陽林	200
MS1008	舞動歐洲加年華	孫守仁	399
MS1009	捷運公共藝術拼圖	楊子葆	280

張耀作品集

城邦書號	書名	著編者	定價
NH1001	東京・雨・十三度／上海77層樓	張耀	450

EUREKA圖文版

城邦書號	書名	著編者	定價
ME1001	巴黎迷路風情	稻葉宏爾	340
ME1002	極光與峽灣的國度	小谷明	240
ME1003	英國妖精與傳說之旅	森田吉米	300

EUREKA文庫版

城邦書號	書名	著編者	定價
ME2001	沒有預約的旅程	愛麗絲・史坦貝克	320
ME2002	尋找魯濱遜	高橋大輔	260
ME2003	巴黎到月球	亞當・高普尼克	360

旅行文學是關於行動的文學，一邊是行動，一邊是文學。
旅行可以鍛鍊心智的成長，閱讀題材豐富多樣的旅行文學作品，
則是最輕鬆也最容易進行的發現之旅。
印度裔千里達作家奈波爾，是當今英語世界重量級作家，《紐約時報》書評譽為「是世界作家、語言大師、眼光獨到的小說奇才」，本書是他的精心力作。

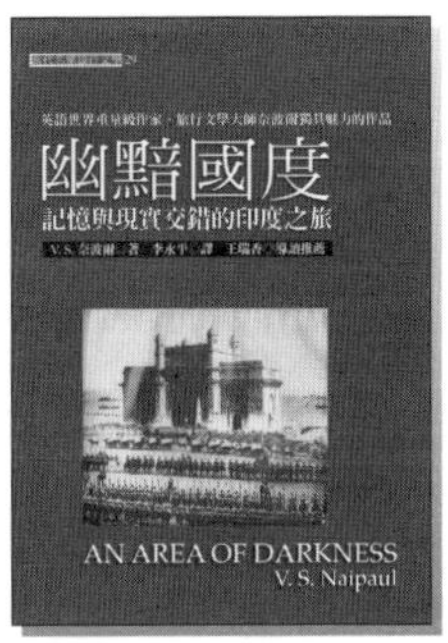

幽黯國度

——記憶與現實交錯的印度之旅

An Area of Darkness

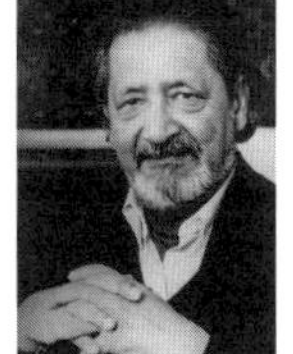

作者／V.S.奈波爾
譯者／李永平
定價／340元

王瑞香導讀推薦

《幽黯國度》是作者在印度遊歷一年見聞，是部具有自傳色彩的作品。
作者出身於千里達的一個印度家庭。印度一直隱約地存留在童年生活的背景中，似乎熟悉卻又陌生……。當他置身於印度——他的祖國時，髒亂、貧窮、官僚……等現象，讓奈波爾感到無比憤怒、厭惡、絕望甚至羞愧。記憶中的印象與現實生活的印度產生的落差，讓作者受到極大的衝擊。
書中描述各種令人不安的印度亂象，並對大英帝國作犀利的批判，呈現作者慣有的尖酸刻薄兼有深沈的無奈，其令人佩服的寫作技巧，雖是冷嘲熱諷，但也感受到作者的真情流露。

「旅行書寫的傑作……有智慧又有原創性。」—— **保羅・索魯** ——

「才華洋溢……一個人因為處理生活中某些會對他產生極大震撼的事情，以致需要內省和自我解釋，而產生的真實自傳。旅居印度會對奈波爾產生這樣的衝擊是很自然的事情……這次的經驗並不愉快，但是作者所經歷的痛苦卻啓發了他的想像力而非讓他麻木不仁……《幽黯國度》是敏感、感情豐富、有爆炸性又殘酷的。」—— **約翰・瓦恩，《觀察家報》** ——

「一位擁有高度技巧的作家……他編織他的網絡、他的形式，並不全然意圖讓讀者陷入，而是要讓他自己好好思考一番。」—— **尼可拉斯・摩斯利，《聆聽者》** ——

「奈波爾寫得像畫家，不論他以何種文學形式書寫，（他）是個大師！」—— **艾恩・布魯馬，《紐約時報書評》** ——

旅行文學是關於行動的文學，一邊是行動，一邊是文學。
旅行可以鍛鍊心智的成長，閱讀題材豐富多樣的旅行文學作品，
則是最輕鬆也最容易進行的發現之旅。

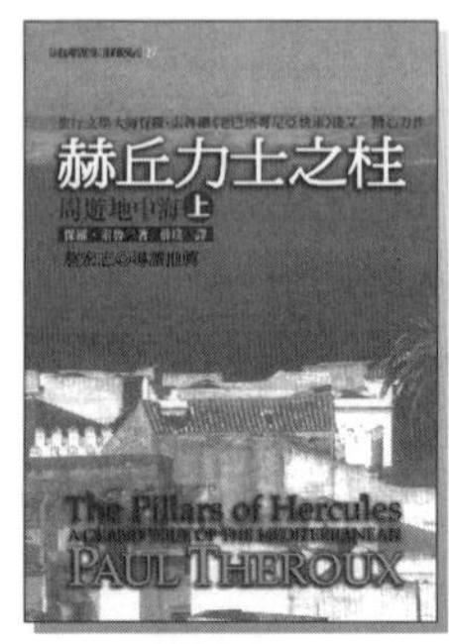

赫丘力士之柱（上）（下）

——周遊地中海

The Pillars of Hercules

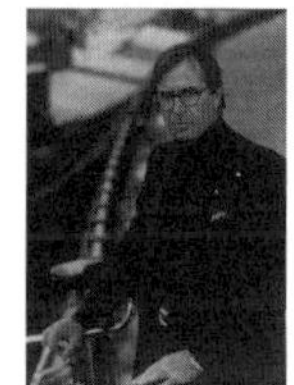

作者／保羅・索魯
譯者／薛璞
定價／上下冊各300元

詹宏志導讀推薦

地中海之旅向來被視為教育之旅，一趟尋找智慧與經驗的旅程。保羅・索魯決定不搭飛機，只藉助火車、公車、渡輪以及船舶。這段旅程行經十七個國家，行走一年半才完成。書中敘述了各式各樣的小故事，並穿插引述曾寫過地中海的作家與作品，如海明威、勞倫斯・杜雷爾、T.E.勞倫斯等人。旅行途中，還拜訪知名女作家陶樂希・卡琳頓；諾貝爾文學獎得主馬富茲；也拜訪旅居摩洛哥的美國知名作家鮑爾斯。索魯與這些文學大家的智慧對話是當代文壇重要記錄。

作者介紹

他是當今文壇一位特立獨行的作家
也是一個瘋狂的旅行者
更是反省「旅行」本身的旅行者
索魯的旅行一向別出心裁，是想像力最奇詭的旅行作家
對「旅行書寫」有獨到的見解
多數的旅遊作品的重心在一個獨特的「旅遊地」
索魯就刻意創造一個沒有旅遊地的旅程
多數的旅遊作品的「美滿結局」是回家
他就寫下一本「旅行者沒有回家」的奇特旅行書
他寫小說和旅行文學，兩者都舉世矚目……

旅行文學是關於行動的文學，一邊是行動，一邊是文學。
旅行可以鍛鍊心智的成長，閱讀題材豐富多樣的旅行文學作品，
則是最輕鬆也最容易進行的發現之旅。

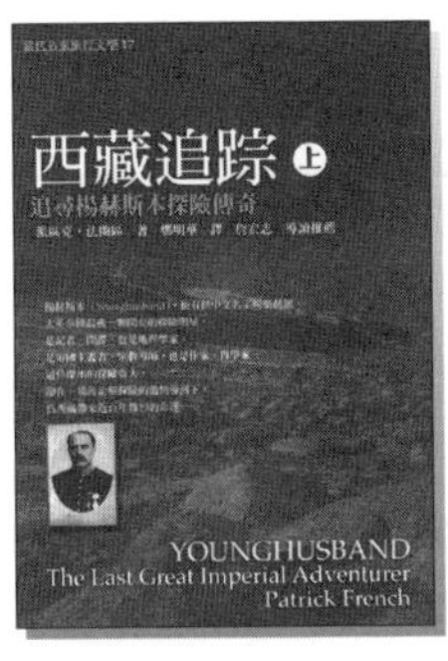

西藏追蹤（上）（下）

——追尋楊赫斯本探險傳奇

YOUNGHUSBAND

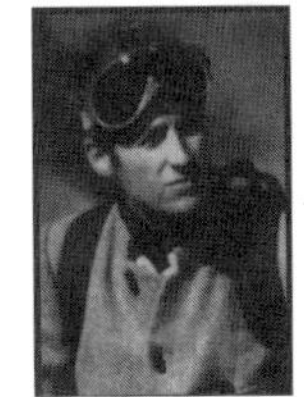

作者／派區克・法蘭區
譯者／鄭明華
定價／上下冊各280元

詹宏志導讀推薦

法蘭西斯・楊赫斯本（Francis Younghusband），他有個中文名字叫榮赫鵬，
大英帝國最後一顆閃亮的探險明星，
是記者、間諜，也是地理學家；
是帝國主義者、宗教導師，也是作家、哲學家。
這位傑出的探險奇人，
卻在一場政治與探險的激情導演下，
為西藏帶來近百年慘烈的命運……
作者派區克深入西藏歷史現場，
跨越八十年時空，展開一場「追尋楊赫斯本」解謎之旅，
寫下這部令人激賞、不容錯過的傑出傳記。

「法蘭西斯・楊赫斯本集軍人、神秘主義者與探險家於一身。他完成大英帝國晚期的夢想，成為另一個馬可孛羅或阿拉伯的勞倫斯。他在派區克・法蘭區所著傑出的傳記中，再度呈現其一生多彩而有趣的面向。法蘭區巧妙地將他自己的研究及楊赫斯本的事蹟交織成章，字裡行間展現歷史的透視空間。由親切的序文至富有啓示的結語，全書貫穿刺激、幽默、好奇與深入的觀點。」—— **麥可・赫洛伊德** ——

「我無能力為這部技巧純熟、筆調愉悅的作品下評語……『楊赫斯本』是一本傳記傑作，公平、坦白，讀來津津有味……在現代傳記中頗為少見。」—— **詹・摩里斯，《獨立報》** ——

「作者第一部震撼人心的英國人物傳記作品，為數十年來少見的佳作。」—— **尼亞爾・費格森，《每日郵報》** ——

「這是一部美妙之作：技巧純熟、聰穎、公正、有趣，最重要的是忠於史實……在這本以楊赫斯本的奇遇為主題的書中，法蘭區將其引人矚目的一生轉化成首部傑出傳記。可以預見，如此有趣且具創造性的傳記，未來亦將極少見。」—— **威廉・達林普，《目擊者》** ——

這個書系所引介的，幾乎都是當代重要的旅行文學作家，
每本書的旅行路線也都很特別，加上作者獨到的觀察與精彩的文筆，
更增添閱讀的樂趣。

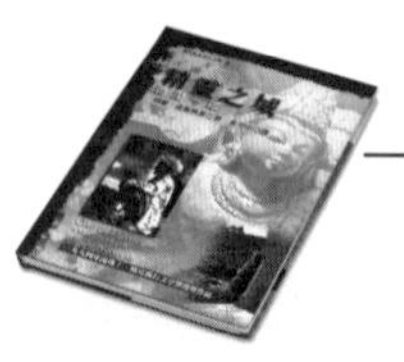

精靈之城

——德里一年 City of Djinns

威廉・達爾林普／著
黃芳田／譯
25開平裝／定價：340元

一九九四年湯瑪士・庫克旅行文學獎得獎作品

威廉・達爾林普曾獲《週日時報》年度英國青年作家獎。二十二歲時，便出版了暢銷又備受好評的《在薩那都》，並於一九九〇年獲得《約克郡郵報》的最佳處女作品獎，以及蘇格蘭藝術協會春季圖書獎。

印度，一個大家耳熟能詳卻又陌生的國家。德里，則是印度史上衝突不斷又充滿精靈的都城。儘管它曾經一次又一次地遭到侵略者焚城，千年復千年，但因有精靈的守護，這個城市也一次又一次如火鳥般浴火重生，就像印度教徒所相信的輪迴轉世之說，肉體會經由一再的輪迴直到變得完美為止，德里似乎也注定了要百年復百年地以新輪迴之姿出現。

作者威廉・達爾林普帶著無限的好奇，與藝術家妻子從英國遷居到遙遠的前英國殖民地德里，他拋棄意識形態與種族優越感，記錄親眼目睹的德里景象與耳聞的德里掌故，穿梭於歷史與現實之間，述說印度人眼中的「精靈之城」——德里的古往今來，以及英國殖民的遺風。

◆「本書不純然是旅遊作品，它是一個獨一無二、充滿溫柔、歡樂和學習精神的心靈，對於呈現在眼前的古城所做出的反應紀錄⋯⋯達爾林普絕非僅是個旅行家而已，他的成就更遠在其上，這是個獻身於文字的作者⋯⋯為他的讀者帶來手不釋卷的閱讀樂趣。」—詹・莫瑞斯《獨立報》

◆「本書是一本集歷史與日記大成的趣味之作，基於深深的好奇心，而追尋那些屬於遙遠年代、但仍在二十世紀德里出沒的魅影煙雲。」——《每日電訊報》

◆「⋯⋯〔本書〕是本穿梭於時間和往來於空間的旅遊見聞錄，環繞著現在與過去打轉，在二者之間來回擺盪。達爾林普以空中飛人般的特技，輕鬆地表現出手到擒來的講故事本領⋯⋯本書還有一大優點，就是作者不懷任何偏見或盲從觀點，他在探討德里時，把意識形態與種族的包袱全都拋掉，只是一貫地充滿好奇、研究精神、投入其中，因為洞燭而增長的見識⋯⋯是近年來有關首都的精心之作。」——《今日印度》

cité 城邦

劃撥帳號1896600-4　戶名：城邦文化事業（股）公司
電話：（02）2397-9853　地址：台北市信義路二段213號11樓
（02）2397-9854　全省各大書店均售

國家圖書館出版品預行編目資料

皮革輕舟勇渡大西洋：重現六世紀聖布倫丹海上傳奇／提姆·謝韋侖（Tim Severin）著；鄭明華譯. -- 初版. -- 臺北市：馬可孛羅文化出版：城邦文化發行，2002〔民91〕
面； 公分. --（當代名家旅行文學；66）

譯自：The Brendan voyage
ISBN 986-7890-00-0（平裝）

1.航海—描述與遊記

729.85 91005805

【當代名家旅行文學】66

皮革輕舟勇渡大西洋—重現六世紀聖布倫丹海上傳奇
The Brendan Voyage

作　　者 / 提姆．謝韋倫（Tim Severin）
譯　　者 / 鄭明華
策　　劃 / 詹宏志
責任編輯 / 黃美娟
編輯協力 / 曾淑芳
封面設計 / 徐　璽

發 行 人 / 凃玉雲
出　　版 / 馬可孛羅文化
台北市信義路二段213號11樓
電話：(02) 23560933
E-mail：marcopub@cite.com.tw
發　　行 / 城邦文化事業股份有限公司
台北市愛國東路100號
電話：(02) 23965698
郵撥帳號 / 1896600-4 城邦文化事業股份有限公司
http://www.cite.com.tw
Email：service@cite.com.tw
香港發行所/城邦（香港）出版集團有限公司
香港北角英皇道310號雲華大廈4/F，504室
Email：citehk@hknet.com
馬新發行所/城邦（馬新）出版集團
Cite (M) Sdn. Bhd. (458372 U)
11, Jalan 30D/146, Desa Tasik, Sungai Besi,
57000 Kuala Lumpur, Malaysia.
電話：603-9056 3833　傳眞：603-9056 2833
Email：citekl@cite.com.tw
排版印刷 / 中原造像股份有限公司
初　　版 / 2002年 5月30日
定　　價 / 360元

ISBN：986-7890-00-0　　（英文版ISBN：0-349-10707-6）